马术骑乘教程

主　审　李要南

主　编　孙　卓

副主编　丁　鹏

参　编　张　双

华中科技大学出版社
http://www.hustp.com
中国·武汉

内 容 提 要

目前我国有一千多家马术俱乐部,有十来所高校开设了马术相关专业,但没有一本专业的骑乘指导教材,鉴于此,武汉商学院国际马术学院在本领域进行了相关研究,并在实践基础上编写了本书。本书详细介绍了马匹基本习性、骑乘方法和竞赛规则,为初学者和马主们提供了实用性的建议。

本书可供马术(赛马)俱乐部管理人员、教练、骑手、马房管理人员、兽医和大中专院校相关专业学生及马行从业人员、马业爱好者学习、参考。

图书在版编目(CIP)数据

马术骑乘教程/孙卓主编. —武汉:华中科技大学出版社,2020.8(2024.12重印)
ISBN 978-7-5680-5681-6

Ⅰ.①马… Ⅱ.①孙… Ⅲ.①马术运动-教材 Ⅳ.①G882.1

中国版本图书馆 CIP 数据核字(2020)第 148918 号

马术骑乘教程

孙 卓 主编

Mashu Qicheng Jiaocheng

策划编辑:余 雯
责任编辑:孙基寿
封面设计:刘 婷
责任校对:张会军
责任监印:徐 露

出版发行:华中科技大学出版社(中国·武汉)　　电话:(027)81321913
　　　　　武汉市东湖新技术开发区华工科技园　　邮编:430223
录　　排:华中科技大学惠友文印中心
印　　刷:广东虎彩云印刷有限公司
开　　本:787mm×1092mm　1/16
印　　张:14.5
字　　数:309 千字
版　　次:2024 年 12 月第 1 版第 8 次印刷
定　　价:52.00 元

本书若有印装质量问题,请向出版社营销中心调换
全国免费服务热线:400-6679-118　竭诚为您服务
版权所有　侵权必究

Foreword 前 言

马在我国人民的生活之中一直扮演着十分重要的角色。我国古代的王公贵族都会进行"礼、乐、射、御、书、数"六艺的学习,其中"御"就是指骑术。由此可见骑术在我国古代一直是一种十分重要的技能。

我国一直是世界上第一大养马国,20世纪70年代我国马匹的拥有量就在一千万匹以上。随着人类科技的发展,马匹已经失去了军事征战和畜力运输功能,马匹的存栏数量和马业的经济效益不断下滑,目前我国的马产业处于以肉食加工为主的马产业链的最低端。

从国外发达国家的经验来看,第三产业具备无污染、促进经济结构优化等特点,因此大力发展第三产业已经成为我国人民的共识。这几年来,大力发展马产业已经被越来越多的人提起,而马产业中的赛马竞技表演业和赛马休闲服务业对于骑手的技术要求较高,培养骑师也成为发展马产业的基础。

目前我国有一千多家马术俱乐部,有十来所高校开设了马术相关专业,但没有一本专业的骑乘指导教材。马术俱乐部或者高校的教学资料都是教师编写的讲义或者是国外的译作。鉴于此,武汉商学院国际马术学院在本领域进行了相关研究,并在实践基础上编写了本书。本书详细介绍了马匹的基本习性、骑乘方法和竞赛规则,为初学者和马主们提供了实用性的建议。

中国国家马术队教练、釜山亚运会盛装舞步铜牌获得者张立军先生对本书提出了很多有价值的指导意见并参与了素材的拍摄,在此表示感谢!

本书共八章:第一章,马术运动概论;第二章,马匹生理习性及饲喂;第三章,马具及场地设施;第四章,马术教学常识及工作流程;第五章,调教索运动;第六章,马术基础训练;第七章,马术高级训练;第八章,骑手体能训练。其中第三章到第八章由孙卓编写,第一章、第二章由丁鹏编写,李要南负责全书规划和审核,张双制作和修整了本书的图片。

本书可供马术(赛马)俱乐部管理人员、教练、骑手、马房管理人员、兽医和大中专院校相关专业学生及马行从业人员、马业爱好者学习、参考。

由于目前国内外关于马术骑乘方面的知识结构体系不够完善,可供参考借鉴的文献资料不多,加之我们的知识水平有限,时间仓促,书中错误和疏漏在所难免,敬请广大读者多提宝贵意见,不吝赐教。

感谢武汉商学院对本书出版的资助以及武汉商学院领导、华中科技大学出版社相关人员的大力帮助与支持。

孙　卓

Contents 目 录

第一章　马术运动概论 ·· 1
　第一节　马术运动的起源及特点 ··· 2
　第二节　马术赛事的种类及规则 ··· 8
　第三节　现代马术运动的发展趋势 ·· 15

第二章　马匹生理习性及饲喂 ·· 18
　第一节　世界主流运动马的种类及其特点 ···································· 19
　第二节　马的演化 ·· 24
　第三节　马匹身体结构 ·· 26
　第四节　马匹健康 ·· 33
　第五节　马匹习性、特点 ··· 35
　第六节　马匹步法 ·· 40
　第七节　马匹的护理 ··· 45
　第八节　马匹的饲养 ··· 50

第三章　马具及场地设施 ·· 62
　第一节　马房马具 ·· 63
　第二节　骑士装备 ·· 68
　第三节　马匹装备 ·· 74
　第四节　场地设施 ·· 87
　第五节　场地安全及骑乘礼仪 ··· 98

第四章　马术教学常识及工作流程 ··· 101
　第一节　马术骑乘常识及其概念 ··· 102
　第二节　马术骑乘工作流程 ··· 104

第五章　调教索运动 ··· 120
　第一节　打圈的基本原则 ·· 121
　第二节　打圈装备 ··· 123
　第三节　打圈的技术要领及其作用 ·· 126

第四节　打圈常见问题 ………………………………… 135
　　第五节　打圈中常做的练习 ……………………………… 137
第六章　马术基础训练 ……………………………………… 142
　　第一节　马匹训练原则 …………………………………… 143
　　第二节　马术训练骑乘准则 ……………………………… 153
　　第三节　骑手姿势及其扶助 ……………………………… 156
　　第四节　骑乘扶助技术要领及运用 ……………………… 171
　　第五节　骑乘训练的基本方法 …………………………… 178
　　第六节　户外骑乘 ………………………………………… 183
第七章　马术高级训练 ……………………………………… 188
　　第一节　骑乘高级训练的基本准则 ……………………… 189
　　第二节　高级训练基本工作 ……………………………… 191
第八章　骑手体能训练 ……………………………………… 208
　　第一节　骑手体能训练的重要性 ………………………… 209
　　第二节　骑手容易出现的问题 …………………………… 210
　　第三节　柔韧性锻炼方法 ………………………………… 211
　　第四节　力量训练 ………………………………………… 218

第一章 马术运动概论

  本章导语

马术运动历史悠久,是奥运会比赛中唯一一项人与动物相结合的运动,也是唯一一项男女同场竞技的项目。马术运动因观赏性较强而受到世界各国人民的欢迎和喜爱。通过本章的学习了解马术运动的起源和发展,特别是我国马术运动的发展历程,掌握马术运动的特点,熟悉世界主流马术比赛的种类及其规则,为接下来的学习奠定基础。

马术运动的起源、马术运动的种类及其规则、马术运动的功能及特点。

酷爱骑马的英国女王

伊丽莎白二世是现任英国女王,英联邦元首、国会最高首领。1952年2月6日登基,1953年6月2日加冕女王,是英国历史上在位时间最长的君主,每年6月的第二个星期六是英国女王伊丽莎白二世的官方生日,同时也是英国的国庆日。2012年12月18日,她亲自参加内阁会议,成为百年来和平时期出席政府内阁会议的第一位英国君主。

英国女王伊丽莎白二世,有一个特殊爱好,就是喜欢骑马。

伊丽莎白女王不仅爱马,而且懂马。她对马的血统、繁殖和饲养都很有研究。在她的私人马厩里,从来都不缺良种骏马,喂养和训练方式也是世界一流。此外,她还受邀参加英国最奢华的皇家赛马会,为获胜选手颁奖。

第一节 马术运动的起源及特点

人类骑在马背上进行比赛或者游戏已经有三千多年的历史了,比如古罗马人的骑马竞速比赛和我国内蒙古人的骑马叼羊,都是现代马术运动的雏形。伴随着科技的发展和人类对马匹能力的开发,人类逐步完善了各类马术比赛的规则,到目前为止创立和开发了十多种马术比赛的项目。马术运动在西方发达国家特别是在欧洲国家受到人们的欢迎和喜爱,在英国,马术运动是仅次于足球的第二大运动。在德国,马一直扮演着积极的角色,对很多德国人而言,马就是自己家的一员。不少德国孩子从上小学起就开始体验和马在一起的感觉,他们似乎天生爱马。

一、世界马术运动的发展历程

马术是从古代生产和战争中演化而来的,古代人们为了使战车所用的马在战场上能够准确和精确地移动,常对马匹进行各种技巧和协调性训练,后来发展成为马术比赛。人类骑上马背竞赛的历史,可以追溯到公元前1500年,当时古埃及人已经开始了骑马竞速的活动。在古罗马时期,人们已经将赛马作为一项日常娱乐。在公元前680年的第25届古代奥林匹克运动会(简称奥运会)上,马术比赛第一次被列为比赛项目。而现代马术起源于英国,至今已经有几百年历史。16世纪开始在欧洲大陆的王室和贵族阶级中流行。因为当时只有王公贵族才能享受,所以马术运动带有与生俱来的高贵气质。即便是在21世纪,马术仍被称为是贵族运动,身着华丽服装出赛的骑士更被誉为是运动的"王者"。在英国皇室成员中,不乏爱马之人。伊丽莎白女王平均每年要训练25匹私人马匹,安妮公主和扎拉公主母女都曾是欧洲马术冠军。

1734年,美国弗吉尼亚成立世界上最早的马术俱乐部——查尔列斯顿马术俱乐部。1900年,在法国巴黎举行的第二届奥运会中,马术比赛首次进入奥运会,当时只设障碍赛一个项目。比赛对参赛选手做出了严格的限制:只有军官和被允许参赛的"绅士"才能出现在奥运会赛场上。1912年,第五届斯德哥尔摩奥运会增加了个人和团体赛马、个人和团体军官式骑术以及盛装舞步个人骑术五个项目。从1952年起,女骑手被允许参加奥运会的马术比赛,马术也成为奥运会中唯一的男女同场竞技比赛项目。现在,奥运会的马术项目中包括了三日赛、盛装舞步和障碍赛三个项目,又分为个人赛和团体赛。马术是奥运会比赛中唯一一项由人与动物共同合作完成的项目。马术作为一种高雅的体育娱乐活动,在世界各国已风行一个多世纪了。时至今日,马术仍以其独特的魅力长盛不衰(图1-1-1)。

图 1-1-1　跳跃障碍

二、我国马术运动的发展历程

我国马术运动也具有悠久的历史,兴于周朝,盛于唐朝。根据有关史料记载,随着吐蕃赛马、马术的发展,出现了需要高度技巧和严格训练的马球运动,这项运动在吐蕃的广泛开展,使马球运动传入唐朝,流行于中原地区。唐朝的王公贵族十分喜爱马球这项运动。

到了元朝,在大都城里就有了赛马活动。那时蒙古人定都北京以后,便把他们喜爱的跑马比赛带到了北京,并逐渐在京城盛行。当时朝廷还将这种活动和兵役制结合起来,成为一种制度,特别是遇有大型集会时无不将赛马骑射作为活动内容。到了明朝,北京地区每到春季都要进行走马和骑射活动。进入清朝以后,赛马活动更是盛行。因为满族也是非常善于骑射的民族,尤其是乾隆年间,在北京修建了很多赛马场,并在各种民俗节日里举行赛马活动,上至王公贵族下至一般的骑兵都热衷于这项活动。所以这项活动在皇室的提倡下,渐渐推广到民间,一直持续到民国时期。因为中国传统马术没有系统的学习方式也没有得到较好的传承,只是一种含糊其词的概念,也就是所谓的只可意会不可言传,而且冷兵器时代也早已成为历史,所以中国马术的流失也是历史的必然。

1952年我国内蒙古军区举行正规的马术训练班,这是新中国第一次正规的马术培训班,当时由张汉文先生担任总教练。在1959年举行的第一届全运会中马术成为正式比赛项目,当时共有297名马术运动员、12个马匹品种409匹马参加比赛。1985年5月5日稻香湖马场在北京正式营业,这是新中国成立后的第一家马场,它开创了中国马术和马业发展的先河,为马文化传播、马术运动发展做出了不可磨灭的贡献。2008年北京举办第29届夏季奥运会之后,中国的马术发展较为迅速。马术俱乐部的数量逐年增加,赛事也越来越多:2009年中国举办了马术巡回赛;2011年中国马术队骑手黄祖平首次获得国际马联世界杯决赛资格;2012年中国国家马术队成立;2012年之后,国际马联中国区联赛、中国年青马西坞大奖赛、中国马术节的举办,让马术普及得越来越广。

三、马术运动的特点、功能

(一) 马术运动的特点

1. 竞技性

竞技性中的竞是指比赛和竞争,技是指运动技艺。随着马术运动在世界范围内的普及和发展,马术运动的竞技性越来越强。参赛者总是力求最大限度地挖掘自身和马匹的潜能去完成比赛。特别是高级别的障碍比赛,障碍高达一米六,骑手需要驾驭马匹跳跃12道障碍,以比赛用时及障碍跳跃完成情况来判别胜负。现代场地障碍线路设计难度越来越大,马匹完成比赛的速度也在逐步提高。竞技性是马术运动不断发展的杠杆,它既增加了比赛胜负的不确定性,也使得马术项目更具魅力和观赏性。

2. 娱乐性

马术运动是奥运会比赛当中唯一的人与动物相结合的比赛。人们通过马术运动既可以在身体活动中获得快感,同时又能使个体在这种娱乐方式中与社会的其他个体愉快地交往,品味个中乐趣。因此,马术运动是人类特有的一种娱乐方式,它源于人类作为自然物对有机体活动的冲动,但又为人类的社会性所改造。特别是在社会工业化和自动化发展的今天,由于人类体力劳动的减轻和社会紧张因素的增强,以及社会余暇时间的日趋增多,更多的人开始面临如何打发和消磨由于技术改造和社会进步而获得越来越多闲暇时间的问题。人们企图从各种各样社会活动中,寻求那种既能使机体得到锻炼,又能使精神获得松弛,同时还能有益地打发闲暇时间的活动,于是马术运动便顺其自然地随着社会的发展被推到人们社会生活舞台的前沿,成为人们满足其自身需求的手段和方式。

3. 观赏性

马术运动,尤其是盛装舞步项目,骑手驾驭马匹配合音乐让马匹做出各种步法,看起来就像骑手骑着马匹在跳舞,观赏性极强。现代都市人生活节奏越来越快,人们生活的压力也越来越大。人们在工作之余通过观赏精彩的马术比赛,可从日常紧张的工作和生活当中释放出来,获得一种特有的轻松感和美的享受。人们观看一场精彩的马术比赛就像在观看一场电影、一场音乐剧一样身心愉悦。马术运动以其独特的观赏性赢得广大群众的认可和支持,奠定了其自身发展的坚实基础。

4. 健身性

马术唤起人内心深处潜藏的自信,增强人对复杂环境的应变能力,缓解孤独和压抑的情绪,愉悦身心。人们能够以此获得极强的成就感。马术是有益的高贵运动,是全球公认的减肥塑身运动。马术运动是主动与被动相结合的运动,全身的内脏器官都在运动。在马术运动中,由于注意力高度集中,全身的骨骼和肌肉,以及各器官全都不由自主地处于运动状态,多余的脂肪能够得以消耗,各部位的肌肉得以强健,所以,马术是最好的健美运动。在西方国家的选美小姐中90%以上的选美小姐选择的健美运动是骑马。骑马10分钟,等于按摩10万次;骑马半个小时,体能的消耗相当于打一场激烈的篮球赛。

5. 高端贵族运动

马术运动的高端,一个是指马术运动从事者较为高端。由于马术对于一个人仪态塑造的作用,从古至今各国王公贵族都十分重视马术的学习。我国历来有骑士六艺,马术是王族必修课之一。马术运动十分讲究仪表,一个骑士的装束,绝对能够反映出他的品位和身份。西方有句俗话:会骑马的不一定都是贵族,但贵族一定都会骑马。美国前总统小布什就是一位狂热的马术爱好者。英国查尔斯王子像他的母亲伊丽莎白女王一样酷爱马术运动,被誉为世界上优秀的马球高手。英国前首相布莱尔即使日理万机,也定期为一家著名杂志撰写马评。利比亚前总统卡扎菲收到叙利亚前总统阿萨德赠送的一匹宝马后,两国立即改善了敌对关系。

马术运动的高端,另一个是指马术运动价格较为昂贵。马匹的价格是按其血统和比赛成绩来界定的,一般一匹全运会级别的马匹价格都在百万美元以上,而奥运会级别的马匹价格都在千万美元以上。另外,从事马术运动的开销较大,一般马鞍价格都在一万美元以上。因此,马术运动的参与者都是经济条件较好的人士。

6. 绅士运动

马术是一项绅士运动,这项运动在人与马的完美配合中传递出儒雅的绅士气派和高贵气质。进入比赛场地后,骑手要求着专业的骑术服和马裤,特别是盛装舞步的骑手要求穿着燕尾服和黑色阔檐礼帽。比赛开始时要求骑手手托礼帽向观众和裁判员点头示意,这都是一种西方绅士行为。同时要求观众将手机关闭或设置为振动状态。如有事,可用短信交流,或当比赛告一段落时走出现场接打电话。观看马术比赛时应遵守一些比赛场馆不允许带相机入场、不允许使用闪光灯的规定。凡是运动员有仰视动作、需高度集中注意力的比赛项目,都不得使用闪光灯。

很多俱乐部对参赛观众的衣着和礼仪都有要求。比如英国皇家赛马会要求男士穿正装、女士穿礼服戴帽子观看比赛。观众进场观看比赛时,应积极配合比赛中的选手和马匹,不要向场地内乱扔各种物品,以免打伤马匹、骑手。一般不宜迎面使用闪光灯拍照。关闭手机或调至静音状态,不要摇摆任何旗帜和饰品,禁止在现场发出刺耳的尖叫声,以免马匹受到惊吓,影响比赛正常进行。

(二)马术运动的功能

1. 马术运动能缓解孤独和压抑的情绪

在人类历史的几千年中,马扮演了十分重要的角色。以前马是交通及耕种的工具,更是人类进行战争的工具。到了近代,马则是人类的玩伴和进行竞技体育赢取优异成绩的伙伴。一匹成年马不仅能够主动地学习、模仿,还可以接受人类的指令进行训练和比赛。马对其主人有着无限的依恋,它虽然不会说话,但却能够与主人交流情感,被称为"无言的朋友,亲密的伙伴"。马的迷人,不仅在它具有高大俊伟的仪表、优美迅捷的步伐、华贵高雅的气质,更在于它身上具有的那种罕见微妙的魔力。现代人生活节奏较快,生活的压力也比较大。很多人只要骑上马立刻将生活、工作中的压力放诸脑后去享受策马奔腾的快感。在马上个个显得英姿勃勃、神采飞扬,十分高雅。经常骑马的女士通常魅力十足、光彩照人、非常亮眼,男士则是气宇轩昂、精力充沛、威风凛凛。

骑马是非常理智的行为,一个非常胆小的人,通过骑马可以坚强起来,一个冲动浮躁的人,通过骑马可以抑制狂躁性格。所以,长期骑马的人士大都性格开朗、浑身充满正能量,活力十足,他们能以积极的态度去迎接生活中的挑战。

2. 马术运动是多种疾病的辅助治疗手段

马术运动不仅是一项休闲娱乐活动,还是一种治疗疾病的方法。将马作为一种治疗工具使用,是指在物理、作业和言语治疗师的指导下,利用马的规律性运动模式及人马互动的活动,针对各种功能障碍和神经肌肉疾病病人的躯体、心理、认知、社会化及行为障碍进行治疗的一种康复治疗手段,它是为了实现最终的功能性康复目标所实施的全面整体康复训练项目中很重要的一部分。

古希腊时就有将无法治愈的病人放在马背上使其精神振奋最后痊愈的神话。马术治疗属于文娱康复治疗的一种,虽然不能完全代替传统治疗,但可作为传统康复模式和治疗手段的发展和有益补充。骑马还能治疗体内自主神经系统、泌尿系统和生殖系统等方面的疾病,如神经衰弱、失眠症、抑郁症、注意力缺陷、行为障碍、分裂性障碍、焦虑症、平衡感低下、小儿麻痹症等。在欧洲,越来越多的医疗康复机构与马术俱乐部联动,进行骑马康复治疗,甚至出现了不少专门的医疗马术馆。据统计,截至2017年世界上共有24个国家在发展和推广马术医疗。

马术运动对于自闭症的儿童的身心恢复特别有效。当马匹出现在患病儿童面前时,受到孩子天性的召唤,小孩会主动去亲近马。自闭症儿童骑在马背上游乐,与马互动,帮马匹刷拭,肌肉得到了锻炼,身体得到了放松,自闭的心被打开,愿意与人交流了。

3. 马术运动能反映人的身份和品行

马术运动一直是贵族的运动。这个贵不仅体现马术、赛马的门槛较高,收费高,也体现在马术圈的人都是"王公贵族",是有身份和地位的人。在我国香港地区有钱人都争相去当香港赛马会的马主,想要当马主不仅在经济上有准入门槛,同时马会会员要对申请入会者的社会地位和品行等进行评价,符合者才能加入香港赛马会当马主。在马术俱乐部当中也是如此,由于马术俱乐部收费较高,因此去马术俱乐部进行消费的都是一些经济条件较好的金领或者富豪,他们都是各自行业中的佼佼者。马术圈的消费者大多是举止得体、在社会中有地位的人。马匹的相关物品也是很昂贵的,只要与马术运动有关的配件、书籍及马匹的饲养费用等价格都较高,都是普通白领人士望而生畏的。

4. 马术运动让人贴近大自然

马是大自然的生灵,要想拥有高超的骑术,必须了解马,了解自然。骑马大都在室外,特别是在大草原上,骑着马,神采奕奕,风度翩翩,或随心所欲地做一些高雅舒缓的慢步动作,细细品味舞马的乐趣,充分放松,调节身心,或进行节奏明快而富有节奏的跑步运动,激发活力,或跨越障碍,挑战极限,挖掘潜能,提升自己。听亢奋的马蹄声,赏醉人的野趣,领略大自然的博大与豪迈,任激情燃烧、热血沸腾,抖落都市的风尘。在大自然中策马奔腾,呼吸新鲜空气,挥洒汗水去宣泄在城市中的压力及不悦,乃是人生一大乐趣,无与伦比。

四、马术运动的观赛礼仪

发源自欧洲贵族的马术运动,是世界上公认的优雅、高端的体育项目,马术赛场的典雅保持了数百年,形成了一整套来自贵族的严格礼仪。马术运动渐渐从贵族向大众普及,赛马礼仪从一套严格的标准演化为观众对传统的致敬,观看比赛时保持文明礼仪,让马场成为时髦的社交场所。如今,马术和赛马运动仍然是全世界讲究礼仪的运动,这套传统包括参赛骑手的礼仪,也包含了对于观众文明观赛的礼仪。

观看体育竞赛都要遵循各个项目的观赛礼仪,杜绝不文明的观赛行为。马术赛事由于有马匹参与其中,我们观赛必须要考虑马匹的行为特点,观赛文明礼仪成为观看马术比赛时必须要遵循的。一般来说,到赛场观赛,要注意以下几点基本礼仪。

(1) 保持衣着整洁,不要穿拖鞋、背心等进场观看比赛,穿着的衣服颜色不要过于鲜艳以免惊吓到马匹。

(2) 观赛区域禁止吸烟。

(3) 观赛时将手机调成静音或者震动,接打电话声音保持柔和。

(4) 在赛场内不举旗帜,不能打伞,在拍照时要关闭闪光灯,以免影响运动员和马匹对空间高度和时间方位的判断。

(5) 马术中像障碍赛、盛装舞步等,需要选手有很高的专注度,观众必须保持安静,以免影响选手的发挥。特别是在马匹完成动作的过程中,不要发出刺耳的尖叫声,不要鼓掌以免马匹受到惊吓。如果觉得选手的表现十分精彩,可以在选手比赛结束后鼓掌向选手表示祝贺和赞赏。

(6) 速度赛马等竞速类比赛允许观众为选手与马匹加油助威。

(7) 马球运动中的"草泥"礼仪非常重要。草泥,就是马蹄带起的泥块,在每节比赛的调整时间内,所有的观众都去场地内用脚将掀起的草泥踩回原处,以保证场地的平整。

(8) 在观看赛马、马术比赛时严禁向场地内扔包括食物在内的任何物品,以免打伤马匹、骑手,或使参赛马匹受到惊吓。

(9) 如果带小孩入场,切勿让小孩在马匹身边奔跑以防止惊吓到马匹或被马匹误伤。

(10) 从马匹身边经过时切记不要从马屁股后通过,以免被马匹后踢受伤。

(11) 没有得到骑手和教练允许不要随时去抚摸马匹或者与马匹合影。如果获得允许,动作要柔和,不要大声喧哗以免惊吓到马匹。

(12) 不要随地乱扔垃圾,最好自带一个塑料袋在退场时将垃圾带离赛场。

不同种类的马术赛事,对礼仪的要求不同,世界五大赛马节和英国皇家马术大赛等历史悠久的比赛,对观赛者的衣着和礼仪有更高的要求:进场观赛的男士西装革履,女士穿着裙子戴帽子。马术比赛间隙成了女士们展示着装的时间,其中最充满想象力的便是美轮美奂的帽子,或夸张,或优雅,或精致,或粗犷。在比赛时也会进行最佳着装和最佳帽子的评比。观看比赛时按号入座,不要随意去调换自己的区域。除非受到贵宾的许可和邀请,不要擅自进入贵宾区域。在一些大型赛事时遇到皇室成员或者明星不要大惊小怪,没有得到同意不要擅自去给他们拍照。

第二节 马术赛事的种类及规则

马术赛事是指在既定的空间范围、既定的时间内,骑手驾驭马匹按照既定的规则完成比赛。狭义的马术赛事主要是指奥运会的三个马术项目,即盛装舞步、三项赛和场地障碍(图1-2-1)。这三者统称为马术。广义的马术赛事泛指所有与马相关的赛事,除了奥运会的三个马术项目外,还包括速度赛马、绕桶、西部马术、耐力赛等。下面就介绍一

图 1-2-1 骑手驾驭马匹越过双横木障碍

下世界上比较普及的马术运动项目及其规则。

一、场地障碍

马术场地障碍赛,是骑手驾驭马匹按照既定的路线跨越数道障碍的比赛。现在国际正式比赛的障碍数量为11~13道,其中要有一道双重障碍、一道三重障碍。障碍的类型基本分为垂直障碍(单横木、砖墙或门板),伸展障碍(双横木、水障碍甚至沟槽等)。场地障碍中要求马匹运步迅速且节奏稳定,同时骑手对起跳时机的选择和对比赛节奏的掌控在比赛中尤为关键。

国际标准障碍场地的尺寸为60米×90米,行进路线长度在450~650米之间。每一道障碍前方都会摆放1到12的序数标记的标志牌,骑手按照号码顺序依次跳完全部障碍。障碍的高度视比赛级别而有所不同,障碍赛最低的为地杆赛,初级骑手的30厘米的交叉杆赛,奥运会的障碍高度为160~170厘米。在一些高级别比赛中也有超高赛,即人策骑马匹,能跳跃最高的马匹获得比赛胜利,在一些比赛中有马匹能跳过2米的障碍。骑手进入比赛场地后,听到裁判长允许比赛的铃声后方可进行比赛。骑手通过起点的标志杆,比赛即开始,按照既定的顺序全部跳完12道障碍,通过终点标志杆后,比赛成绩方有效。骑手通过每一道障碍的正确方向是白旗在左侧,红旗在右侧。骑手在比赛中每打落一个横杆,罚4分;马匹在障碍前不跳或者不服从骑手的控制,罚4分;超过规定时间,每一秒钟扣罚1分。在国际马联的星级比赛中,出现骑手落马、骑手没有按号码先后顺序跳跃障碍、马匹出现2次拒跳、比赛用时超过限制时间等,骑手将被淘汰。场地障碍赛的成绩评定,以罚分少、时间快为优。

二、盛装舞步

盛装舞步,起源于公元前4—5世纪,又称马场马术或马上芭蕾。基础舞步比如收缩快步、跑步变换、肩内、斜横步等是马术运动的基础,高级舞步比如跑步后肢旋转、哈弗帕斯(横步)、帕萨基、芘阿菲、跑步的一步一变换等是马术运动高级别或者难度较大的表现形式。20世纪初,这种舞步变得更具艺术性和观赏性,渐成一种竞技项目,并在1912年正式成为奥运会的比赛项目(图1-2-2)。

骑手与马匹须在20米×60米的场地内比赛。在低级别的比赛中选手按照指定路线和规定动作进行比赛。该路线和规定动作由国际马术联合会(国际马联)指定,一般有三套备选方案。亚运会或者奥运会设有三场比赛。前两场是指定动作,由国际马联设定;第三场是配乐自由演绎,即骑手与马匹演绎自选音乐和自编舞步。前两场比赛排名前列、进入决赛的选手才有资格参加自由演绎。自由演绎要求选手在音乐的伴奏下,驾驭马匹做出规定的斜横步、芘阿菲等二十个动作,规定动作可以自由编排。裁判员根据骑

图 1-2-2　盛装舞步比赛时马匹展示伸长快步

手、马匹所做的各个规定动作是否正确与规整、人马配合是否协调、马匹是否顺从和有活力等方面给予评分。如果出现违反规定动作路线,裁判长示意骑手暂停比赛并给予罚分。两次违反路线和不服从直接淘汰。

盛装舞步比赛在长60米、宽20米的平整沙地中进行。参加圣乔治及以上级别科目的比赛,骑手必须佩戴双缰,身穿燕尾服。圣乔治以下一个级别可以选择小缰,身穿燕尾服,低二个级别选择小口衔,身穿西装,不能穿燕尾服。圣乔治以下级别科目的比赛热身场和比赛时戴安全帽,圣乔治以上级别比赛在热身场时戴安全帽,比赛时可以选择安全帽或者礼帽。骑手脚穿高筒马靴,伴着悠扬舒缓的旋律,驾驭马匹在规定的12分钟内表演各种步伐,完成各种连贯、规格化的动作。在整个骑乘过程中,人着盛装,马走舞步,骑手与马融为一体,同时展现力与美、张力与韵律、协调与奔放,具有很强的观赏性。无论动作多么复杂多变,人和马都显得气定神闲、风度翩翩,表现出骑乘艺术的最高境界。

三、三项赛

马术三项赛是骑手与同一匹马的组合参加规定的三项马术比赛,即盛装舞步赛、越野赛和场地障碍赛(又称马术三项全能赛)。将三项赛的总罚分相加,罚分最低的人马组合获得冠军。在三项赛中,越野赛对骑手和马匹的要求和挑战最高,因此在三个比赛中的分量最重,其次是盛装舞步,最后是场地障碍。如遇总罚分相同,排名以越野赛的障碍罚分以及各阶段的时间罚分之和较低的参赛者为冠军。如越野赛罚分仍相同,则以越野赛行进时间最接近规定时间者为冠军。团体赛按各队最好成绩的3名参赛者的总罚分排名,总罚分最低者为冠军队。如有并列,按各队第三名参赛者积分排名,第三名参赛者成绩最佳者为冠军队。

马术三项赛又称综合全能马术赛。骑手在三日内连续参加三项比赛,第一天进行盛装舞步的比赛,基本包括步伐和步幅姿态等。第二天进行速度、耐力和越野能力比赛,即越野赛。比赛的全程分成五段,骑手必须在规定时间内到达终点,裁判员根据所用的时间长短来评定名次。第三天进行的是障碍赛(图1-2-3),内容基本上和障碍赛的单项比赛相同,只是难度要小一些。以三项总分评定名次。分个人和团体两个项目,1912年被列为奥运会比赛项目。

图1-2-3 骑手在越野障碍中跨越障碍

马术三项赛要求骑手和马匹具有充沛的体能和一往直前的勇气,这个项目在三个奥运会的马术项目中难度最大、危险性也最大。因此三项赛是最早采用星级比赛晋级的项目。骑手获得骑手资格后可以参加最低级别的三项赛,当骑手通过比赛获得优异成绩时就可以获得积分。积分不断累加达到一定数量后才能参加更高级别的比赛。国际上三项赛最高星级是四星级,它们分别是美国肯塔基三日赛、英国伯名顿马术大赛、英国伯利马术比赛。

四、速度赛马

速度赛马是骑手骑乘马匹进行竞速比赛,在规定的距离内最快通过终点的获胜。速度赛马以速度和骑术来取胜,考验骑手的综合水平,在欧洲是一项十分普及和盛行的运动。特别是在英国,赛马明星就像足球明星一样受到人们的欢迎和喜爱。

速度赛马主要有平地赛马和障碍赛马两种。平地赛马的比赛场地是椭圆形马场,赛道1周为1400~2000米,场地分为草地、沙地和纤维沙三种类型。比赛的距离最短的为1000米,最长的在2000米以上。参赛马匹的数量根据闸箱的数量和跑道的宽度来定,一般速度赛闸箱的数量为14个,在一次比赛中规定最少7匹马最多14匹马同时参加比赛。在欧洲的一些直道赛马比赛中,有的比赛会拼接闸箱,在一些比赛中会出现超过20匹以上的赛马同时参加比赛。在速度赛马中,最先到达终点的马匹判为胜利。

障碍赛马是一种检验马匹跑和跳结合能力的比赛,参赛马应依次跳过设在赛道上的障碍物,障碍物高度为100~110厘米,障碍物的种类包括水障、土堆及树枝等。由于这种比赛距离较长,要跳跃的障碍数量多且难度大,经常参加比赛的四五十匹马最后只有十来匹可以顺利完成比赛。最著名的障碍赛马是英国的利物浦杯,赛段的长度为7300米左右。

在速度赛马中有一句话就是"骑手占三成、马匹占七成",马的速度、耐力、足力及品种和血统在比赛中起决定性的作用。骑手本身的驾驶能力、与马配合的默契程度也很重要,骑手的能力能将马匹速度发挥到最快。在速度赛马比赛中,骑手的体重一般在53公斤左右为最佳。

3000米以下距离各项目比赛必须使用机械起跑闸箱进行起跑,3000米以上距离各项目比赛可使用起跑闸箱起跑,也可以采用拉绳和发令起跑方式。在赛事途中,骑手不可推人、拉人或者阻碍他人,不能挥鞭妨碍其他骑手或者马匹,骑手不能相互讲话或者大声叫喊等。在终点前200米马匹必须直奔前方,不得斜向跑道一侧(向内或向外侧)以妨碍其他运动员和马匹冲刺。马匹的鼻尖通过终点线垂直面即为跑完全程。当两匹马同时到达终点肉眼不能判断哪一匹马在前时,必须通过终点的电子摄像进行名次的判别。

五、绕桶赛

绕桶赛发源于美国的西部乡村,以骑手驾驭马匹按规定路线绕行按照等腰三角形摆放的三个汽油桶,以最快速度通过全程的人马组合获胜。绕桶赛起初是牛仔们农闲时的一种游戏,这种游戏不仅可以锻炼马匹的灵活性,同时可以提高骑手的骑乘水平(图1-2-4)。由于绕桶赛简单易上手,因此参加的人数众多,这种游戏逐渐演变成了一种

图1-2-4 骑手驾驭马匹绕过桶状障碍

比赛。现在也发展了一种贴时赛,以 21 秒为标准,骑手的行进时间正负最接近 21 秒为优胜。

绕桶赛的比赛场地为长 50 米、宽 33 米的沙土地。比赛有两条路线。第一种比赛行进路线为右(1 号桶)→左(2 号桶)→左(3 号桶),第二种为左(2 号桶)→右(1 号桶)→右(3 号桶)。当马的鼻子触碰到出发线时比赛开始计时,当马匹按照顺序绕完三个桶后鼻子碰到终点线时停止计时。出发线和终点线是同一条线。绕桶赛场示意图如图 1-2-5 所示。

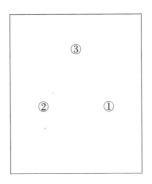

图 1-2-5　绕桶赛场地示意图

在比赛过程中,骑手的骑行路线错误或者没有成功绕过其中一个桶则判定成绩无效。比赛过程中每碰倒一个桶罚 5 秒,出现骑手落马的情形直接淘汰。为了保证比赛的公平公正,每 4 名骑手比赛后会统一安排平整场地。

绕桶赛也有团体赛,一个团体由三名骑手组成,比赛分两轮进行。团体名次按三名骑手在两轮比赛中取得的最好个人成绩相加计算名次,用时少者名次列前。若两队总时间相同,则比较两队中成绩最好的骑手,用时少者获胜。

六、耐力赛

马术耐力赛最终起源于美国,它是骑兵为了更好进行训练演变而来的一种比赛。马术耐力赛的距离较长,有的长达两三百公里。在这漫长的赛道上骑手要面对距离、天气、地形和时间的挑战。

耐力赛的比赛由若干个赛段组成,每个赛段的长度为 16～49 公里,单一赛段可以在一日或者多日内完成比赛。每个赛段的终点必须设置强制休停区来进行验马,验马的内容包括心率、呼吸系统、总体情况、步伐评估、病痛、伤口、创伤、动作表现和其他每次验马累计在兽医卡片上的内容。在休停区马匹的心率必须降到每分钟 64 次才能继续下一赛段的比赛。其中 80～119 公里的赛段要设置两次兽医检查和终点验马,120～139 公里的赛段要安排三次兽医检查和终点验马,140～160 公里的赛段设置四到五次兽医检查和终点验马。每个赛段都必须有强制休停时段或者强制休停点,休停的时间要根据赛段的距离和比赛的级别来确定。

骑手得到信号后出发,在比赛赛道上骑手可以牵引马或跟随马步行,但是在一天的比赛中必须骑在马背上通过起点和终点的标志线,否则将会受到取消比赛资格的处罚。在比赛过程中妨碍他人比赛、由他人牵马、骑乘参赛马匹在规定时间内没有完成比赛的人马组合将直接取消比赛资格。马匹到达终点后脉搏必须在越过终点线30分钟(或规程里的规定指标)内低于每分钟64次,该段的成绩才算有效。几个赛段的时间相加,用时最少的获胜(图1-2-6)。

图1-2-6 安徽砀山国际二星级耐力赛

高水平的耐力赛要求骑手必须充分了解自己的马匹伙伴的身体条件和竞技能力,认可并接受无论何时何地马匹的利益都是至高无上的。

七、马球赛

马球是指骑手骑在马上,用马球杆将球击入球门的一项体育运动。马球在我国有着悠久的历史,最早起源于汉朝。在唐朝时马球受到当时王公贵族的喜欢,唐朝的几任皇帝比如唐中宗、唐玄宗等都是马球的爱好者。马球赛有室内和室外两种比赛类型,无论是室内马球赛还是室外马球赛,都是由两支球队进行比赛。室外马球赛每队4名队员参加比赛,室内马球赛则是3名队员参加比赛。

马球比赛大多在草地上进行,场地长275米,宽183米。运动员头戴马球帽,腿着皮制护膝,脚穿棕色皮靴,右手持马球杆。在球行进路上的球员有进攻权,防守球员在进攻球员的行进路线上横穿会被判罚犯规,裁判员视情况来判罚任意球甚至点球。本书以室外马球赛为例进行介绍。1号和2号为前锋,主要负责进攻得分。3号和4号是后卫,负责拦截对方的射门得分。和足球一样,比赛以进球多获胜。在马球比赛时没有越位,也没有守门员,将球击入对方门柱内得 1 分(图 1-2-7)。

图 1-2-7　马球运动员在挥杆争球

马球比赛按照比赛双方事先约定好的节数进行比赛,常见的比赛节数为四、六、八节。每节之间休息 3 分钟,半场比赛之间休息 5 分钟。在规定时间内打平时进行加时赛,比赛任意一方先进球即获得比赛胜利。

第三节　现代马术运动的发展趋势

一、普及度提高,马术运动亲民化

20 世纪以来,马术运动在发展的数量和深度上都大大突破了以往的惯例。全球国际马术比赛数量增加了 103%,达成每年 4500 场;国际马联注册马匹增长了 65%,达到 8万多匹;注册骑手增加了 51%。达到 4.2 万左右。马术爱好者增加到 7.5 亿,产业价值达到 3200 亿欧元,马匹数量达到 6000 万,创造 200 万就业机会。马术运动在我国发展较为迅速,20 世纪 90 年代我国只有十几家马场,截至 2018 年,马术俱乐部达到上千家,仅北京地区就有一百多家马术俱乐部。随着人民生活水平的提升和年轻家长教育观、消费观的改变,马术运动越来越受到青睐。据调查,目前北京学习马术的会员以小学生为主,每天放学后和周末马场都爆满,很多俱乐部出现了因周末来预约学习马术的会员数量太多而排不上课的局面。

二、比赛难度和竞技性提高

随着马术运动的普及和推广,马术运动比赛水平逐年提高。在 20 世纪时场地障碍赛选手以追求 0 罚分为取胜目标。现在的场地障碍赛不仅要求 0 罚分,而且要求完成比赛的时间越短越好,同时障碍赛路线的设计难度也越来越高。比如 2016 年里约热内卢奥运会马术三项赛的越野赛,赛程线路从设计到建造历时三年,总长 5840 米,包含大量上、下坡地。马匹奔跑速度为平均每分钟 570 米;全程比赛最佳完成时间为 10 分 15 秒;障碍物 33 个,共需 45 次跨越。从这些数据可以看出这次比赛对骑手和马匹的挑战巨大,比赛完成的难度较大。在场地障碍赛中,随着近年来训练水平和科技的进步,在一场高水平的障碍赛中 0 罚分完成比赛的马匹越来越多,这时比赛线路设计师都得设计难度更大的附加赛,最后才能决出比赛的胜负。这些都反映出世界马术比赛竞技水平呈现逐年提高的现象,增加了比赛的悬念和观赏性。

三、市场化

马术运动市场化是指马术赛事的组织者、参赛骑手和马匹、第三方(媒体、网站等传媒)通过市场需求和资源配置,通过马术赛事的运作来吸引更多的人参加和加入马术运动,并通过合理的价格机制和市场机制的调节来实现效益的最大化。市场化最终目标是为了宣传和普及马术运动。比如有近百年历史的亚琛世界马术节,每一届比赛都会组建赛事团队来运作赛事,每一年都对赛事进行创新来吸引观众。为了让观众更加舒适地观看比赛,很多马术赛事的组委会安排观众与优秀的骑手们近距离接触,让观众有机会和骑手聊天、合影,甚至可与三五好友围坐在热身区附近,一边品尝美食,一边观看骑手在马背、平地上的赛前准备。同时,在赛事中融入多种活动,诸如艺术化的人马表演、综合性的交易平台,都是为了吸引更多的人参与到马术运动中来。

四、比赛场次多,奖金逐年提高

随着马术运动的发展,马术比赛的场地在逐年增加。据统计,国际马联一年在世界各地组织的比赛场次超过 4000 场,平均一天有十多场的比赛是由国际马联所组织的。在我国也是这样,2017 年中国马术协会组织的国家级别以上赛事及马术节活动近 70 场,据统计 2017 年中国内地共有 497 场马术比赛。这比十年前增长了近 20 倍。

各种大赛所设立的巨额奖金,则是人们热衷于马术运动不可忽视的重要因素。每年国际马联的各种赛事不断,特别是一些重大比赛,如劳力士大师赛。世界顶级马术比赛奖金高,同时要求在世界排名表上名次靠前的人马组合才能参加。世界上的顶尖马术运动员一年中可不断地参赛,去获得积分,使他们的排名上升,并能获取比赛奖金以外的巨额广告签约。曾有人做过统计,一位优秀骑手的年收入,比美国总统或大公司总裁的年薪还多。

五、高端化

马术运动以其优雅、贵族、高端等特点著称,故马术运动吸引了世界顶级品牌的赞助。马术运动的高端化让人感觉所有与马术运动相关的东西都较为高端,这也是一些顶级品牌赞助马术比赛的原因。比如浪琴作为马术赛事的顶级赞助商来赞助世界各地的马术比赛。浪琴是国际马联的长期合作伙伴,国际马联官网随处可见浪琴的标识。而在中国,浪琴也冠名赞助了几乎所有大型马术赛事。马术的优雅庄重、历史底蕴、追求精准和浪琴的价值观完全契合,也是浪琴自1926年起就同马术运动合作的原因。除了浪琴外,像劳力士、Gucci等顶级奢侈品牌都选择赞助马术运动,这在一定程度上也反映出马术运动的高贵性。马术运动就是高端化的代名词。

思考题

1. 马术运动的功能和特点是什么?
2. 马术运动的发展趋势是什么?
3. 奥运会马术比赛的规则有哪些?
4. 简述马术运动在我国的发展历程。

第二章　马匹生理习性及饲喂

本章导语

要学好骑马必须先了解马的一切,就像赛车手练习开车必须了解赛车所有的构造及原理一样。想要成为一名优秀的骑手,除了要掌握优秀的骑术外,还要熟练掌握马的生理习性。本章主要介绍马匹的进化历程、马匹生理结构特点、马匹的年龄性格习性,同时介绍马匹饲料的种类及饲养原则。通过本章节的学习,能使我们更加深入地了解马匹的习性,熟悉和掌握了马的生理习性、饲喂后才能从马的角度出发更好地进行训练和骑乘。

学习目标

主流运动马的种类及特点、马的演化、马的生理结构,以及马饲料的种类及储存,马饲养的原则等。

案例导入

法国的国礼——温血马

2018年2月2日,法国总统马克龙对中国进行国事访问,他送给中国领导人一匹法兰西共和国骑兵卫队的八岁褐骝色战马,名叫维苏威火山。

马克龙送来的这匹法兰西骑乘马是一种1958年命名的育成温血马。西方的高头大马并不是自古就有的,它是中世纪诺曼战马在近现代人工杂交繁育的后裔。

主要以法兰西骑乘马为坐骑的法兰西共和国骑兵卫队被称为龙骑兵。作为一个兵种,龙骑兵其实是诞生于法国的骑马赶路、下马射击的非专业骑兵,龙是对火枪火舌齐发的形容。法国骑兵确以骁勇善战著称,曾经跟随拿破仑横扫欧洲,一路打到莫斯科。根据托尔斯泰同名小说拍摄的苏联电影《战争与和平》里展现了身披红色战袍、头戴罗马式闪闪发光的金色头盔,跨马疾驰,宛若游龙的骑士风采。不过,拿破仑的大军被俄国人用马上民族的大纵深佯败战术打得悻悻而归。

法兰西共和国骑兵卫队马的入门标准是肩高1.66米,而蒙古马的肩高只有1.35

米。作为一个有着悠久骑士传统的国家的门面，法国骑兵卫队的马享有"已经超出了国界"的威望。据说将法兰西共和国骑兵队的"龙骑兵"战马赠出，这还是第一次。

马作为国礼并不新鲜，中国古代的朝贡活动里总少不了马的身影。在欧洲，马是"政治动物"，古希腊、古罗马时期就作为贵族的权势和身份的象征，当作"动物国礼"授受不绝。而近世的法国更有四百年"骏马外交"的传统，路易十四曾把摩洛哥王献马之事视为效忠和寻求庇护，而突尼斯大公献给路易十五的柏柏尔马竟沦落在巴黎街头拉车，但几番辗转之后，却成为英国纯血马的三个始祖之一，今天在马术场上的纯血马身上都流着它的血。

世界上应该没有哪种动物比马更深入地参与人类的生活了。有过骑马经验的人都不会忘记第一次骑上马背那一瞬间的感受：广阔的天地迎面扑来，世界从眼前延伸至无穷，豪迈之感油然而生。马在高度、广度、速度和难易度上刷新了人的存在感。

第一节　世界主流运动马的种类及其特点

马这种动物，是伴随着人类的发展而发展的。从古时候的军用、役用、农用到现在的娱乐用，不同的马种扮演着不同的角色，每个种类的马都有其各自的用途，每个领域中也都有各自的佼佼者。

每一种类型的马都有其优缺点，按照不同的特点可以将马划分为不同的种类。同一类型的马，根据不同的分类方法，会有不同的叫法。

比如按照气质类型来划分可以将马划分为热血马、冷血马和温血马。

按照马的身高来划分可以将马分为大型马、小型马、矮马、微型马。

按照参与赛事的不同可以将马分为速度马、障碍马、舞步马、猎狐马、牛仔马、马球马等。

按照经济用途可以将马分为乘用马、挽用马、乘挽兼用马等。

想要更好地进行骑术的学习，就要掌握和了解主流运动马的特点及其功能。

一、纯血马

17世纪时，三匹种公马，它们的名字分别是达利阿拉伯、哥德尔高多芬和培雷土尔其，被人们从地中海和中东运至英国，和英国本地的马进行人工繁育后培育出了一个新的马种——纯血马，同时诞生了一项新的运动类型——速度赛马运动。这项运动在英国不但受到了贵族的支持，而且也得到了平民的喜爱。纯血马进行血统登记至今已有三百多年，这就像我国的家谱一样，现在每一匹纯血马都能找到其血统的来源，甚至可以找到该马三百多年前的父系和母系是哪一匹马。任何一匹纯血马都可以追溯到前面所讲的三匹种公马(图 2-1-1)。

图 2-1-1

图 2-1-1　纯血马

纯血马的身材高大,平均身高在 165 厘米,体重在 450 公斤左右。纯血马的毛色主要是骝色和栗色,少部分马毛色也会有黑色和灰色。头中等长度,呈直头或稍凹,颊凹宽。四肢较长,胸较宽,但胸廓较长,背较短而直,腰短,肌肉发育良好。

纯血马的心脏较大,在快速奔跑时心脏的供血能力强。另外,纯血马奔跑时的步伐大且频率快,身上肌肉线条较好,身上没有多余的脂肪。这些身体特征及器官让纯血马具备快速奔跑的能力,世界上 5000 米以内的马匹中短途竞赛的最快速度都由纯血马保持,1000 米跑得最快的马为 53.7 秒。纯血马不仅跑得快,同样也擅长跳高和跳远。但纯血马由于体重较大、四肢细长,难以支撑较大的体重进行长距离的奔跑。另外,纯血马的耐力也较差。因此,纯血马主要用于中短途的比赛。

纯血马比较早熟,4 岁时结束生长发育。纯血马的遗传性稳定,能将其特点遗传给后代。一匹马跑得快,它所繁育的后代也不会太差。一匹纯血马在世界大赛中获得了优异成绩后,它的价值就会大大地提升,特别是种公马。这里价值提升主要就是其配种费用的增加。根据马匹所获得成绩的含金量及血统,配种费的价格少则几千美元,多则数十万美元。

二、温血马

温血马原来是指体重较轻,用于休闲骑乘一类的马匹。现在专指那些在马术竞赛特别是场地障碍和盛装舞步比赛的用马。温血马是人工繁育出来的马种,现在世界上有很多的品系,比如德国温血马、比利时温血马、法国温血马等。荷兰是一个农业大国,该国的农牧产品在世界上十分受欢迎,荷兰的温血马也一样。温血马最早是由荷兰马匹繁殖工在 20 世纪的时候繁育出来的,当年为了增加温血马的勇气,培育者将纯血马进行了混合培育,大大地提高了马匹的速度和耐力,将温血马打造成了世界上最成功、最流行、最受欢迎的马术竞赛与骑乘用马(图 2-1-2)。

图 2-1-2

图 2-1-2　温血马

荷兰的农夫掌握了培育马的方法,通过筛选可以淘汰智商不高或者是体力不好的马,通过多年的培育后造就了今天的温血马。荷兰温血马主要由荷兰本地的海尔德兰马和格罗宁根马培育而成,温血马宽大的前胸和前躯继承了海尔德兰马,而气质和形态等主要来自格罗宁根马。

温血马的身高和纯血马相似,但温血马的体重比纯血马要重。毛色多半是骝色、棕色、栗色的,有时也会有黑色或灰色。头部精致,通常是直的,眼睛明亮、有神。脖子很长,拱起,有很突出的肩胛骨。肩膀强壮,倾斜角度良好;四肢修长,前腿很强壮,前肢肌肉发达。后腿的力量很强大,而关节的位置较低。整体外观呈现出矩形。

温血马安静、稳定性好、服从性强,最重要的是勇气十足。这些气质让温血马在场地障碍比赛时无论面对多高的障碍,都会在骑手的驾驭下进行障碍的跳跃。另外,温血马步幅大、节奏感好,身体的柔韧性也较好,这些都是温血马受到广大骑手喜欢的原因。

三、阿拉伯马

阿拉伯马发源于 4500 年前阿拉伯半岛的沙漠部落,是世界上古老名贵的马种和血缘最纯的品种,也是最早建立血统注册制度的马种。阿拉伯马是在干旱少雨、食物匮乏的条件下,经长期精心选育而成。该马对世界上许多优良马种的形成有重要作用。英纯血马、奥尔洛夫马、莫尔根马等,都含有阿拉伯马的血液(图 2-1-3)。

该马体高 144~152 厘米,体重 400~500 公斤。母马平均体尺(厘米):体高 141.1,体长 147.6,胸围 165.5,管围 18.4。而阿拉伯马只有 23 节脊椎骨,比其他的马要少一节,这也是阿拉伯马的尾巴高翘的原因。阿拉伯马背部较短,后肢强健有力,肩部倾斜适

图 2-1-3

图 2-1-3 阿拉伯马

度。一般的阿拉伯马有 6 节腰椎及 18 对肋骨,但有一些却只有 5 节腰椎及 17 对肋骨,故细小的阿拉伯马都能轻易地背上重物。阿拉伯马的颈部弯曲,形态优美。优质的阿拉伯马有很长的喉勒,可以提供马勒足够的灵活性。

阿拉伯马体型轻盈、紧凑,赋予它们力量与速度。头小清秀,鼻孔较大,在长距离的运动中保持较大的通气量。鬃毛是非常纤细的丝状毛发,膝部较平,胫骨较短,肩部的倾斜度比其他马种要小。体型结构匀称优美,为高级骑乘马,有专门阿拉伯马比赛。它短程速度不如英纯血马,但长程赛跑成绩良好。由于阿拉伯马的基因改良能力较为强大,几个世纪以来,很多国家都引进阿拉伯马来改良本国的马种。现在世界上很多马种比如温血马、纯血马等都是由阿拉伯马改良而成。

阿拉伯马可以胜任各种马术项目,尤其是长距离耐力赛,是当仁不让的王者。阿拉伯马也是盛装舞步、场地障碍赛等奥运会项目的好手。在纯血马出现之前,阿拉伯马是速度最快的马。阿拉伯马发源于沙漠,当地气候十分干旱、寸草不生,这种生存环境下生存下来塑造了它们坚强、忍耐、速度快且耐力好的性格。因此,现在世界上耐力赛用马基本都是阿拉伯马。

阿拉伯马在人们的印象中都是美丽、高贵和坚韧的形象。阿拉伯马对世界文明做出了巨大的贡献,它们是人类忠实的伙伴。阿拉伯马和我国的国宝大熊猫一样,是中东国家的国宝和国家的象征。习近平主席 2015 年访问吉尔吉斯斯坦和 2018 年访问阿联酋,这两个国家分别赠予习主席一匹阿拉伯马,代表两国王室对尊贵挚友的特殊表示和极高礼节。

四、阿哈尔捷金马

阿哈尔捷金马,俗称汗血宝马或汗血马。关于汗血马的传说最早出现在《史记》当中,张骞当年出使西域时曾见到过当地有的马日行千里且在奔跑时会流红色的汗,从此汗血宝马的传说传遍大江南北。汗血马产于土库曼斯坦,是该国的国宝。汗血马头细颈高,四肢修长,皮薄毛细,步伐轻盈,具有力量大、速度快、耐力强的特点。

汗血马有着纤细修长的身材和独特的外貌特征:精巧的头部,稀疏但精致的鬃尾,光泽的皮毛,以及常常在其他品种上认为是缺陷的鹿颈、卷腹、斜尻、很长的背部、直立的飞节等。这些特点使得阿哈尔捷金马(图2-1-4)非常易于辨认。

图 2-1-4

图 2-1-4　阿哈尔捷金马

汗血马是世界上血统最纯的马,其他马种甚至包括阿拉伯马这种古老的马种都有汗血马的基因和血统。据统计,现在世界上现存的纯种的汗血马只有3000匹,其中2000匹在土库曼斯坦。我国拥有11匹纯种的汗血马,其中有3匹是土库曼斯坦作为国礼送给我国最高领导人的。

汗血马的速度较快,有数据记载,汗血马的最快速度记录为在平地上跑1000米仅需要1分07秒。汗血马的耐力也不错,即使在50 ℃的高温下,一天也只需饮一次水,因此特别适合长途跋涉。汗血马在国际上的一些耐力赛中取得过较好的成绩。

汗血马之所以在奔跑时会给人感觉"流血"的错觉,目前流传较多的有三种说法:第一,汗血马的皮肤较薄,可以清晰地看见汗血马身体内毛细血管的血液在流动;第二,汗血马的毛色多为枣红色或栗色,汗血马的毛色较亮,出汗后在太阳的照耀下呈现鲜艳的红色;第三,汗血马的体内有寄生虫,当马匹在奔跑时体内温度升高,寄生虫便撕咬马匹导致流血,使汗液变成红色。

五、夸特马

夸特马,直译为"四分之一英里马"。夸特马诞生于美国,最早起源于17世纪的早期。由当年英国殖民者将他们从欧洲大陆带过去的种公马和美国当地的印第安母马杂交而成。夸特马属于改良马,现在世界上注册的夸特马数量达到500万匹(图2-1-5)。

图 2-1-5

图 2-1-5 夸特马

夸特马的毛色一般只有一种颜色,主要以栗色为主。夸特马的体格较大,马前胸较宽,肌肉发达。头短而宽,口吻短,耳小,鼻孔大,眼睛间距宽,颌骨宽而界限分明。胸廓深而肋骨隆起良好。夸特马前肢有力,肢势略宽,胸深而宽,后肢里外两侧肌肉丰满。后膝非常深,后躯重而富有肌肉。管骨短,系部中等长度,飞节距离宽、深而直,蹄圆形有深而开放的蹄踵。

夸特马是非常快的马,在四分之一英里(402米)比赛中夸特马最高时速达到每小时88公里,到达终点只用了21秒。夸特马身材紧凑,肌肉饱满,爆发力高,加速度快又善于急转,性格稳健,忠诚而勇敢,主要用于绕圈、截牛、牧牛马、绕桶赛、套牛犊及其他的西部骑乘赛事。

第二节 马的演化

一、马的演化历程

(一)始祖马

距今6000万年前的原始森林中出现原始的始祖马,又名始行马,始新马或始马,但中晚始新世出现的始祖马已经有了比较明显的变化,主要表现为后脚的侧趾退化,第三、四前臼齿出现臼齿化现象。

(二)渐新马

距今4000万—3000万年前的渐新世出现渐新马,它们的身高在60厘米左右。缺少一只脚趾,主要以中趾站立。除第一前臼齿外,其余前臼齿均已臼齿化,脊齿型开始出现,但上外脊为"W"形。这时的马仍为食嫩叶的森林型动物,具有三个脚趾的前后脚有利于在松软的地面行走。

(三)中新马

距今2500万年前的中新世出现中新马,由渐新马进化而来,与渐新马共存达400万~800万年之久。其进步特性表现如下:体型较渐新马大,面部更长,四肢增长,前后足虽然还可分出三趾,但中趾增大,约为侧趾的3倍,奔跑时侧趾已不再着地;臼齿变为高冠齿,有复杂的褶皱;脸部变长、眼眶位移到头颅的后半部、后眼眶部分封闭、牙齿表面开始出现石灰质积淀,但臼齿仍较低冠。而稍后出现的草原古马却较为高冠、牙齿表面有更多积淀物,与现代马更为接近。

中新世气候开始变得相对湿热,马类体型增大而又处于缓慢演化状态,马类物种的多样性发展到了顶峰。由于稀树草原环境的出现,大部分马的食性由食嫩叶变为食草;体形也有大幅度的增大,颊齿的咀嚼面变大,结构变复杂,在珐琅质表面有了石灰质积淀。颊齿齿冠增高。

(四)上新马

距今700万年前出现了上新马,上新马为最早的一趾马,一趾马再次进化后就是现代马。牙齿比早期类型进步,趋向现代马的齿式,有长长的褶皱、复杂的牙齿。

(五)现代马

距今200万年前出现的现代马,是由北美洲的恐马演化而来的。大约在100万年前,现代马从美洲的森林和平原中经由白令海峡扩散到欧亚大陆。恐马与现代马的相似之处在于面窝或眶前窝缺失或强烈退化,此外二者的共同之处还表现在具有较大的体形、牙齿高冠、较长的原尖、相当发达的单趾的前肢上。

马的进化历程如图2-2-1所示。

二、马的进化特点

马进化过程中其特征的变化可归纳为如下几个方面(图2-2-2):
(1)体形逐渐增大;
(2)肢骨变长,尤其是掌骨和跖骨变长,但尺骨和腓骨逐渐退化;

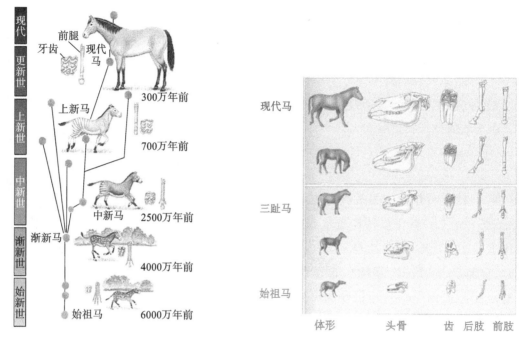

图 2-2-1　马的进化历程　　　　图 2-2-2　马进化特点

（3）侧指（趾）退化，中指（趾）加强，末端趾节骨变大；
（4）背部伸直；
（5）门齿变宽，犬齿退化；
（6）颊齿冠面结构由齿尖型演化为复杂的脊型齿，齿冠变高、珐琅质褶皱复杂化；
（7）下颌骨和上颌骨变深以容纳高冠的颊齿；
（8）眼眶前的脸部加长，门齿与颊齿之间的齿隙变长；
（9）后眼眶逐渐封闭，从草原古马开始，后眼眶已完全封闭；
（10）头和颈变长；
（11）脑增大，并复杂化；
（12）自草原古马之后，颊齿逐渐向前部移动，从而使整个颊齿都位于眼眶之前；
（13）由森林型演化为草原型。

第三节　马匹身体结构

　　马匹的身体结构可想象为一台手风琴，要拉出美妙动听的音乐，就必须将风箱上下彻底地拉开和压缩才能做到。骑手在马匹调教训练和骑乘过程中也应遵循这一原理，有快有慢，有收有放，既要马匹集中注意力，又要马匹在身体和精神上放松，这样的训练才能使马匹有良好柔韧的身体、稳定的平衡能力、顺从配合的性格,才能便于人的驾驭,取得优异成绩。马匹不会讲话,因此进行日常训练和调教时必须遵循马匹的生理结构特点。只有掌握和了解了马匹身体结构特点,按照马匹的生理习性进行训练才能获得成功。

一、马匹生理结构

马体最基本的结构和功能单位是细胞。执行共同机能的细胞群体叫作组织。不同的组织,按照一定的形式互相结合形成器官。若干机能相近的器官构成一个系统。马体系统主要包括运动系统、被皮系统、消化系统、呼吸系统、泌尿系统、生殖系统、心血管系统、淋巴系统、神经系统、内分泌系统和感官系统。

(一)马解剖学姿势及常用方位术语

解剖学姿势是指马正常站立的姿势,该姿势也是马的标准姿势,即四肢着地,躯体长轴与地面平行,头、四肢长轴与地面垂直。为了准确描述这些器官的位置和形态,在解剖学上规定了一些方位术语。

1. 基本切面(图 2-3-1)

(1)矢状面:与马的长轴平行而与地面垂直,将马分为左、右两部分的切面。通过马正中将其分为左右两半的面,称为正中矢状面。其他矢状面称为侧矢状面。

(2)横断面:与马的长轴垂直,把马分为前、后两部分的切面。

(3)水平面:又称为额状面,是指与地面平行且与矢状面和横断面垂直,将马分为上、下两部分的切面。

矢状面

矢状面

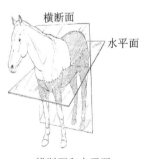
横断面和水平面

图 2-3-1 马的基本切面

2. 用于躯干的术语

(1)颅侧、尾侧:以横断面为参照面,靠近马头端的为颅侧,靠近尾端的为尾侧。

(2)背侧、腹侧:以水平面为参照面,背离地面的一侧为背侧,接近地面的一侧为腹侧。

(3)内侧、外侧：以正中矢状面为参照面，离矢状面近的一侧为内侧，远的一侧为外侧。

(4)内、外：以某一腔壁为参照，位于内部的称为内，位于外部的称为外。与内侧和外侧的概念不同。

(5)浅、深：接近体表的为浅，反之为深。

3. 用于四肢的术语

(1)近、远：对某一部位而言，接近躯干的一侧为近侧，接近躯干的一端为近端。反之则称为远侧和远端。

(2)背侧、掌侧、跖侧：四肢的前面为背侧，前肢的后面为掌侧，后肢的后面为跖侧。此外，前肢前臂部的内侧为桡侧，外侧为尺侧；后肢小腿部的内侧为胫侧，外侧为腓侧。

(二)马的结构

马的结构分为头、躯干和四肢三个部分。

马匹的基本结构如图 2-3-2 所示。

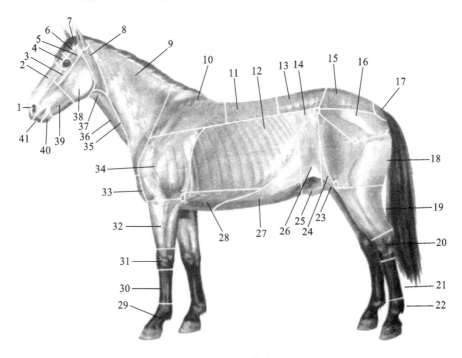

图 2-3-2　马匹的基本结构

1.鼻孔部；2.鼻部；3.眶下部；4.额部；5.颞部；6.顶部；7.枕部；8.腮腺部；9.颈侧部；10.鬐甲部；11.背部；12.胸侧部；13.腰部；14.胁部；15.荐部；16.臀部；17.尾部；18.股部；19.小腿部；20.跗部；21.跖部；22.趾部；23.耻骨部；24.左腹股沟部；25.脐部；26.左髂部；27.剑状软骨部；28.胸腹侧部；29.指部；30.掌部；31.腕部；32.前臂部；33.胸前部；34.肩臂部；35.颈静脉沟；36.颈腹侧部；37.喉部；38.咬肌部；39.颊部；40.颏部；41.唇部

马匹结构说明了马匹各部位的架构及它们是如何构成的。马术比赛的种类繁多，每一项比赛的特点不一样,对于马匹的体型和结构的要求也不一样。对于马匹的结构的判定应该要退一步以更远的角度来进行观察,参考马匹的用途做出评断。马匹会因为体型而不适合某些比赛,例如三项赛的比赛对于体格的要求较为严格,但不适合某些项目的马匹不一定会影响其他长处的发挥。不论是现在、过去还是未来,那些获得大赛胜利的超级明星马匹通常在体型上都不是那么完美,相信在未来也是如此。评估马匹的结构,通常最讲究的是匀称。

1. 头部

以荷兰温血马为例。马头狭长,鼻子和耳朵中等长度,稍稍突起,鼻梁在比较低的位置。

2. 上下颚

上下颚应该在马嘴的前段结合,齿颚咬合有问题的马匹在进食上会存在一些困难。

3. 眼睛

通过观察马匹头部两侧明亮、水汪汪的大眼睛,可以了解它的性格,一般都认为眼球部分眼白比较多的马匹脾气较为暴躁,并且它们对于外界事物不那么敏感。

4. 头与颈

马匹的头与颈部相连接处的结构对它的动作有相当大的影响。马匹下颚及头顶(脖子的顶部,在耳朵后方)的移动较为迟缓,因此在骑乘时,头部较难表现得流畅和柔软,要求头部顺畅地收缩及转弯时也就相对困难。一匹供人骑乘的好马其颈部应该有健康和发达的肌肉,尤其在颈部下方的肌肉不应该呈现过度僵硬的情形,过度的僵硬可能是因长期的训练不良或马头长期过度弯曲而导致背部可能有凹陷的情形。骑乘时缰绳的长度可以反映出颈部的状况,脖子较短的马匹相对而言收缩较难。此外,种公马相对于母马及骟马来说,颈部较厚且肌肉较多。

5. 躯干

观察马匹躯干的时候应该站在与马同一个水平面上,臀部较高的马匹对于后肢的驱动承载力较差。马匹前肢肩部的斜度也很重要,肩部有良好斜度的马匹骑手坐起来会比较舒适,同时适合马鞍的摆放,肩部骨架斜度不够的马匹步伐较小同时也会零碎。

6. 胸部

马的胸部宽度够宽,这样才能有足够的空间容纳每个器官,包括肺及心脏。

7. 背部及腰部

一般而言母马的背部比公马要长些。从侧面看马体时,马的背部与脚部呈矩形,背部的中间看起来可以与马鞍恰好贴合。而凹陷的背部会被认为它有着脆弱的背部甚至是有缺陷。通常腰部以凸面状为佳,而非凹面状,而且应该要有强健良好的肌肉,腰部不正常通常表示营养不良或肌肉力量较差。

8. 臀部

马匹的尾根处要稍有倾斜的弧度,并且具有强健的肌肉。而在马体的末端,马匹的尾巴应该随着臀部的形态而呈现延展的自然曲线。马匹在动态运动时,尾巴会呈现一种弧形。紧紧夹住的尾巴是马匹紧张或情绪紧绷的一种表现,而四处摆动的尾巴透露出马匹兴奋的情绪,习惯将尾巴摆在一边的马匹可能表示出它的背部不舒服。

9. 后肢

后肢与后臀的结合可以说是马匹动力的来源,它推动着马匹向前运动。马体的整个上半部后躯与大腿及大腿关节一同创造出强而有力的肌力,大腿要相当长且宽厚。

10. 后肢腕关节

这是马体相当重要的关节,它在马场马术、赛马运动中起着关键的作用,后肢腕关节的轮廓应该清晰分明,而且没有肥肉。此外,其弧度应向后,而非向内或是向外侧突出。马匹后肢在腕关节的部分应该呈现出一个角度,未在后肢呈现理想角度的马匹,运动时,骑手难以顺畅地深踏。

11. 管骨

分前管(前肢)和后管(后肢),前管是解剖学上的掌骨,亦称管骨,在腕关节以下到球节之间;后管是解剖学上的跖部,以大跖骨及第二、四小跖骨为基础,由飞节到球节之间。

12. 前臂部

从马的正前方观察,应该与地面平行;从侧面观察,应该与地面垂直。理想的体型,在前肢中央膝盖部位应稍有突起,向上与肩部连接处应呈现清晰的弧形,向下则与蹄踵连接至地面。

13. 前肢腕关节

从马的前方观察,前肢腕关节以大且宽广为佳。小而狭窄的膝盖会使得前肢的上部或下部显得紧绷而缺乏力量。马匹自然运动时其膝盖的位置应该稍在腿部下半肢的前方。马匹拥有灵活弹性的膝盖要比拥有笔直的长腿来说重要得多。反之,若膝盖的位置在腿部下半肢的后方,则会使腿部肌腱承受过多的压力。

14. 球节

球节为系骨、管骨和籽骨三者所构成的球状突起,位置在管的下端。球节轮廓应该清楚明晰,不应该鼓起肿胀,也不应该太过于圆胖。

15. 马蹄

马匹球节以下的区域称为马蹄。俗话说"无蹄则无马",马蹄坏了马也就毁了。把马脚抬起来看脚蹄时,有软软的似皮肤状的外层垫为正常健康的现象,马蹄形状的轮廓应该是清楚分明的。

二、马的毛色及头部特征

(一) 马的毛色

马的毛色是识别马匹的重要标志,也是外貌鉴定的重要内容。形容马的颜色,有一套世界通用的专业术语。马匹毛色的专业术语是根据马匹毛色深浅及颜色分布情况来命名的。下面主要介绍常见的 7 种毛色。

1. 黑色

马的全身被毛及长毛(鬃毛、门鬃、尾毛)均为黑色,头部的白色特征记号不受限定。黑色马与棕色及深枣色马的区别在于黑色马在眼角、嘴部及下腹皆呈现黑色而后者呈现棕色或枣色(图 2-3-3)。

2. 栗色

马的全身被毛为栗壳色,这些栗毛中又可分红栗毛、黄栗毛、全栗毛和奶栗毛四种。帕洛米诺马就属于这种颜色,身体呈现金黄色或奶白色,一般认为这种马的鬃毛及尾巴越白越漂亮(图 2-3-4)。

图 2-3-3 黑色

图 2-3-4 栗色

图 2-3-3

图 2-3-4

3. 骝色

马的全身被毛为红色、黄色、褐色,长毛及四肢下端为黑色,根据不同色泽又可分为红骝毛、黄骝毛、黑骝毛和褐骝毛四种。骝色从浅棕色到深棕色不同。浅骝色马,其侧面的毛色就像太妃糖一样;深骝色马的口鼻颜色都比较浅,鬃毛、尾巴及下肢都是黑色。国内有的人将其称为枣色(图 2-3-5)。

4. 灰色

马匹全身毛发、鬃毛和尾毛均为黑白毛混合,灰色毛色会随着年龄增长颜色变淡,并逐渐变成白色,但皮肤及眼睛的颜色不会改变(图 2-3-6)。

5. 白色

马匹身上的毛发都为白色,而皮肤是粉红色及眼睛为浅色。若马匹身上毛发为白色,皮肤是黑色及眼睛为深色,则是灰色马,因为灰色毛色会随年龄增长而变白,但皮肤及眼睛的颜色不会改变(图 2-3-7)。

6. 棕色

马匹身上的毛发是黑色和棕色混杂,鬃毛、尾毛和四肢下半部的颜色皆为黑色,眼角是深色的。棕色马的眼角、嘴部和下腹部都呈现棕色(图 2-3-8)。

图 2-3-5

图 2-3-6

图 2-3-5　骝色　　　　　　　图 2-3-6　灰色

图 2-3-7

图 2-3-8

图 2-3-7　白色　　　　　　　图 2-3-8　棕色

7. 花色

白色和其他色彩不规则排列的毛色称为杂色。图 2-3-9 所示的马匹毛色为乳牛般的由黑白两色组成的花色。此外，还有白色与深褐色组成的杂色。

8. 金色

马匹身上毛发为金黄色，鬃毛和尾毛则是更浅的白色，而皮肤是黑色及眼睛为深色（图 2-3-10）。

图 2-3-9

图 2-3-10

图 2-3-9　黑白相间（花色）　　　图 2-3-10　金色

（二）马的头部特征

马的头部特征如图 2-3-11 至图 2-3-15 所示。

图 2-3-11 鼻口白点（位于鼻孔之间的白色标记）

图 2-3-12 星（马额头上的任意白色标记）

图 2-3-13 流星（沿面颊向下延伸的白色标记，比鼻骨略窄）

图 2-3-14 宽长流星（双眼之间，覆盖接近整个前额的白色标记，比流星白色标记的面积要多 2～3 倍）

图 2-3-15 白脸（沿面颊向下延伸的白色标记，覆盖整个前额并向外延伸至眼睛）

第四节　马匹健康

当马匹不舒服时，它的行为就像是在告诉我们它哪里不舒服。知道了马匹的习性和生命体征后，我们就比较容易做出马匹是否健康的判断。

一、马匹的年龄

运动马匹一般在 2～4 岁之间进行训练，马匹的寿命为 25～30 岁。马匹与人类年龄对比如表 2-4-1 所示。

表 2-4-1　马匹与人类年龄对比

马匹年龄/岁	生命阶段	人类年龄/岁
1	一岁	6～7
2	两岁	13～14
3	三岁	17～18
4	四岁	19～20
7	成熟期	24～30
20	中老年	60
30	老年	85

二、马的生命特征及测量方法

1. 体温

从马匹的体温可以判断马匹的健康状况,了解马匹的体温十分必要。正常马匹的体温是 37.5～38.5 ℃,马的体温会根据品种、运动量的大小有所变动。如果想给运动后的马匹测量体温,要在运动结束后半小时进行测量。马匹的体温在一天中也会有所不同,一般是上午低,下午高,温差不会超过 1 ℃。测量方式是将温度计插入马的直肠里。先将温度计用酒精清洗,然后将温度计插入马匹的肛门内,用夹子夹在马尾根毛处,3～5分钟后取出来看温度。

注意在测量体温时如果马匹直肠内有粪便,应先将粪便取出再测量温度。固定住马匹,防止在测体温时马匹四处晃动使其屁股碰到墙壁上将体温计折断。

2. 脉搏

正常的马在休息时心率保持在每分钟 36～42 次。可以将听诊器放在它的左肘关节的腋窝处来听其心跳,如果没有听诊器也可以通过手指按压法来计算脉搏。另外,马匹下颚下方的大动脉也可以测量脉搏,还可以在马的球节处感受其脉搏的跳动。如果骑完马后,立即测马的心率,10 分钟后再测一次,第二次测的心率应该是马恢复正常休息时的心率。当马的状态良好时,就能很快地恢复正常休息时的心率。当马较为紧张或者天气状况不好、马患病时其心率会长时间保持加快。

3. 呼吸

计算呼吸次数可观察马匹在一定时间内马腹起伏的次数,或者将手指放在马鼻处计算一定时间内吸气和呼气的次数。单独计数吸气或呼气的次数就可,不要两者都计数。马在休息时呼吸保持一致,天气变热会发生气喘,运动时会呼吸加快。

三、马匹健康特征

可根据以下 12 个特征来评断马匹的健康。

(1) 马匹行为正常,不会出现时刻刨地、发出低沉的呻吟声等。

(2) 马匹精神状态正常,没有出现无精打采、对周围事物不感兴趣的现象。

(3) 耳朵竖起来。

(4) 体温正常,皮毛发亮,没有出现出汗的情况。

(5) 呼吸和脉搏正常。

(6) 眼睛明亮,眼睛和鼻子中没有分泌物。

(7) 吃草、吃料及喝水情况和往常一样,没有出现厌食的情况。

(8) 马房的垫料不会太凌乱。

(9) 马匹是站立休息的,在放松的时候轮流用一只后腿进行休息。不会长时间卧立在地不起身。

(10) 日常排便量应一致。正常的粪便是充实的,似圆球状、单独成团,落在地面会自然散开。

(11) 腿部没有肿块,身体没有新出现的外伤。

第五节　马匹习性、特点

数万年来,马是野生、自由的群居动物。它依赖敏捷的动作、嗅觉、听觉、视觉,保护自己逃离肉食动物的捕捉。

马匹就本性而言并不是一种攻击性的动物,它出现的"攻击行为"是一种为了保护自己而做出的行为,比如撕咬、踢后腿等。

一、马匹的性格

马匹和人类一样,每匹马都有各自的性格,有着自己的情绪。乖巧、安静、服从性较强的马匹更易受到人们的喜欢,这些性格的马匹也更易调教成为优秀的运动马。不配合、不服从人的指令、总想逃避的马估计也没有骑手会中意。因此,性格是人们在调训马匹和日常骑行中的一个很重要的因素。要了解和掌握马匹的性格,针对不同性格的马,采取适合它的方法进行训练。马的性格总体上可以分为四类,分别是社交型、高冷型、恐惧型和挑战型。

(一) 社交型

社交型具体又可分为顺从社交型和攻击社交型两种。

1. 顺从社交型

顺从社交型的马对周围的环境和人会特别感兴趣,它们对人和马匹都比较友善,乐于接受和观察周围事物,同时乐于与其他马匹相处。在训练过程中,它们会服从和尊重骑手的指令,按照骑手的指令去完成动作。顺从社交型的马会和骑手一起努力完成训练,这种性格的马适合初学者。

2. 攻击社交型

攻击社交型的马求知欲强、情绪高昂,对所在环境有着浓厚的兴趣,但它们更容易因此而变得心烦意乱,因此它们最讨厌那些在马房里过于喧闹和说笑的人们。但要注意的是这种马很容易受到外界环境的影响而无法集中注意力,这样会严重影响训练的效果,尤其是年轻马更是这样。

(二)高冷型

高冷型具体又可分为被动高冷型和激进高冷型两种。

1. 被动高冷型

被动高冷型可以通过马对周围环境和事物是否感兴趣来进行识别。被动高冷型的马比较喜欢独处,对周围环境的变化毫无兴趣、漠不关心,它们通常喜欢躲在一个安静的角落远离人群和其他事物。被动高冷型的马只会对清晰且明确的指令做出反应,它们不会去主动配合骑手一起完成训练任务,也不会帮助初学者进行学习提高。这种马需要有经验的人进行训练。

2. 激进高冷型

激进高冷型的马比较敏感,特别是骑手的腿稍微给一点扶助,马匹会立刻加速跑起来。它们对马鞭也非常抗拒,骑手坐在马背上拿起马鞭,马匹立刻做出一些过激的行为。比如起扬、后踢等。对于这种马必须有耐心,教会它们放松和安静。特别是在马匹按照骑手的指令完成训练时要及时给予奖励。

(三)挑战型

挑战型具体又可分为被动挑战型和侵犯挑战型两种。

1. 被动挑战型

被动挑战型的马偶尔会逃避骑手的指令,但只要骑手足够自信,采用正确的方法,它们也就乖乖屈服于骑手的控制,不敢再随意逃避骑手的指令。

2. 侵犯挑战型

侵犯挑战型的马性格比较暴躁,想与骑手的指令背道而驰。它们比较尊重调训它们的老骑手,新骑手可以通过调训让它们变得规矩一点,但是新骑手别妄想完全掌控它。一旦新骑手与它们的意志背道而驰,那将非常危险。这要求骑手要拥有敏锐的洞察力、强大的震慑力和高水准的骑术技巧,以此才能获得它们适当的回应和尊重。侵犯挑战型的马匹希望能从骑手那里获得在任何情况下都适用、清晰、准确的扶助信息。

(四) 恐惧型

恐惧型具体又可分为顺从恐惧型和空间恐惧型两种。

1. 顺从恐惧型

顺从恐惧型的马在一个陌生的环境中，通常不愿意进行训练。它们会待在一个自己认为最安全、最舒服的地方，默默地注视着周围的一切事物，行为具有不确定性。在训练过程中，顺从恐惧型的马匹通常注意力高度集中，对骑手的扶助反应迅速。

2. 空间恐惧型

空间恐惧型的马较为敏感，对周围的事物十分谨慎，在封闭的室内场地或者调教圈中非常焦虑和恐惧。这种类型的马来到一个陌生的环境后完全不听骑手的指令，骑手很难让它集中注意力来进行训练。当骑手骑这种马进行训练时，马匹会在骑手不经意时突然撒腿狂奔。它们对陌生人十分警惕，人们需要付出极大的耐心和时间来慢慢引导这种类型的马，让它们慢慢去熟悉新的环境，去接受和熟悉骑手的指令。

二、马匹的习性

(一) 合群性

马是小群聚集、相互依恋、共同生活的动物。马群提供了安全的保证，以一定数量聚集在一起时马才会有安全感且舒心。每一个马群都会有一名领导者，这个领导者通常会是一匹母马，由它对其他马匹进行领导和管教。

马需要与同类接触、陪伴，至少要能相互看得到，只有这样才会让它们感到踏实。尽管如此，除非是特别亲密的伙伴，大部分马之间都会保持3～6米的距离。

(二) 竞争性

马具有竞争性，特别是马匹聚集在一起奔跑时，马匹的竞争心理特别强，彼此不愿意落后。赛马就是利用马匹这一习性组织进行的比赛。这种竞争性使得马匹在比赛中，即使口鼻喷血，体力难支，也竭尽全力，直至死亡。几匹马集合在一起进行训练时，每一匹马都不愿意落后。公马喜欢争斗，尤其在配种的季节，为抢占母马，都需要经过激烈争斗，一旦形成优胜序列，则以公马为核心组成各个小群体。对好争斗的马要注意管理，栓系或牵遛时要使他们相互之间保持一定的距离。

(三) 智商较高记忆力较好

马算是智商比较高的动物，据研究，马具有很强的学习能力和领悟能力，甚至有很多马都知道如何将马厩的门打开。同时马匹具有非同一般的记忆力,能够记得不同的情景与活动的快乐和奖赏、恐惧与疼痛。中国有一句古话叫作"老马识途",即是说马匹即使离开生活地数月甚至数年,它仍然记得回家的路,这都表明马匹具有极强的记忆力。

(四)敏感而胆小

马匹是食草动物,不具备攻击性,我们所见到的马匹用后腿踢人(后踢)等行为都是为了自我保护。由于后踢攻击性不强,所以马匹在遇到危险时情愿逃跑也不会贸然进行攻击。当马匹遇到危险时第一反应就是快速逃跑远离危险。由于马匹的智商较高,所以我们可以教它做一些高难度的动作,但是我们不能忽视它的本能。经过科学和正确的训练我们可以告诉马匹在某些场景或者遇到某些事物时不需要害怕。在马匹感到害怕想要逃离时,我们要安抚它,使它放松,使它慢慢地循序渐进地接受某些新事物。

三、马的特点

(一)视觉

马的眼睛是陆地哺乳动物中最大的,位于头部两侧,视野宽广呈现圆弧形,主要是平面影像,缺乏立体感。因此,马对距离的分析、判断能力差,在后退时易失误。马的视觉在它所有的感官之中是较差的,这也是导致马胆子较小的原因。它必须通过变化头部的位置来看清某个物体,并稍微移动眼睛把焦点对准物体。当马移动或头部位置改变时,其双眼看物体的角度亦会发生变化。

在马的视野里面有两处盲点,一处是马头正前方和下方的两米处;另一处是马屁股的正后方。因此从这两个地方接近马一定要先发出声音引起马的注意再走向它,以免出现马看不到来人采取自我保护的后踢动作而受伤。马的视觉有以下五个特点。

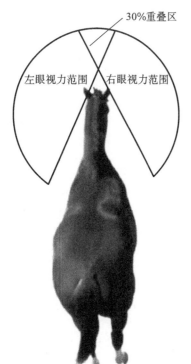

图 2-5-1 马的视力范围

(1)马的眼睛位于头部两侧,全景视野 330°~360°。马体正后方是盲区,左右眼的视野重叠范围只有正前方 30°左右,重叠区景象为立体,其余接近平面,没有准确的空间的距离概念(图 2-5-1)。

(2)由于马眼的位置导致马在看某些事物的时候头和脖子会随之移动。

(3)马判断宽度和高度的能力较差,因此马必须抬起头来向高处看,两眼能够看到约 60°的范围。

(4)马匹对颜色具有分辨能力,它对黄色、绿色和蓝色三种颜色辨别力较强,对红色、紫色等其他颜色的辨识力较差。

(5)马的视觉差导致距离感较弱,夜视能力比人类强。

(二)听觉

马的听觉是对其视觉不良的一种补偿,马的听觉比人类的听觉要发达得多,听觉大约是人的18倍。马在长期进化过程中形成了发达的听觉,其耳朵是信息感知能力很强的器官。它的耳朵可以随着声音的方向而转动,所以我们可以通过观察马的耳朵的方向来判断马匹的注意力在哪里。马的听觉十分敏感,它可以辨识各种不同强度的声调。骑手在骑乘训练的时候发出过强或者过高的声音会让马匹感到不舒适,甚至有可能会惊吓到马匹。骑手必须最大限度地利用马对听觉的敏感性,在训练时伴随着各种声音,比如轻柔的语言和轻拍,告诉马使其安静下来,速度和节奏慢一点;严厉的语言代表骑手对马刚刚的表现很不满意;鼓励语气的"好"代表骑手对马刚刚做成功的动作的赞赏,经常长时间的引导和教学,马匹的服从性将会提高。如果一匹马已学会理解骑手的各种语调,骑手对于该马匹训练和调教的效果将会更好。

(三)嗅觉

马的嗅觉神经非常敏锐,大约是人类的40倍。它能在听觉或其他感知器官没有察觉的情况下很容易接收外来的各种信息,并能迅速地做出反应。马认识或者接触一个陌生的事物,它会慢慢地接近该物体并用鼻子闻进行判断,如果该物体让马匹感到不适,它会发出"响鼻"。接近或调教马时,让它学习新事物,最好先以嗅觉信息向它打招呼。比如第一次给马匹佩戴笼头或者水勒,先让马匹闻一下,让马匹明白这些东西不会伤害到它,然后操作上就会更加顺利。

马能根据嗅觉识别主人、性别、母崽、同伴、路途、厩舍和饲料等多种信息。比如母马可凭借嗅觉寻找自己的孩子,公马可凭借嗅觉寻找发情的母马进行繁育。在野外生存的马匹可以凭嗅觉找到几公里以外的水源,可以绕过水坑、沼泽地。

(四)味觉

味觉是马匹重要的感知器官,马匹主要由味觉来决定食物摄入的数量。马匹品尝一种陌生的食物时先会用舌头舔一下,再决定是否进食。马采集食物的范围很广,也是较容易饲养的动物之一,即便枯草、树枝、落叶和秸秆等比较粗糙、适口性较差的植物都能进食。马对食物的味道是有偏好的,马喜欢甜食,比如胡萝卜、苜蓿草和方糖等。这些带甜味的饲料都可以作为给马匹的奖励。马匹对酸味也比较敏感,酸味饲料马匹要经过一段的时间的适应。马对苦味不敏感。

（五）触觉

马的触觉十分的敏锐，它能感知类似苍蝇叮咬等极其细微的触碰。马的全身分布有痛觉传入神经，因此对耳、眼、蹄、冠、腹部的痛觉十分敏感。一匹年轻马，骑手的腿不需要很大的力量来对马匹施加压力，马就可以感受到。一部分没有经验的骑手一直持续不断或者是以错误的方式施加压力强迫马匹推进，时间久后马匹会对腿部的信号失去敏感度，变得比较迟钝。错误的腿扶助方法也是马匹变得"不好骑"的原因。

（六）温觉

马能感受1℃左右的温差，马的温觉感受器主要分布在全身皮肤表面及口腔、鼻腔、肛门等黏膜部位，凡触觉敏感的部位温觉往往迟钝。

（七）肢体语言

由于马匹不会说话，它会利用它的身体和声音来表达它的想法。比如，马匹轻轻地摇动尾巴表明它的心情愉悦，当马的尾巴下沉了表明它目前很紧张或是生气要进行攻击；马发出响鼻声表明它注意力集中以及很放松、十分享受这种状态。

第六节 马匹步法

就马术骑乘而言，慢步、快步、跑步是马匹运动的三种基本步法，也是马匹天生就会的三种自然步法。当马匹以最快速度奔跑时，会出现袭步的状态。本节主要介绍马匹这四种步法。

对于一个骑手而言，马匹的步法越清楚越好，同时骑手希望马匹保持稳定的步态。不同的马术比赛骑手对马匹步法的要求不尽一致。比如障碍赛的骑手希望马匹跑步的品质良好，具备较好的节奏和前进气势，而三项赛的骑手要求马匹具备长时间稳定奔跑的能力。对马匹进行训练就是为了维持和改进马匹基本步法的节奏性和规律性。因此，骑手必须对马匹的基本步法有极为准确的了解，按照项目的需求进行训练，这样马匹才能达到骑手的要求。

一、慢步

马匹做慢步运步时没有腾空期。慢步每步有四个节拍，即"四拍"法。每步节拍均匀连贯,骑手可数"一、二、三、四,一、二、三、四"。如果出现了不规则的节拍,是严重的错误。慢步应当是有目的而且规整地行进的。慢步时,可感到镇定、积极而有目标。同侧马后蹄的印迹要越过前蹄的印迹,这叫"越迹"。马头和颈同时随着四肢的运动而运动,骑手不要限制。

一般认为,马的动力主要来自后肢,特别是在马术比赛中,要求马匹做到后肢有足够的力量。所以本书在解释落蹄顺序时,都是从先落地的后蹄开始算。4节拍运动落蹄顺序:左后肢→左前肢→右后肢→右前肢(图2-6-1)。也可以用一句话来总结,那就是马匹在慢步时都是一边的脚走完再用另一边的脚来走。

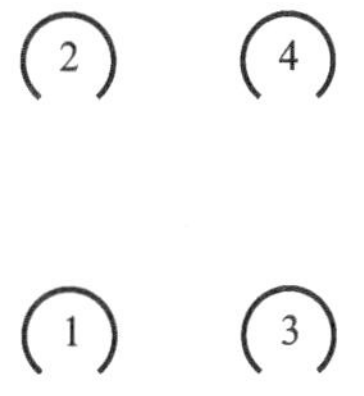

图 2-6-1 马匹慢步落蹄顺序

慢步训练所达到的目标如下。

(1)蹄音的节奏整齐,四个节拍明显。如果四个节拍的蹄音变得不完整,则需要进行调整。

(2)步幅均匀不会出现步幅长度无规律的情况。

(3)步态自由且放松,目的性明确。

(4)慢步时马会点头,马会不断地将脖子往前伸并打响鼻。

(5)后蹄印迹超过前蹄印迹时后肢深踏,一般能超过两至三个蹄印为佳。

注意:在训练的初期,不建议进行慢步受衔。骑手妨碍了马匹头颈力量的使用,将会破坏马匹行进的节奏。建议骑手采取松缰慢步,让马匹的节奏更加平稳。

二、快步

快步是对角肢同起同落的两个节拍步法,通常快步踏出步法的声音是清晰可听见的。对角肢是指对角线上的两只脚。比如:左前肢与右后肢一起称为左对角肢;右前肢和左后肢一起称为右对角肢。马匹快步为每步有两个节拍,规律而均匀(图2-6-2)。骑手可数"一、二,一、二,一、二"。快步时马的时速为每小时12~18公里。快步时要表现平稳和有节拍。从马匹快步的行进路线的正前方观察,马匹应该是保持直线运动的,并且前肢和后肢所用到的次数应该相等(图2-6-3)。

马匹快步落蹄的次序是,左后肢和右前肢同时,右后肢和左前肢同时。中间有一瞬间的腾空期,即在前一组对角肢尚未落地之前,另一组对角肢已经离开地面(图2-6-4)。

快步训练所达到的目标如下。

(1)蹄音的节奏整齐,两个节拍明显。

(2)步幅均匀,不会出现步幅长度无规律的情况。

(3)能进行正确的屈挠,平衡性好。

(4)后肢积极工作。

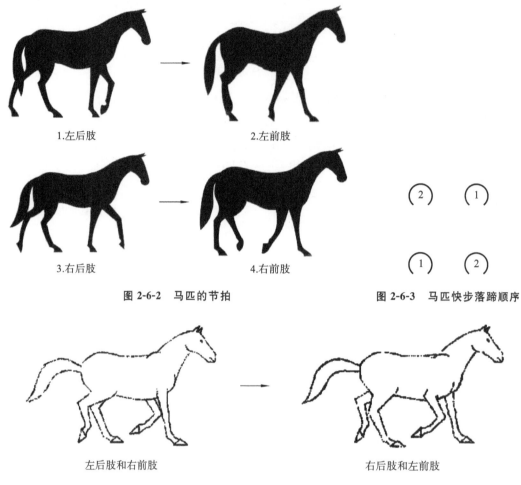

1. 左后肢　　2. 左前肢
3. 右后肢　　4. 右前肢

图 2-6-2　马匹的节拍

图 2-6-3　马匹快步落蹄顺序

左后肢和右前肢　　　　　右后肢和左前肢

图 2-6-4　腾空期

（5）运步保持稳定的节奏。

（6）后蹄不撞击前蹄。

（7）马头保持稳定，不随意摆动。

注意：前腿的动作幅度小于后腿。

三、跑步

跑步因每步有三个节拍而称为"三拍步"。骑手可数："一、二、三，一、二、三，一、二、三"，中间有瞬间的停顿即为腾空期，这个腾空期是指马匹四肢全部离开地面的瞬间腾空。马匹跑步的时速为每小时 20～30 公里。在跑步的状态下，马运步轻快、平衡而有节奏。

要掌握和了解马匹跑步的落蹄顺序，先要掌握马匹跑步时左右跑步和领先脚的概念。领先脚是指马匹跑步的时候，最后落地的那一个前肢，因为看起来位置在最前面，所以叫领先脚。如图 2-6-5 所示，这匹马跑步时的领先脚为左前脚。

图 2-6-5　马匹跑步状态

左里怀跑步是指马匹在场地内进行逆时针跑步时,马匹最后落地的领先脚是左前脚。相反的则是右里怀跑步(图 2-6-6)。

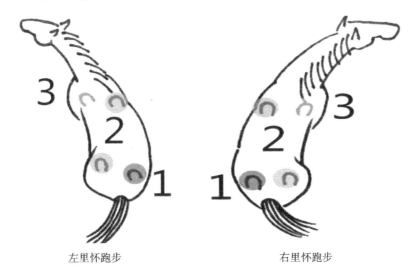

左里怀跑步　　　　　　　右里怀跑步

图 2-6-6　里怀跑步

以左里怀跑步为例,马匹跑步时的落蹄顺序为,右后肢→左后肢和右前肢→左前肢。一个好的跑步姿态给人的感觉是向上向前的。对于一匹年轻马来说,在一个有围栏的受限制的场地内跑步,需要较长时间的练习才能达到要求。

跑步训练所要达到的目标如下。

(1) 蹄音的节奏整齐,三个节拍明显。不应该听到四次蹄音(马匹工作较长时间缺乏动力速度慢下来时,会听到四次蹄音)。

(2) 步幅均匀不会出现步幅长度无规律的情况。

(3) 步态自由且放松,目的性明确。

(4) 后肢踏进,飞节有活力。

(5) 平衡性好,不会出现马体的重心偏向前后左右任意一侧。

(6) 马匹正直,肩部在后躯的正前方,而不是倾向一侧。

(7) 发进跑步正确,领先脚正确。

(8) 马头随着身体的水平线协调晃动。水平线的发生是由于当前脚着地时,后躯会抬起来,后躯落地时,马头随之抬起。这一系列动作使马匹在跑步中有了弹跳的感觉。

注意:跑步过程中马匹后躯发力,向前的推进力足但不急促。

四、袭步

袭步是指马匹按跑步的运步顺序,以伸长步法和最高速度行进的一种跑步。在马匹各种步法运动中这种步法最快。袭步时马的时速为每小时 50～60 公里。好的奔驰姿态给人的感觉是相当轻盈且具有速度感的,马匹袭步每一次奔跑的步幅相当。要进行袭步骑乘的骑手必须具备良好的策骑技巧,因此在骑术的基本功没有扎实之前,不要尝试袭步(图 2-6-7)。

图 2-6-7 袭步落蹄顺序

袭步是四个节拍的运动,每步有快速的四个节拍。骑手可数:"一、二、三、四,一、二、三、四,一、二、三、四",每步之间有一个静音期。

左前肢领步时的落蹄次序是:右后肢→左后肢→右前肢→左前肢。紧接着四蹄都离地而有一个腾空期。袭步时,马的外形得到最大的伸展,随着速度的加快,步幅加长,节拍也相应加快,但始终保持着节奏。

袭步训练所要达到的目标如下。

(1) 蹄音节奏规律,有四个节拍。
(2) 步幅均匀,不会出现步幅长度无规律的情况。
(3) 马体保持平衡。
(4) 马匹正直,肩部在后躯的正前方,而不是倾向一侧。

五、特殊步法

慢步、快步、跑步和袭步是马匹基本的步法,而侧对步则是经过训练后产生的。

侧对步是指使马匹同侧的前后两肢同时离地和落地,两侧交替进行。分自然形成和人工形成两种。马蹄落地呈两蹄声,为 2 节拍步法。这种类型步法的骑乘相当舒适,这种类型的马适合长距离骑乘或者拖拉货物。我国新疆、内蒙古地区的走马比赛马匹的步法就是侧对步,在比赛过程中不能出现让马跑起来的情况。不过,在马场马术的调教中,出现侧对步是一种严重的错误。因此,在实施慢步训练和调教时应当严格遵循四节拍的步法。

第七节 马匹的护理

每匹马都必须给予最基本的照顾以维持其健康状态,大部分的马主都付出了大量的时间和金钱来对马匹进行护理,比如梳理毛发、编辫子等。这些工作需要花费相当多的时间和精力,但用心的护理不仅可以让马匹更美观,同时也可以让它们保持身体的健康,这是每天都必须去坚持做的工作。

一、梳理毛发

给马匹进行毛发的梳理除了可以让马匹的外观美观外,还可以保持毛发的干净和整洁,避免马匹患上皮肤病。马匹在地上打滚可以促进细胞和毛发的再生,两匹马之间相互摩擦、搔痒可以去除身上的泥土、汗渍或者落毛。在野外生活的马匹会经常相互摩擦来进行毛发的梳理,这样的动作可以让马匹更加放松愉悦,同时也是马匹团结、相互沟通的纽带。

一名马夫或者骑手每天需要花费大量的时间在梳理马匹上,毛发梳理这个动作是马夫或是骑手与马匹沟通联络的重要途径,在给马匹梳理毛发时,马匹身心愉悦,极为享受梳理的过程。尤其是年轻马匹,对经常给它进行梳理和照顾的人员格外亲近和顺从。对于初学者来说,毛发梳理是认识和了解马匹个性特点的好时机。所花费的时间会因为马匹和护理者的个体差异而有所区别,经验丰富的护理者10分钟可以将一匹马梳理干净,不到一个小时可以对马匹进行全套的梳理和修剪。

马匹运动前应当进行简单的清洁梳理,同时也检查马匹是否有新增外伤。运动结束后,如果天气状况良好最好给马匹洗澡以清除汗渍及尘垢,如果气温较低也要进行仔细的刷拭,将汗渍和杂物清理干净后再牵回马厩。这样做可以让马匹在进行刷拭的时候平静下来,情绪和心率恢复正常后再将其牵回马厩。

(一)毛发梳理准备工作

马房内应设置洗马架或备鞍区,可以方便地进行马匹的清洁及备鞍等。洗马架要远离马厩,以防止灰尘弄脏马厩,同时也应当选择光线较为充足的地方工作。马匹应当用笼头和绳索拴好。要确保在马匹的左右两侧有足够的空间,如果空间不够,调皮的马匹还可能挤压护理人员导致受伤。

给马匹进行毛发梳理时,绳结不要打死结,一定要使用活结。对于那些比较安静和老实的马匹可以直接将绳索搭在扣环中,这样可以防止马匹受惊时突然拉扯绳索而受伤。不要将绳索直接系在铁钩或者铁环上,在拴马的铁环上系上一个绳索,该绳索用来连接铁环和牵马绳。这样当马匹受惊用力拉扯绳索时,连接的绳索会被拉断,从而可避免马匹可能造成的伤害。

(二)毛发梳理

首先是给马匹的四肢进行抠蹄,检查马蹄部是否有硬物卡在蹄底。抠出的脏物要放进抠蹄盆以保持马厩的整洁。抠蹄工作结束后再将马匹牵至洗马架或备鞍区。运动结束后,可以用水管冲洗足部。如果没有水管,也可以用刷子沾上水将马腿和马蹄上的泥土刷拭干净。刷拭完后牵遛马匹,至马腿部和蹄部的水干后再牵回马厩。

毛发梳理的过程遵从"从头开始、从左至右、从上至下"的顺序,按顺序除去身上的汗渍和污垢。梳理马匹的左侧时,可用左手拿梳子进行梳理,梳理马匹右侧时则用右手拿梳子;当在梳理马体后躯时,建议用空出的手抓住马尾巴的末端,这不但可以避免梳理者被尾巴甩到,也可以让马知道你的位置,避免马后踢。

橡皮刷最适合清理污泥、尘垢等,在梳理的时候也对马匹有按摩放松的作用。马匹的头部和下足部的肌肉较少,骨头比较突出,不适宜用橡皮刷进行梳理,这些区域应当用软毛刷来进行刷拭。在将马匹最脏的地方清理干净后,真正的按摩活动就开始了。每次刷几次后要及时清理刷子上累积的污垢。

将马匹两侧躯干清理干净后,再着重对头部进行清理。松开笼头,将笼头套在马匹的颈部进行固定。一手持毛梳,另一手摁在鼻骨处防止马头到处晃动。注意梳理的时候不要将刷子碰到马匹的眼睛和鼻子,这样会让马匹不舒服。梳理完一侧后再去梳理对侧,在梳理时要遵从"胆大心细"的原则。因为马匹的胆子较小,很有可能一个突发的声响会让马匹感到害怕,马匹的突然举动有可能会踩到护理者的脚或撞到护理者。因此,在给马匹进行清理时要注意力集中,避免受伤。温和梳理时发出的柔和声音会让马匹感到放松和心情愉悦。

梳理马匹的鬃毛和尾部时应尽量不要用刷子,因为这两个部位的毛发过于密集,用梳子梳会造成毛发的断裂,毛发断裂需要花费好几年的时间才能恢复。刷拭马的鬃毛时要先将鬃毛拨到马脖子的一侧,顺着鬃毛的顶端用力刷拭。接下来每次将一小撮鬃毛拨回去,再用体刷认真地刷拭。

刷拭马尾时,站在马匹的侧面并用手抓住马的整条尾巴。注意不要站在角落里,以免马匹受惊时无法进行躲避。每次松开让少量的马尾落下并进行梳理,注意要将垫料及粘在马尾上的异物整理干净。先将松开的马尾梳顺,让更多的马尾落下来进行刷拭。如果马尾巴毛不多或者比较干净,可直接用手进行梳理。

接下来可以用马房布擦拭马体,将马身上的汗渍擦去,鬃毛和尾部则用水刷洗。用海绵在温水中浸湿拧干后,轻轻地清洗马的眼部、唇部和鼻部。马匹尾部的皮肤及其尾根处则用另一块干净的海绵进行清理,避免交叉感染。

最后,给马匹的蹄部抹上蹄油进行保养,不但可以美化外观也能达到保护的效果。待马房的垫料清理完毕后,马匹就可以回马厩休息了。

要注意的是,清理过程中不应该破坏其天然产生的保护油。专用的洗毛剂会让马匹看起来十分干净,毛色发亮,但是也会破坏天然产生的润滑膜,一般在比赛前偶尔使用洗毛剂。日常的清理用清水即可。除非是晴朗的天气,否则应当避免在户外帮马匹冲洗。在牵遛马匹等待自然风干时也要给马匹披上一件毛毯,以防止马匹感冒受凉。而在夏天阳光普照的炎热天气,牵遛马匹时也应披上马衣。但在马匹回到马厩前不要忘记脱下马衣,马匹在马厩内较少活动,长期穿着潮湿的马衣很容易导致感冒。

由于放牧的马匹长期生活在户外,它们的护理和厩养马匹的区别主要在于清理放牧马匹时不要破坏马匹被毛的天然分泌油脂,这些油脂具备防寒和防水的功能。眼部、鼻部、足部及蹄部应特别照顾,但要注意不要用橡皮刷或软毛刷进行过度的清理。

二、修剪

为了便于清洁和在比赛时编织成辫子,要定期对马匹的鬃毛和尾巴进行修剪,将多余和过长的鬃毛或者尾毛拉掉,鬃毛的长度一般要保持在 10 厘米左右。修剪鬃毛最好不要用剪刀剪除,一般都是用手将要修掉的毛发拉掉,将多余及过长的鬃毛拉掉的动作需要多加练习,不熟练的动作会让马匹感到疼痛和不舒服。

修鬃毛先从靠近头部的鬃毛开始,用鬃毛梳将较长的鬃毛卷起,一次卷一小撮,快速向外拉,将要修掉的较长的鬃毛拉出,将鬃毛的长度修剪到 10 厘米左右。如果马匹很敏感,就不要急于在一天之内将毛发修剪完,可以在 3~4 天内逐步完成,每天修剪一部分。马匹的鬃毛像人的发迹线一样,有的天生偏向一侧,不应该强迫调整鬃毛的方向。绝大多数马匹鬃毛的方向在右侧,因此通常将马的鬃毛整齐地平贴在右侧。鬃毛必须定期修整,这样才能让鬃毛更顺滑、更整齐。

编织精巧的尾部造型,尾巴的根部要细窄,逐渐展开成一个纵长的条状带,末端齐平。要达成这样的效果,修剪者应小心地拉扯或整理尾部较长的毛,通常是在尾部的一半至三分之二处进行,尾部的末端通常都会修剪掉,使马匹在活动时尾巴末端甩动的位置就在距球节约 10 厘米处。

比赛前或长途旅行前,一般会用马尾绷带缠绕尾部以防止摩擦伤害,同时也可以保持整洁。马尾绷带及所有的绷带在缠绕时,缠绕的力度要把握好,要足够紧不会轻易滑落。绷带包裹的范围要一直延伸到尾根的末端,绑好后用胶带进行固定。有需要时也可以带上尾巴保护套来避免胶带松开。

足跟部的毛发要细心修剪,用弯剪或手持剪朝下修剪多余的毛发。很多有经验的教练根据足跟部的毛发是否修剪来判断马工是否用心在打理马匹。沿着耳朵边缘将多余过长的毛发剪掉,耳内保护性的毛发不要剪。下巴过长的毛可以适度地修剪,但是嘴巴边缘的毛是感觉器官,不能剪掉。

马匹的毛发会随着天气的变化而生长或者脱落,特别是冬天马匹会长出一层厚厚的毛发来御寒。但训练比赛的马,这些毛发会带来很多不利的影响。比如,过多的毛发会妨碍马匹流汗和工作,特别是冬天运动完后汗很难干,容易造成马匹感冒。因此,对于运动马有必要对其毛发进行修剪。修剪毛发主要有以下作用。

(1) 可让马匹大量流汗。

(2) 运动结束后马匹毛发干得更快。

(3) 省掉梳理马匹的人力和时间。

(4) 保持毛发在良好的状态。

(5) 防止马匹着凉。

(6) 预防皮肤病。

马匹毛发修剪主要在一月、五月、六月和十二月,毛发修剪的方式主要有以下四种。

(1) 修剪马匹身上所有的毛,包括腿部和头部,但在马尾上面留一片三角形状的毛(图2-7-1)。

(2) 修剪马匹头部、颈部、肩部、腹部以及马尾两旁,修剪后马背上的毛类似一块小毛毯(图2-7-2)。

图 2-7-1 全修剪

图 2-7-2 毛毯型修剪

(3) 修剪马头和马身的毛,保留四肢肘部和膝关节以下的毛,保留鞍垫下面的毛(图2-7-3)。

(4) 从马头下面开始沿肩部、腹部和后腿进行修剪,被剪的部分呈蛇形(图2-7-4)。

图 2-7-3 鞍垫型修剪

图 2-7-4 蛇型修剪

给马匹选用哪一种修剪的方式要根据马匹的工作性质和训练强度而定。修剪后要采用适当的措施防止马匹着凉、感冒。

三、辫子编织

要参加比赛或其他的特殊活动,将马匹的鬃毛编织成辫子不仅更美观,也象征着好运。参加表演、马术表演或骑术比赛时,为了让马匹更加吸引裁判和观众的眼球,通常都会给马匹编织各式各样的辫子(图 2-7-5)。障碍赛参赛的马匹数量多,很多比赛都是从早上开始一直到晚上才结束,这种比赛很少有人会去给马匹编织辫子。

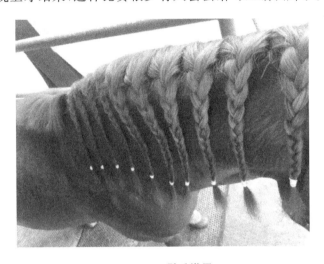

图 2-7-5　鬃毛辫子

编织辫子一定要先将鬃毛分区,防止辫子大小不一。然后以一定方向慢慢编织再以橡皮筋固定,接下来,扭转或对折毛发束后再用橡皮筋固定。辫子依其所需分层次,末端再用白色胶带包覆。在一些重大的欢庆仪式上,骑手会将马尾编织成辫子让马匹看起来更加优雅和有精神。

四、足部保养

如果马蹄不能发挥功能,马匹等于失去了最重要的功能。每天都要对马蹄进行护理以帮助维持蹄部角质的健康。如果马蹄沾满泥土要用水洗。清洗完马蹄后一定要保证马蹄的干燥以避免发炎或开裂。等水干后给马蹄的蹄壁涂抹蹄油,从蹄冠到蹄底,包括蹄踵和蹄叉都要均匀地上油。蹄油不要接触到皮肤以免不易清洁。涂抹蹄油是为了保持马匹角质层的柔韧以及让马蹄更靓丽。生存在野生环境的马匹,它的脚踩踏在各种不同材质的地面行走,蹄部会自然修整、生长及磨损达成一种平衡。但饲养的马匹生活的环境都是固定的,基本上每天都是从马厩到训练场,脚蹄几乎没有自然磨损的情况,所以必须定期为它们修蹄以保持马蹄的生长平衡。由于人骑乘在马背上,使马的负担加重,也加速了马蹄的磨损。为了减缓马蹄的磨损而发明出了蹄铁,这样可以更好地保护马蹄。

在年轻马开始工作后,就应该为它佩戴蹄铁保护马匹的足部。蹄铁形式的选择取决于马匹工作的性质与负荷度,从速度赛马到盛装舞步比赛,各种马术比赛都设计有不同的蹄铁。在三项赛中为了避免在潮湿的地面打滑还会给马匹在蹄铁上额外加装防滑钉,但比赛一结束就要将防滑钉取下。

马蹄会不断地生长,同时在日常的训练和比赛中由于蹄钉的脱落会导致蹄铁的磨损或脱落,一般3个月左右要将旧的蹄铁取下给马匹换上新的蹄铁。是否要给马匹更换新的蹄铁主要从以下几个方面来进行判别。

(1) 蹄铁与马蹄的贴合度。蹄铁没有松动,蹄钉没有凸起或脱落的迹象。

(2) 新生长的马蹄是否超过马蹄铁。

(3) 蹄铁是否有破损。

(4) 蹄铁的大小适中,末端与蹄踵重合。

依每匹马的工作状况,一般4~6周就要请专业的修蹄师为马匹进行脚蹄修剪及穿戴蹄铁。修蹄师不仅要对蹄部进行护理,还会根据马蹄的状况来告诉马主或骑手马匹腿部的健康状况,马匹腿部是否有伤病、训练强度是否过大等。如果马匹两侧有一侧的蹄铁脱落极容易导致马匹在骑乘训练时失蹄,专业的马术俱乐部一定要定期邀请修蹄师来进行修蹄检查。

第八节 马匹的饲养

一匹健康的马的体型应该是不胖不瘦的,被毛柔软并且充满光泽,体能可以维持日常训练所需。从马匹的外观可以判断马匹的营养是否充足。

一、马匹饲养原则

一般把干草和秸秆等统称为粗饲料,粗饲料的营养价值较低。目前国内常用的粗饲料主要是青干草,谷草和稻草等。马匹每天都需要进食粗饲料,它是马匹必不可少的一种食物。好的粗饲料可以使日粮营养平衡,促进各种营养物质的消化吸收,而差的粗饲料则影响马的食欲,降低其他营养物质的吸收和利用。

能量饲料和蛋白质饲料等称为精饲料,如玉米、高粱等农作物的果实和麸皮、燕麦等。精饲料蛋白质丰富,粗纤维少,容易消化,适口性好,马喜欢吃。

根据不同体重、年龄、运动量和不同生理阶段,马的营养需要量,将不同种类和数量的饲料进行合理搭配,供给一匹马一天所需要的各种精粗饲料的总和称为日粮,全面满足马匹营养需要的日粮称为全价日粮。只有搭配出合理的日粮,才能做到科学饲养,提高马匹的竞赛能力。

在搭配日粮时,要因地制宜,充分利用本地的饲料,以降低成本;饲料要多样化,尽量利用粗饲料和青绿饲料,要注意饲料的适口性使日粮新鲜可口。季节不同、马匹运动量不同时要适当调整日粮,运动量大时要多给精饲料,运动量小时少给精饲料,最好根据马的不同年龄、不同用途、不同生理状况等,设计配制几种型号的精饲料以满足各种不同的需要。按照日粮饲喂马匹时,要细心观察马的营养状况,以及粪便颜色、软硬程度、消化情况等,还要观察马爱不爱吃,是否剩草料过多,如经一段时间饲喂后马的膘情下降,体重减轻,运动时容易疲劳,就要在日粮中增减不同种类的饲料。尤其是要增加富含能量和蛋白质的饲料。运动马最好每日每匹马给予2~3公斤新鲜青草或适当放牧,这样既有利于消化,又可补充维生素和微量元素。为了更好地提高马匹的运动能力,掌握良好的日粮饲养原则尤为关键。

1. 依据马匹的年龄、性别、品种和体型及骑手的骑乘水平、训练强度进行饲喂

马匹对营养物质的需要量受马的体型、运动量、品种、年龄、环境、温度等因素影响,马匹个体之间对饲料的采食、消化特性存在较大差异。每一匹马对于饲料的要求都不完全相同。每匹马在采食量、采食快慢、对饲料成分和对某种饲料的偏爱等方面都不相同。因此饲养人员要全面准确地掌握每匹马的特点,在营养师所设计的平均日供应量的基础上,具体饲喂时应依据每匹马的特点加以调整。经常检查采食情况,了解马对饲料的偏好和习惯从而投其所好满足每匹马的特殊需要,这就是在饲养中常说的个体饲养。

对于运动用马来说,要依据每匹马的特性和运动强度等采取个体饲养,比如运动强度加大了,日粮也必须随之调整以满足所需能量。运动量减少了就要减少精饲料的饲喂量从而增加粗饲料。燕麦可以促进马匹四肢发育,提高马匹的兴奋度,要针对马匹的气质和体质来饲喂燕麦:对反应迟钝的马可多喂燕麦等,对于气质激烈的马则少喂或者不喂,燕麦喂得过多会让马匹过于兴奋反而不易控制。高能量饲料可促进马匹活动,如果马太瘦则需多饲喂营养丰富的饲料,太胖则要少饲喂。老马消化功能减弱,需要增加容易消化的饲料。马的品种不同所需营养也不同,进口马特别是纯血马、温血马要求精心饲养来维持其体质,而本地马适应能力较强,给予粗饲料即可,如果营养太丰富则易患蹄叶炎。在寒冷、潮湿的季节需要增加食物来维持马匹所需的能量。

2. 饲喂品质良好的饲料

运动用马对饲料的要求比较高,要求草的质量好,粗纤维含量少,无发霉,没有被雨水淋泡,喂前要筛净泥土,精饲料要保持干净、无杂质、无发霉、无变质。有霉变和满是灰尘的饲料对马的健康有害,特别是被寄生虫或有害物质污染的饲料。粉状饲料饲喂时要拌入适量的水。

3. 定时定量、少喂勤添

马是单胃食草动物,其胃的容积比较小,食物在胃蠕动和胃液的作用下形成食糜后,在胃内停留时间很短,约 4 小时后,胃内容物可全部转移到肠道,当胃处于 2/3 满的时候,对食物的消化最彻底。马不能呕吐,采食过多的饲料易造成胃扩张,严重者有胃破裂的危险。

关于饲喂次数,每昼夜饲喂 2~5 次不限,只要马匹摄入营养量足够,同时又适应了所采用的方法即可。通常日喂 3~4 次(包括喂夜草 1 次)比较合理。关键在于每次喂量不要过多。要定量饲喂,各次饲喂的时间间隔要均匀。且间隔时间不宜过长。一匹马不能超过 8 小时待在厩内没有东西吃,因此晚上在厩舍内的马必须有足够的干草吃。每天干草量的一半可在晚上饲喂。这样马有充足的时间去消化吸收。每日的精饲料在白天分 2~3 次喂给,每次饲喂时应尽可能在短时间内把精饲料分发到每匹马,勿使马急不可耐地烦躁等待。每天要固定在同一时间喂马,即定时饲喂,定时喂马有助于马匹的成长和健康。不得随意更改饲喂时间,以免破坏马的饮食规律而导致消化紊乱。

4. 粗饲料和精饲料的比例要合适

如果将一匹马放养在草地上而不需要它做其他工作,那么马只吃草就可以满足自身的能量。草是马的天然饲料,草还能促进马匹消化。如果马不食用大量草的话,其消化系统就不能高效工作,而且会导致消化系统疾病。让马匹拉车或进行骑乘训练,那就必须加上饲料来提供营养,马的工作量越大所需摄入的饲料量就越大。一般来说,一匹马一天所需的饲料量为体重的 2.5%,针对马匹的训练内容和调教程度,精饲料和粗饲料的比重就会有所变化。以下是在各种运动时马匹粗、精饲料的比例。

(1) 调教时期:2:3。
(2) 简单运动:2:3。
(3) 中等强度:1:1。
(4) 负荷强度大、负荷时间短(障碍赛等):3:2。
(5) 负荷强度大、负荷时间长(三项赛等):3:1。

5. 不能突然更换饲料

因某种原因需要更换饲料时,要掌握逐渐更换的原则,以使马匹消化系统适应新的饲料。大部分饲料和干草都要在大肠内消化,大肠内有大量助于消化的微生物,如果突然改变饲料而大肠内没有足够的消化新饲料的微生物,饲料就不能被充分消化可能会引起腹痛,因此更换饲料时要经过数日逐渐改变,使马的消化系统能逐渐适应新饲料。切忌突然更换。

6. 保持用具和容具干净

马匹比较爱干净,它会挑剔不干净的容器和用具从而拒绝进食或喝水。这一点和人一样,都不希望用不干净饭碗和水杯吃饭和喝水。同时不干净的用具容易传播疾病。

7. 饲喂后不能立即剧烈运动

马匹在采食后，各种消化器官和腺体活动量加大，分泌的消化液增多需要充足的血液供应，以适应消化吸收食物的需要。这时如果立即剧烈运动，大量血液被补充到马体的其他部位就会相对造成消化器官血液供应不足，胃肠蠕动变慢，消化液分泌减少，食物由胃进入小肠的时间延长，从而影响食物的消化与吸收，引起消化不良或胃扩张等疾病。马匹胃里堆积食物会使马匹负担过重无法保证训练的效果。如果在运动前饲喂粗饲料则至少要提前1个小时，运动量大则需要提前更长的时间。

8. 适当饲喂多汁绿色植物

厩养马以喂干草为主。进食青草可以增加马匹的食欲，促进马匹的消化和吸收。有条件的可每天牵马放牧10分钟让马进食青草和自然牧场植被，春夏季一天可以给马匹喂食2公斤左右的青草。

9. 喂饲料之前先饮水

由于马匹的饲料都比较干燥，马匹需要慢慢咀嚼才能吞咽。所以在吃饲料之前喝水有助于马匹吞咽饲料。马厩内要保持有清洁的新鲜水让马随时可以饮水，在马厩内大多数的供水方法是使用水桶或自动饮水器（目前国内少见）或在马厩内设置固定水槽。在外出训练或比赛时要利用休息时间随时给马饮水，最好自带水桶避免因使用其他马的饮水用具而发生交叉感染。

二、马匹饲养的几个特殊问题

（一）年轻马的饲养

刚出生的马匹要进食马乳，因此小马出生后都与母马住在同一马厩。刚出生的马进食马乳就足够了，一般到两个月左右小马也会与母马一起进食少量的饲料。很多马八个月左右就开始戒断母乳，这时就需要将小马和母马隔开。为了更好地促进小马的生长发育，在饲料中要添加钙粉和维生素来促进小马骨骼和肌肉的生长。在这一时期，每天都要给小马进行放牧，保证马匹的活动量，提高小马的食欲。天气好时让小马晒晒太阳可促进钙的吸收。

马匹到了3岁左右开始调教，这时要针对马匹的训练强度和身体发育情况喂食，要保证马匹足够的营养。在饲料中添加肌肉、骨骼增长剂和电解质添加剂，以利于马匹体型发育得更好。

（二）粗糠和干草

为了不让马匹在进食时狼吞虎咽，通常会在它们的食物中添加干草和粗糠来让马匹细嚼慢咽，减轻马匹胃的负担，帮助消化。干草是春天生长的青草晒干而成，它们本来就是马匹天然的食物。粗糠是收割机收割剩下的燕麦梗,是十分干燥的食物,马匹必须慢慢咀嚼产生唾液后才能吞下。粗糠和干草主要是作为添加剂放在饲料中的,如果要把它们作为主要食物来喂马,那么就必须搭配其他有营养的食物以保证马匹的营养。比如说,粗糠搭配蜂蜜、油、苜蓿等。

(三) 放牧场中饲喂

在放牧场中饲喂马匹一定要注意自身的安全。由于放牧场是给马匹进行休闲放松的场所,所以最好不要在放牧场中给马匹喂食,要喂食尽量在马厩内完成。这样可让马匹养成一种好的习惯,明白马厩才是它们吃饭和休息的地方。另外,如果放牧场中同时有几匹马在一起,喂食有可能会让马匹为争夺食物而打架。在放牧场中一定准备充足的水让马匹补充水分。

如果一定要在放牧场喂食的话最好找一个人一起来完成这项工作。在放牧场中一定要将食物分散开来,以防止马匹后踢。比较好的做法是将饲料桶从围栏处放入放牧场而不进入放牧场中以防止马匹后踢时伤到人。如果有一匹马吃不到食物就要把它牵出放牧场单独进行喂食。

(四) 新购马匹的喂食

假如你新购进一匹马成为马主,由于对这匹马不是很了解,在喂食时喂食量要尽量少一点。这是因为你对这匹的习惯和特点不熟悉,刚开始只是进行简单的骑乘,强度不会很大,如果饲喂量较大,马匹的体能过于充沛,那么马匹将不易控制,有可能导致你在骑乘过程中摔落马下受伤。骑乘训练一段时间后,当马匹熟悉了新环境,接受了你的骑乘扶助时,可将马匹的喂食量调整成符合其所需的量。

三、马匹日常饲料

马是食草动物,无论给马匹喂食的主食是什么,都必须要搭配草料。很多马术俱乐部没有放牧场,很多时候马匹也在外地进行训练和比赛。马匹的进食都是以干草为主,平时吃不上青草,容易缺乏维生素。马匹在比赛时对体能的要求较高,需要进食饲料来补充身体所需的营养。饲料的基本成分为麸皮、紫花苜蓿、燕麦、玉米、谷壳(或切细稻草)、大麦、亚麻子、胡萝卜、萝卜、食用油、石灰石粉、大蒜粉、矿物质、苹果、糖浆、盐等。

(一) 马匹所需的能量物质

具体喂什么,怎么喂马匹,世界各国或各地都有不同的方式,但饲料中含有的营养成分,包括水、糖类、蛋白质、脂肪、维生素和矿物质等都是一致的。

1. 水

一匹成年马的身体里大约65%都是水。如果马匹缺水,会严重影响马的健康。马耐干渴的能力远不如耐饥饿。一般水分不缺,仅由于饥饿的原因马的体重减轻60%时,马匹仍能存活,但由于缺水,体重减轻22%时,马就会死亡。所以,任何时候都要供给马匹充足的饮水。马匹饮水后不能立即进行剧烈运动,剧烈运动后也不要立即饮水。身体还在发热饮水容易引发肠结,应慢步牵遛,等马呼吸平稳后再让其饮水,此即俗话所说的"热马不饮水"。无论何时都不要让马匆忙地一口气饮大量的水,要设法使马一口一口地饮。一匹厩养马一天所需饮水量为10~50公斤。大运动量导致的出汗可能会使水的需要量达到正常的2~3倍。水的温度不能低于6 ℃,一般以9~11 ℃为宜,切勿饮带冰的水。

2. 糖类

糖类是维持马匹生命活动所需的能量。马匹在调教或参加竞赛时,对能量的需要成倍增长,若供应不足,马匹能力就会降低。糖类主要包括粗纤维、淀粉。饲草中有许多粗纤维,虽然不易被消化。但在马的消化道中起填充作用,可使马有饱腹感。粗纤维还可以刺激胃肠,促进胃肠蠕动,增加消化液分泌,有利于食物的消化和粪便的排泄。但对于运动马来说,日粮中粗纤维含量以16%为宜,高于16%则日粮代谢能利用率降低。粗纤维越多也相应增加其他营养物质的需要量,因此,不宜用粗纤维含量过多的日粮。

3. 蛋白质

马的生长、肌肉发育、繁殖、哺乳、组织修复及皮肤和被毛的更新都离不开蛋白质。蛋白质不足可使成年马体重下降,幼年马生长缓慢,发育不良,还可造成不育,产乳量降低等。

成年马无论休息还是轻、中、重度运动(竞赛),日粮中可消化蛋白质含量以不超过10%为宜。过量蛋白质会导致马匹出汗增多,运动后容易脱水,长期蛋白质过量会造成肾脏损伤,蛋白质过剩的特殊标志是汗液黏稠、泡沫多。

4. 脂肪

饲料中含有适量的脂肪可增进口味,促进营养物质的吸收和利用。马能利用脂肪作为运动的能源,因此,现代高级运动用马日粮中加有油脂。但是,马对脂肪的消化利用不如其他家畜,所以含脂肪过多的饲料(如大豆)不要喂得太多,一般的马日粮中不要加油脂。

5. 维生素

维生素是维持正常生命活动必不可少的物质。维生素存在于各种植物中,特别是青绿饲料中。品质好的青干草中维生素的含量丰富,可保存一年。但干草中维生素由于风吹日晒,保存不当而严重损失,时间超过一年的干草,维生素的含量不多。因此在马匹的饲料中添加维生素来进行喂食很有必要,如适当喂些青绿饲料。

6. 矿物质

对运动用马来说,长期在马厩内晒不到太阳,喂以高精饲料的日粮和低质的干草,而无法采食足够的青草和优质的牧草很容易导致缺钙或钙磷不平衡。在运动中可引起四肢肌腱拉伤或关节扭伤等。体重500公斤的马每天约需钙23克,磷15克,钙与磷的比例为(2～15):1,而过多地喂其中一种会妨碍另一种的吸收。休息中的马匹不需要额外补充盐,轻度活动的马匹一天需要45克盐,而中等活动量的马匹一天则需要85克盐。缺盐可导致马匹肌肉僵硬、脱水,长期缺乏可导致食欲减退,被毛粗糙,生长停滞等。

(二)常用饲料

我国幅员辽阔,地域宽广,马匹使用的饲料也具有地域性,这是我国马匹饲料的特点。从营养学的角度来说,根据饲料的营养特性,把饲料分为青绿饲料、能量饲料、蛋白质饲料、矿物质饲料、维生素饲料和添加剂等种类。运动马通常以粗饲料、能量饲料和蛋白质饲料为主,适当添加矿物质、维生素、添加剂。

根据饲料当中纤维含量及营养含量的区别将饲料分为粗饲料和精饲料,本章节主要从粗饲料和精饲料两个方面来介绍各种饲料的特点及用途。

1. 粗饲料

粗饲料是指饲料中天然水分含量在60%以下,干物质中粗纤维含量等于或高于18%,并以风干物形式饲喂的饲料。

(1) 羊草 又名碱草(图2-8-1),最适宜于我国东北、华北等省(自治区)种植,在寒冷、干燥地区生长良好。春季返青早,秋季枯黄晚,能在较长的时间内提供较多的青饲料。农牧用的马匹在冬季饲喂羊草,即使不给精饲料也可正常进行农活。

(2) 苜蓿 营养价值很高,具有清脾胃、利肠、下膀胱结石的功效(图2-8-2)。苜蓿含有丰富的维生素K。在开花期收割的苜蓿干草颜色青绿,气味芳香,它是马匹胡萝卜素、维生素D和钙的良好来源。

图 2-8-1 羊草

图 2-8-2 苜蓿

图 2-8-1

图 2-8-2

(3) 谷草 经过成熟脱粒后,其叶秆可作为马匹饲料,也可以经过粉碎机粉碎后用于混合饲料。谷草质地松软厚实,味甜,适口性好,可消化粗蛋白,可消化总养分较稻草、麦秸高,并含有一定的钙质,是饲喂马匹的良好饲草,但长期饲喂谷草不利于马的健康,表现为关节肿胀、跛行、骨质疏松,适量饲喂无不良影响。

(4)稻草 稻草是禾本科植物稻及糯稻的茎叶。稻分布于我国南北各地;糯稻分布于我国南部和中部。其营养价值低于谷草和青干草。稻草粗纤维含量高,其表面有一层蜡膜,不易消化,食后吸水量大,易腹泻。此外,稻草含钙质少,大量饲喂难以做到营养平衡,饲喂稻草时要给马匹补充钙粉。

2. 精饲料

精饲料又称精料,是相对于粗饲料而言的。精饲料常用的有以下几种。

(1)玉米片 玉米片由玉米压缩制成,保存时间长、便于储存。玉米含淀粉很多,是较好的能量饲料之一。玉米含蛋白质和钙较少,因此在以玉米为主的精饲料中必须补充足够的矿物质。由于玉米中含高浓度的能量和很少的纤维素,过多饲喂容易在胃中黏结、变酸,引起马的消化不良,甚至腹痛。在马的精饲料中以等量玉米和燕麦为宜(图2-8-3)。

(2)燕麦 一种低糖、高营养、高能食品。燕麦最好碾碎饲喂。由于燕麦对马有兴奋、刺激作用,因此大量用于赛马(图2-8-4)。

图 2-8-3

图 2-8-4

图 2-8-3 玉米片　　　　　　　图 2-8-4 燕麦

(3)全大麦 叶舌膜质,具坚果香味,糖类含量较高,蛋白质、钙、磷含量中等,含少量 B 族维生素。相对燕麦来说它含有较高的脂肪和淀粉,以及含氮物质,饲喂时必须碾碎。常用作赛马的日粮(图 2-8-5)。

(4)豆粕 大豆提取豆油后得到的一种副产品。豆粕中粗蛋白质含量高达 30%~50%,是动物主要的蛋白质饲料之一。大约 85% 的豆粕被用于马匹的饲养,豆粕内含有的多种氨基酸满足马对营养的需求。实验证明,在不额外加入动物蛋白质的情况下,仅豆粕中所含有的氨基酸就足以满足马的营养需求(图 2-8-6)。

(5)麸皮 麸皮是小麦加工面粉后得到的副产品,麸皮中含有较多的蛋白质,营养价值较高,生理价值相当高,能与鸡蛋白媲美。在日粮中麸皮疏松、体积大,可增加饲料的体积。麸皮中含有相当丰富的维生素 E 和 B 族维生素。小麦麸皮中主要的成分是纤维素和半纤维素,其含量占小麦籽粒中总纤维素含量的 88%,是具有代表性的膳食纤维

图 2-8-5

图 2-8-6

图 2-8-5　全大麦　　　　　　　　　图 2-8-6　豆粕

(图 2-8-7)。

（6）甜菜干块　甜菜干块(图 2-8-8)需要经过泡水后加入饲料中给马使用,一般都是在前天晚上将其泡好后第二天早上给马匹食用。甜菜经过清洁、切丝、渗出、充分提取糖分后,得到较高纯度的糖。在此过程中产生的副产物主要包括茎叶、切丝后的废丝和提取糖后的废蜜,这些副产物均有一定的营养价值。其中:甜菜废蜜能量高,含糖量高,黏性大,还含有多种无机盐和含氮化合物,是一种适口性良好的饲料载体和黏结剂,可用于制作颗粒饲料和饲料块;但在生产中,大部分废蜜都用于微生物发酵,产品包括酒精、酵母、草酸和甜菜碱等。

图 2-8-7　麸皮　　　　　　　　　图 2-8-8　甜菜干块

（7）高粱　禾本科一年生草本植物。秆较粗壮,直立,基部节上具支撑根。高粱喜温、喜光,并有一定的耐高温特性。我国南北方均有种植。营养价值接近玉米,可以替代部分玉米,但高粱含有少量鞣酸,略有涩味,适口性较差。单纯喂给高粱,马容易便秘,最好与麸皮豆类混喂。喂碎粒比整粒效果好。

（8）花生饼　花生饼是以脱壳花生米为原料,经压榨提取油后的副产物。花生饼中粕的营养价值较高,粗蛋白质含量可达到48%以上。精氨酸含量高达5.2%,是所有动、植物饲料中最高的。但花生饼容易发霉变质,应储存于干燥通风处。

3. 青绿饲料

青绿饲料主要包括天然牧草、栽培牧草、田间杂草、菜叶类、水生植物、嫩枝树叶等。马都喜欢吃，因此在春夏季可适当放牧或补喂一些青绿饲料，但也不能全部喂青绿饲料，以防马匹腹泻。这种饲料的特点是水分充足，水分占60%左右，富含维生素，容易消化。青绿饲料含水量高，不易久存，易腐烂，应及时饲用，否则会影响适口性，严重的可引起中毒。青绿饲料是家畜的良好饲料，但单位重量的营养价值并不高。

4. 矿物质饲料

矿物质饲料包括食盐、石粉、贝壳粉、蛋壳粉、石膏、硫酸钙、硫酸钙、磷酸氢钠、磷酸氢钙、骨粉、混合矿物质补充饲料等。矿物质缺乏会造成马匹骨质疏松、贫血、毛质差。其中对马匹而言重要的成分是食盐和含钙矿物质。喂给食盐不仅可以补充马对钠的需要，而且可以增强饲料的适口性，使马多喝水有助于消化并可防止便秘。食盐有粒状和块状，块状食盐可放于马厩内一定的位置（如饲槽内或固定于墙壁上等）供马匹自由舔食，粒状盐可拌于精饲料中。食盐量可占精饲料的1%。对运动用马来说特别是在高温出汗情况下每天每匹马应添加50~100克食盐。能自由舔食块状食盐的马一般不会缺盐。含钙矿物质饲料主要有贝壳粉、骨粉等，它们含钙、磷比较多，而且钙磷比例也适当。

（三）饲料的储存

有的饲料是季节性产物，要提前购买、储备。另外一次性采购的饲料越多，价格越便宜。因此很多马场都是一次性购买能够满足马场几个月食用的饲料，这就产生了饲料的储存问题。储存环境不好，饲料中微生物、储粮害虫等有害昆虫的繁殖和生长，可导致饲料发霉变质，变质饲料给畜禽带来疾病，最终造成马场损失。

1. 熟悉饲料的种类及用途

在决定要如何储存所购买的饲料之前，要先了解所购饲料的性质，不同饲料的储存时间是不一样的。比如说，燕麦制成的马匹饲料的储存时间可长达一年，而高脂肪、高蛋白质饲料储存时间非常短，可能一个月左右就会变质。

2. 合理规划饲料的库存

应根据饲料的用量或销量、存储形态等，规划原料、自配料或成品的购买数量或生产数量。饲料原料、成品要清楚其储存要求及保质期限，确保储存环境满足要求，并在保质期内使用完毕。能够保持通风干燥的条件，干草的储存时间可以稍长。精饲料的储存时间不要超过3个月。在保质期内，最先购进的饲料先使用。

3. 储存方式的要求

饲料质量的变化，除了其自身的保质期限外，保存方式也是一个重要原因。饲料储存的地方一定要通风干燥。根据资料显示，饲料水分在10%以下的可抑制微生物生长，水分达到13.5%时，最适宜储粮害虫生长，霉菌也会随着饲料水分的增加而加速繁殖；当饲料含水量达到15%时，极易发生霉变。所以饲料在保存时最好用双层袋，里面用不透气的塑料袋,外面用编织袋。保存的地方要通风、干燥。如果有条件的话,可以用机械通风。

储存饲料的地点一般选在地势较高、排水方便、通风良好的地方,在降雨前做好防雨措施,防止饲料被雨水浸湿。因地面容易返潮,一般饲料不要直接放在仓库地面上,应垫高堆放,饲料周围要留有空隙,以利于通风。还需要将饲料房的温度保持在15 ℃以下或者41 ℃以上。昆虫对温度的变化非常敏感:当温度在15 ℃以下时,繁殖很慢,甚至停止;当温度高达41 ℃以上时,昆虫也不易存在。昆虫最适宜繁殖的温度为29 ℃左右,昆虫的生活周期约30天,繁殖非常快。发现虫害时,可用熏蒸法消毒灭虫。

对于动物蛋白质类饲料,如鱼粉、骨粉、肉骨粉、蚕蛹类饲料,非常容易生虫和感染细菌,造成营养成分的流失。这些饲料要注意利用容器和塑料袋密封,并定期检查,发现异常及时处理。

4. 防范害虫与老鼠

害虫和老鼠对饲料的采食,是造成饲料变质另一个重要原因,它们会提高饲料局部的温度与湿度,使饲料容易发霉变质。鼠洞容易造成雨水倒灌入仓库,使饲料受潮或浸湿,严重影响饲料品质,因此饲料保存中还应做好防虫防鼠措施。

害虫与老鼠粪便是许多疾病的传染媒介,极大地威胁着马匹的健康。所以在储存饲料之前,应彻底清理仓库,包括一些缝隙、墙角、死角等,并进行熏蒸处理。

必要的时候可以在饲料中添加防虫剂,防虫剂在饲料商店中都能购买到,防范害虫还可以借助饲料箱,但是塑料和木质的饲料箱容易受到啮齿类动物的侵入,而金属饲料箱又容易导致饲料凝结,对饲料箱的购买需要马主结合实际条件进行选择。

(四)饲喂标准及程序

1. 饲喂标准

在运动用马的日粮中,粗饲料和精饲料的比例不是一成不变的,要根据马匹的训练情况进行调整。一般来说,当马匹的训练强度增大时要提高精饲料在饲料中的比重。检验一匹马一天食量的唯一方法就是称重量。一匹成年马一天的饲料量(包括粗饲料和精饲料)一般为其体重的2.5%左右,如一匹体重1000公斤的马每天需吃约25公斤干饲料才可维持其生命和活动能力。

在马房内要备有以下几种设备:秤,用来称粗饲料及精饲料的重量;皮尺,用来测量马匹胸围的变化情况;勺,量取饲喂量并对其进行称重记录。

有一个马匹的身高(以下的高度都是指马匹的肩高)与饲喂量的公式可供参考。

1.62米——13.6公斤

1.52米——11.7公斤

1.42米——9.9公斤

1.32米——8.2公斤

1.22米——6.3公斤

运动马要保持良好的体型,可控制饲喂量和运动量。运动用马通常实行的是精饲料型饲养,以高营养浓度的精饲料为主要营养来源,再给一定量的粗饲料加以平衡,其中所给精饲料量,即粗饲料与精饲料的比例应根据每天马匹调教训练的强度或运动量而定。对休息不运动的马匹可只给粗饲料不给或少给精饲料。

2. 饲喂程序

目前我国很多马厩里都安装有自动饮水机,在饲喂前、中、后饮水都不会冲淡马胃液影响食物的消化。没有自动饮水机的马房也可以将水桶24小时放在马厩,让马匹可以随时取水。喂饲料时一定要先喂粗饲料再喂精饲料,因为先吃粗饲料有助于马匹对食物的消化,如果马匹先进食精饲料再进食粗饲料会导致马匹肠梗阻等消化系统的毛病。

若厩舍内设置有分开的料槽和饲草架,最好先添加粗饲料让马匹进食,等将所有马厩的草添加完后再添加精饲料让马匹食用。每天干草量的一半应在晚上饲喂,这样马就有充足的时间去消化吸收。不要直接将干草放于马厩内让马匹进食,因为干草容易被马踩踏,被粪尿污染导致浪费。干草可放于饲草架或足够大的饲槽内饲喂或装在大孔网袋里,吊于厩墙上,这样可以减少干草的浪费。

思考题

1. 健康马匹的外在特征有哪些?
2. 马匹饲养的原则是什么?
3. 马匹有哪些习性?
4. 马匹的生命特征及其测量方法有哪些?

第三章　马具及场地设施

本章导语

马具的种类繁多且功能多样化,马具主要分为马房护理类、骑士装备类和马匹装备三大类别。本章主要介绍最常见的马具的功能及其作用,让读者能正确地使用马具,更好地进行马匹的骑乘和训练。每一项马术赛事的比赛场地都有特定的要求和规格,本章节主要介绍赛马场、盛装舞步和障碍赛三个比赛场地的要求及设计原则。

学习目标

马具的种类及功能、比赛场地及其设施。

国家宝藏——铜鎏金木芯马镫

1965年,辽宁省博物馆文物工作队在北票西官营子发掘出了北燕权臣冯素弗墓,清理出近500件陪葬品,有精美的鸭形玻璃注、被称作"珠画秘器"的彩绘木棺,堪为明清朱漆箱匣之祖的嵌骨漆器等……其中最为引人注目的是一对铜鎏金木芯马镫(或称木芯包铜鎏金马镫),别小瞧这马镫,它被引入欧洲后,竟成为改变欧洲历史的催化剂!

考古发现表明:马镫的始创者是距今约1700多年的中国北方的鲜卑民族。同时代的古代波斯人、埃及人、米堤亚人、亚述人、古罗马人、巴比伦人、希腊人都不知道使用马镫,甚至亚历山大率军征战中亚时,也未装备马镫。

在中国,直到秦代,马镫仍未产生。《孙膑兵法》中提到骑兵有十项作用,也都只是袭扰、侦察等辅助作用,说明那时军队拥有马镫的可能性不大。虽然中国最早的马镫雏形是在长沙西晋永宁二年(302年)墓出土的陶俑见到的,但这只是单镫,呈三角形,只能供骑者上下马时蹬踏,骑上马后就不使用了。中国乃至世界上最早的骑乘用马镫实物,是在三世纪中叶至五世纪初的慕容鲜卑墓中发现的。朝阳北票房身村北沟墓发现一副马镫,镫体为木芯外包铜片,长柄,椭圆形镫环。朝阳姚金沟墓出土的马镫,为双镫,木芯外包皮革。朝阳十二台砖厂墓地出土的单镫,铜板制成,表面鎏金。这几处出土马镫的墓葬,其时代都比较早,大概在三世纪中叶至四世纪中叶,即慕容鲜卑创建的前燕政权前后。辽西地区慕容鲜卑墓中发现的马镫实物,时代早,数量多,形制原始,基本上反映出马镫由最初的单镫到较完备的双镫,由较原始的皮革或木质马镫到比较成熟的铜、铁制马镫的发展过程,表明全新的马镫应是由慕容鲜卑民族为适应游牧和骑兵作战的需要而首先创制的。

由此可知,慕容燕国时代已开始大规模使用金属马镫,并且改单镫为双镫,这是一个巨大的进步。慕容鲜卑民族虽然不是马镫这一发明的始创者,却是马镫的关键改进者,而慕容鲜卑民族所创造的世界上最早的双马镫,比欧洲年代最早的马镫至少早了300年!

马术骑乘不仅仅只有马就足够了,与其他运动不同的是,马术运动除了骑手需要自身的马术服装和保护装备外,马匹也需要特定的装备。同时,马匹日常的刷拭和护理也需要用到很多装备。所有在骑乘马匹和日常护理马匹所用的装备都可以称为马具。马具种类繁多,共有四个类型。每种马具都有其特定的功效和作用。要将马匹护理好,必须掌握每种马具的特点和功能。

第一节　马房马具

一、刷拭套装

刷拭套装是日常护理马匹所用的工具,主要包括刷马匹各个部位的梳子和刷子。每一种梳子和刷子都有特定的功效和作用。刷马是每天都必须进行的工作,特别是在冬天,水冷,不能给马匹洗澡,每天例行的刷拭就显得尤为重要。刷拭马匹的作用主要有以下几点。

(一)促进马匹健康,改善血液循环

刷拭可以缓解马匹疲劳、增强体质,克服机能失调,加速体内血液循环等,可以刺激马匹的特定部位的血管,而且还能够起到一定的舒筋通络的作用,使得气血运行更加的通畅,在一定程度上可治疗和预防疾病,对马的健康有很好的调理作用。

(二)增加马匹对人类的信任感和友谊

每天给马匹进行刷拭,让马匹习惯和人接触。由于刷拭会给马匹带来舒适感,马匹也会很享受每天的刷拭过程。当马觉得受到威胁时会采取踢后腿来自我保护,因此站在马屁股后是很危险的事。护理者坚持每天对马匹进行刷拭,过了一段时间后一匹本来不愿意让人接近的马匹会由于每天护理者的刷拭逐步变得愿意让人靠近,甚至接受人站在马匹屁股后进行扎马尾等工作。

(三)清洁作用

每天清晨起来后将马匹身上的垫料等物件进行清理,同时刷拭可以将马匹皮毛里面的灰尘清除干净。刷拭干净整洁后,再备鞍出去进行骑乘训练,这样的马匹外形优美,气质优雅。

(四)检查马匹是否有新增的伤病

马匹的体重较大,特别是厩养马的空间比较小。夜晚马匹睡觉时有时会不小心受伤,马匹不会说话它也不会将自己哪里不舒服告诉工作人员。这时,例行的刷拭可以了解马匹身体是否有肿块和隆起,或者哪里出现了新增的伤病。及时发现及时处理,以免伤病恶化。

二、刷拭套装的护理

(1) 工具要保持清洁,以免滋生细菌、传播疾病。

(2) 刷子太脏需要使用洗涤剂时一定要配合温水使用,洗涤剂不要用太强烈的以免对刷子造成损害。

(3) 刷子洗干净后要用力甩几下将水甩干,然后将刷毛朝下放置,让水自然滴干。

(4) 棉布用品一定要存放在通风的地方,保持干燥。定期用洗衣机进行清洗和晾晒。

三、马房马具的种类及功能

硬毛刷:马匹身上泥土或者尘垢较多时用硬毛刷进行梳理。但由于硬毛刷较硬,不宜用它刷理马匹的头部或者身体敏感的部位(图3-1-1)。

体刷或软毛刷:刷去马匹毛发上的灰尘和皮屑,让毛发保持光亮。体刷的刷毛软且浓密会破坏马皮肤表层的天然油脂,不适用于放牧马或者小马(图3-1-2)。

图 3-1-1 硬毛刷

图 3-1-2 软毛刷

铁刮子:在马匹进行换毛的季节可以用铁刮子清洁马匹,将马匹身上脱落的毛发挂落。还要注意一定不能把铁刮子搁置在马容易踩踏的地方，以防伤到马蹄。可以将铁刮子在地面上敲打其边缘以达到清洁铁刮子的目的(图 3-1-3)。

橡胶刷：转圈使用给马匹进行按摩，同时具备去除汗液和油脂的作用。春天马匹脱毛时，可用橡胶刷梳掉马身上残留的冬季被毛(图 3-1-4)。

图 3-1-3　铁刮子

图 3-1-4　橡胶刷

塑料刷：主要是用来给被毛长的马清理泥垢和汗液，由于质地较硬不适用于敏感或者皮薄的马(图 3-1-5)。

水刷：可用于打理马匹鬃毛或打湿马尾，也可以用于清洗马房棉质用具，包括汗垫、绑腿等(图 3-1-6)。

图 3-1-5　塑料刷

图 3-1-6　水刷

蹄钩：用来在骑乘备鞍时扣除马匹蹄底的泥土、污垢和石块等。注意不要把蹄钩掉到垫料之中，以防止蹄钩的尖端对马匹造成伤害(图 3-1-7)。

按摩刷：通过拍打按摩促进马匹血液循环和让马匹肌肉放松。按摩刷主要有皮质和橡胶两种材质(图 3-1-8)。

图 3-1-7　蹄钩

图 3-1-8　按摩刷

海绵：主要用来擦拭马匹的眼睛和尾巴根部。需要用不同的海绵进行清洁，这样是为了防止交叉感染（图 3-1-9）。

蹄油桶和油刷：给马蹄的蹄壁上蹄油以防止马蹄开裂，注意防止蹄油刷到马匹的皮肤。一般在备鞍后进行骑乘前给马蹄上油（图 3-1-10）。

图 3-1-9　海绵

图 3-1-10　蹄油桶和油刷

水刮：马匹洗澡后顺着马毛的方向刮掉马匹身上残留的水分（图 3-1-11）。

鬃毛梳：可以梳理马匹的鬃毛和门鬃以防止打结，清理鬃毛里的灰尘，也可以在给马编辫子时作为辅助工具（图 3-1-12）。

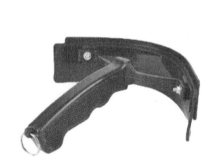

图 3-1-11　水刮

图 3-1-12　鬃毛梳

尾梳：主要用来将多余及过长的鬃毛和尾毛拉掉，不能用来刷马尾（图 3-1-13）。

马尾绷带：在运输马匹时都会给马匹绑上绷带保护马尾。在马球比赛时也会将马尾绑上以防止马尾四处晃动影响比赛。马尾绷带一般 3 英寸（大约 8 厘米）宽，由弹性材料制作（图 3-1-14）。

马毛尖：如果马毛太长，马匹运动或洗澡后不容易干，容易造成马身上的湿疹，甚至引起马匹感冒。马毛尖是电动的，可以帮助护理者轻松地剃掉马的被毛（图 3-1-15）。

木柄刮毛器：木质手工刮毛器，该刮毛器比电动刮毛器刮得干净，同时也可以起到清洁的作用（图 3-1-16）。

马鞍架：可以放置各种马鞍和水勒，便于清洁和整理（图 3-1-17）。

蹄刀：当蹄铁掉了或者马蹄过长时蹄刀可用来修蹄（图 3-1-18）。

蹄铁：保护马掌不被沙土、石子之类的东西磨损，影响速度，还有一种功能就是提高

图 3-1-13 尾梳

图 3-1-14 马尾绷带

图 3-1-15 马毛尖

图 3-1-16 木柄刮毛器

图 3-1-17 马鞍架

抓地力,提高速度而且使骑马时更平稳(图 3-1-19)。

图 3-1-18 蹄刀

图 3-1-19 蹄铁

第二节　骑士装备

任何一项运动，首要前提是安全。对于马术运动，头盔、马靴和防护背心是重要的安全保障。在进行场地障碍骑乘、快速骑乘、越野骑乘时，头盔、防护背心必不可少。

马术服饰作为功能服装的第一要素是耐磨。为马术特制的马靴、马裤、恰卜斯、马术手套，凡是与马匹或马具接触的部位，都要做特别处理，避免摩擦可能带来的伤害。

另一要素是不妨碍运动。因此上衣的肘部应活动自如，袖口为紧口设计，而马裤的胯部要求有弹性或宽松。此外要合乎健康，夏季服装面料要利于吸汗、排汗，冬季则要保暖、防风、防水。

近年来休闲骑乘的服装开始呈现多样化的趋势，服装的颜色和款式多种多样。与以前只偏重于比赛和骑术的发挥有所不同，现在的骑士服装不仅要符合马术运动的特点，同时还要样式好看，能够展示马术运动的风采。比赛服装的风格没有太多的变化，主要是加强骑手在马鞍上活动的舒适度和安全。

和其他的运动一样，使用正确合适的装备可以降低运动时危险发生的概率。骑手要有一个正确的观念：装备主要是实用，外观并不重要。骑士装备种类繁多且功能各异，以下介绍常见的骑士装备及其功能。

一、安全帽（头盔）

在从事马术这项高危运动时一定要采取措施最大限度保护头部。附有安全扣带的硬式头盔是防止意外发生时头部受到伤害的重要护具（图3-2-1至图3-2-4），指导并要求学员在骑乘时佩戴合适的安全帽是马术俱乐部所应尽到的责任及应提供给学员的基本

图 3-2-1　障碍头盔

图 3-2-2　舞步礼帽

图 3-2-3 速度赛马帽　　　　　　　　图 3-2-4 轻型透气头盔

安全保障。

在过去的几年中,帽子已经变得不容易识别。由于马匹的体型较大,人与马相比显得很弱小。由于体型上的差距,马很容易对人造成伤害,不仅在骑马的时候需要佩戴头盔,只要在马匹附近,比如在打圈时,即使人没有在马背上也要佩戴,以防万一。

骑马所戴的头盔不同于其他头盔,它所用的材质为玻璃钢。好的马术头盔,能较好地降低冲击力对头部造成的伤害。找到一个符合安全标准的头盔只是第一步,尺寸也要刚好符合头型,头盔过大或者过小都不行。挑选佩戴头盔时必须注意以下几点。

(1) 确保头盔完全符合头型。

(2) 购买专业厂商生产的头盔。

(3) 禁止垫衬一个大帽子以求舒适(除非是头盔制造商设计的垫衬物)。

(4) 头盔受过撞击要及时更换。

(5) 禁止购买二手头盔,即使它看起来很适合你,但你不知道它是否在跌落时已经损坏。

(6) 骑马时将上下颚带的插扣系好。

二、防护背心

防护背心(图 3-2-5)是用来保护骑手坠马时尽量少受伤害,防护背心可以保护骑手的腰背脊椎等部位。现在的防护背心主要有两种类型:一种是有填充物的,外观类似麻将块,里面的填充物是泡沫;另一种是没有填充物的。防护背心中有安全气囊,气门上会有一个拉扣,骑马时将拉扣系在马鞍上。如果骑手落马拉扣会被拉开,在 0.15 秒内将打开安全气囊,对身体进行包裹,能够更好地保护颈椎、肩胛、腰椎等部位。

图 3-2-5 防护背心

三、马靴

马靴是骑士的重要装备之一,分为长靴和短靴。马靴通常为优质的牛皮制作,结实耐用。通常靴头尖,靴跟为方形。马靴的靴筒可以保护小腿不和马鞍发生摩擦,同时大部分马靴有一个能够防止脚全部卡进马镫里而削平的跟部,这个特殊的跟部设计,是为了防止意外坠马时,保证脚不因卡在马镫里而发生更加严重的事故。而靴头有硬度是为了防止人脚被马蹄踩到时受伤。所有的马靴都具有防滑效果,并能支撑脚蹬在脚镫上的力量,保护脚踝不受到撞击、摩擦。

短马靴不骑马时穿着也比较方便,同时价格相对便宜。在休闲骑乘或者训练时,短马靴搭配护腿比较受骑手们的欢迎。那些骑马次数不是很多的骑手比较喜欢短马靴,因为短马靴款式好看、质量好,在日常生活中也可以穿。在骑手的骑术水平达到一定程度后,就可以考虑购买长筒马靴,在正规的马术比赛中都要求穿长筒马靴。

每一项运动都有自己的特点,从事和参与哪一项运动就应当穿着符合该项目特点的专业鞋子,比如打篮球就要穿篮球鞋,踢足球就要穿足球鞋。同样,从事马术运动就要穿马靴。在马术运动中穿马靴有以下四个方面的作用。

(1) 马靴的靴头较尖,发生落马时脚不易套在马镫内。

(2) 靴跟为方形且有一定的高度,在骑乘时脚不会滑到马镫内。

(3) 马靴前段较硬,防止被马踩伤。

(4) 有舒适和美观作用。

马靴结构与通常的皮靴不同,需要具体测量穿着者的一系列数据定做。定做的马靴,因皮革的质量不同而价格相异:牛皮的马靴,牢度强,马靴外皮以牛的头层皮最好,且以水牛皮的档次为最高,价格也是相对较贵;猪皮比较经济实惠;羊皮质地柔软,穿着轻巧,但牢度不如牛皮和猪皮。牛、猪皮的马靴表面要平滑、细腻,表面要光亮,市场上马靴的皮革一般几乎都是黄牛皮。靴筒内衬的皮革以羊的头层皮为最好,国内一般用的都是纺织品或猪二层皮,当然也是猪的头层皮最好。

爱美之心人皆有之,马靴的款式设计精美,特别是长筒马靴受到现在很多不骑马女士的青睐。穿上长筒马靴可以修腿型,让女士的身材显得更加高挑。同时穿着马靴也好搭配衣服,让女士显得更有气质。现在马靴不仅在骑马时使用,也是爱美人士日常着装的一部分。

四、马裤

马裤,特为骑马而制作的裤子。据说在十五世纪的时候,人们的交通工具还主要是马。当时的英国国王亨利八世总是喜欢穿着羊毛裤子骑马。这种羊毛裤子保暖性较好,弹性强且较为宽松。因为这种羊毛裤子便于骑马,在日常生活中穿着十分方便,所以很快便流行开来,这也是最早马裤的雏形。

一条好的马裤,不仅要弹性大,耐摩擦,而且要冬季保暖,夏季清凉透气。在骑马的时候,由于骑手的腿部与马鞍或者马的身体进行接触,在骑行过程中要使用腿扶助来控制马匹,在用腿扶助的时候由于不断摩擦使得腿部发热,所以需要穿着非常合身的马裤(还是建议选购时现场试穿)。这样可以避免因为马裤上过多的褶皱而加剧与皮肤之间的摩擦力。为了减小腿部与马鞍之间的摩擦,马裤在膝盖内侧也做了加固,有的在马裤膝盖内侧加上了硅胶来减少摩擦。马裤的材料一般是天然的(大多是棉),舒适,有弹性,结实并且易于保养。马术运动员参加比赛时要求必须穿着白色的马裤。

马裤的设计多种多样,由于膝盖和后臀处与马鞍的接触较多,另外小腿肚子与马腹的接触也较多,所以马裤这三个地方都会使用较厚的布料、皮革或者是其他的合成皮,用来保护这三个地方不被蹭破皮。现在马裤的设计在造型上也相当多样化,而无论造型多么炫目、雅观,都不要忘记挑选马裤最重要还是它的舒适性和保护效果。

五、马鞭

马鞭是扶助的辅助工具,主要是用来增加骑手扶助的效果。骑手的扶助包括缰、腿、骑坐和声音,当马匹没有按照骑手的指令来完成动作时,就可以用马鞭去敲击一下马体来提醒马匹尊重骑手的指令。马鞭也同样用来纠正或训练马,当马匹逃避骑手的指令时,骑手要及时使用鞭子告诉马匹这是错误的。

普通马鞭的鞭杆芯一般为玻璃钢或者是碳素纤维材质,外面则包裹涤纶丝或尼龙丝。好的马鞭有用银手柄、动物角或者骨头手柄的,一般的则用塑料手柄、牛皮手柄等。鞭子的长度和使用的方法视比赛类型不同而有所区别。场地障碍赛规定骑手在比赛时跳跃每道障碍不能连续3次鞭打马匹,所携带马鞭的长度不能超过75厘米。骑手在速度赛中一场比赛使用鞭子的次数不能超过7次。盛装舞步比赛时携带马鞭的长度不能超过120厘米。

一般骑乘或者是障碍骑乘时都是携带短马鞭。其正确的持鞭方式是,用外方手持缰,内方手持马鞭绕到骑手的腿后以鞭敲击马体后驱以提醒马匹。平地训练时使用长鞭,骑手可以在准备上马之前带着马鞭,也可以上马后再由他人将马鞭递给骑手。在训练马匹高级步法时需要使用马鞭予以辅助。

六、马刺

马刺(图 3-2-6)由金属制造,其造型和长度都有许多不同的类型,马刺的作用是加强腿扶助的效果,让马匹尊重骑

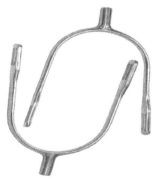

图 3-2-6 马刺

手的腿。比赛时马刺的长度不能超过3.5厘米。使用马刺的前提是骑手拥有稳定的骑坐和腿扶助,因此马刺对于初学者来说并不适用。较软的马刺通常使用在一般骑乘或者障碍跳跃上。

马刺经常佩戴于脚跟以上五个手指的位置,但对于脚较短的骑手来说,马刺可以佩戴在较低的位置。使用时,骑手不要太用力,脚后跟稍稍向内,小腿内侧接触马的体侧。在马术训练的高级阶段马刺是必不可少的工具。马刺具有强化骑手腿扶助的效果,能帮助骑手要求马匹做出高难度的动作。

七、手套

马术手套特别是在打圈时要佩戴,由于在打圈时马匹会突然逃跑而拉拽调教索,戴了手套可以保护骑手的手不被调教索勒伤。皮质、羊毛、棉毛手套或表面具有弹性细颗粒手套都可以防止缰绳从手上滑落。冬天骑马佩戴手套也可以起到防寒保暖的作用。

马术手套在设计上特别加强食指与大拇指及无名指与小指这两个与缰绳有密切接触的保护。手套的款式设计多种多样,手套面料应该足够柔软,以便能够很好地握住缰绳和接触马匹。现在有许多使用高科技防滑材质或加强保暖效果的合成皮产品。而在手掌与手指间特别加有薄的合成软垫材质的手套,价格合理、舒适且手感佳,这些都是相当受欢迎的款式。

八、上衣

骑手选择上衣的理由会随着骑手专攻项目以及骑马的年限而有所不同。但选择上衣的主要标准应该是挑选能使肩膀与手臂能够自由活动不受限制的款式。由于马匹一年四季都需要进行活动,因此骑手必须准备适合每个季节穿着的上衣进行骑乘。上衣不需要特别专业,以合身为好。夏天的上衣要求透气性好、具备良好的吸汗功能;冬天的上衣不要过于厚重,以具备防风防寒功能、不影响骑手活动为佳。

九、参赛服装

每一个体育项目针对其项目特点,对于服装的要求不尽一致。比如世界第一运动足球在规则中对服装就有明确的规定。足球比赛场地大,人数多,争夺激烈和有"越位"规定等特点,裁判员要准确判断场上发生的情况,就必须要求双方运动员身穿不同颜色的上衣,同时守门员的衣服颜色就必须不同于参赛双方和裁判员。除了有关服装颜色方面的要求外,还规定足球运动员上衣背后与短裤前面须有显著的同一号码,为了便于裁判员看出每个队员的行动,要求每个队员上衣背后的号码要大一些。一般规定号码高 25 厘米，宽 12 厘米，笔画宽 3 厘米。

在马术比赛中，不同项目和不同级别的比赛对于装备的要求都不同。马术装备种类较多，并且价格都比较昂贵，因此通常建议初学者采取租借的方式满足教学需要。

下面介绍世界主流的马术比赛的服装要求。

（一）盛装舞步

在英国，在非正式的比赛对于骑手的服装没有规定，骑手可以穿着夹克去比赛。不过很多专业的马术俱乐部所举办的俱乐部盛装舞步比赛，要求骑手的着装和正式比赛一样。大型正式的比赛对服装的规定相当严格。目前国内盛装舞步比赛最高级数是中一级，和亚运会的比赛级别一样。盛装舞步比赛的等级分为九个级别，具体分级如下。

(1) 挑战赛青少年组。

(2) 挑战赛 Test B Novice 级。

(3) 挑战赛 Test A Advanced 级。

(4) 圣乔治级。

(5) 中一级。

(6) 中一级音乐自由演绎比赛。

(7) 中二级。

(8) 大奖赛。

(9) 特别大奖赛。

(10) 音乐自由演绎大奖赛。

比赛期间要求选手上马后佩戴安全头盔，在低级别比赛的验马时也必须佩戴头盔。如果比赛期间有骑手的头盔脱落，必须立刻停止骑马，将头盔重新佩戴后方可进行比赛。当马匹年龄在 7 岁以上，骑手的年龄在 22 岁以上时，在比赛中可以佩戴礼帽。圣乔治以上级别的比赛要求选手必须穿着黑色或者是深蓝色的燕尾服，头盔、马裤、领带和马靴的颜色一般都与外套同色或为白色、类白色。

绝大多数高水平的舞步骑手喜欢穿着高筒的长马靴，因为那样可以强化对骑手腿部的支撑，而且可以使骑手有更长更深入的腿部位置。

（二）场地障碍

在比赛中甚至是查看线路时，骑手都必须穿马靴、白色或浅黄褐色马裤、有白色衣领的长袖或者短袖衬衫，长袖衬衫的袖口必须为白色，佩戴白色领带。在世界杯、奥运会比赛中，骑手必须穿代表国马术协会批准的制服或服装，而在商业比赛中，骑手则穿代表赞助商颜色的服装。

骑手一旦上马，必须佩戴符合安全标准具有三点式安全扣带的安全帽，并将扣带系好。在比赛中骑手帽子脱落或者扣带松开，要求其停下重新佩戴好安全帽、系好扣带，该过程不会罚分但是时间不会暂停。障碍赛选手通常比较喜欢材质较软的靴子,一是因为在障碍赛过程中,骑手需要不断地变换腿部位置来控制马匹,材质较软能更有效地运用腿部扶助。二是因为马靴材质软可以让骑手与马匹有更好的接触。

(三) 三项赛

三项赛中有三个比赛,比赛时要求选手将长发扎好以保障骑手的安全。其中场地障碍和盛装舞步的着装参考前两部分,在三个项目的比赛中骑手要求必须佩戴头盔,如果不佩戴头盔裁判员有权终止其比赛。骑手比赛中必须穿着黑色、棕色的皮靴。在越野赛中除了佩戴安全头盔外,还必须穿着护甲,越野赛路线复杂,要经历不同类型的场地,特别是跳过水沟或水障碍时骑手有可能全身被打湿,佩戴手套来防滑可以保障比赛的顺利进行。此外,骑手应当佩戴秒表,以便随时了解已经使用的时间。

(四) 速度赛马

速度赛马要求骑手身着彩衣彩帽,在国际赛马场上彩衣是代表马主的一个符号,在过去,一二百年前欧洲很多贵族家庭都会有一个特殊的标识,而这个标识则是门第显赫的象征。彩衣作为马主的一个符号类似于国旗,代表的是一个国家、一个家庭、一个家族以及一个企业,是一个尊贵的符号。

每一场赛马,骑手身穿彩衣彩帽在赛马场上神气活现地穿梭,在赛道上前后突击拼争,这些彩衣所代表的是各个马主的符号标识,换一句话说,赛马是马主之间的竞争,跑的不是马,而是看哪一面旗帜拔头筹。彩衣在我国内地赛马场上大多是作为识别马匹的一种符号,比方说在广州、武汉等地,在赛马过程中采用彩衣来代表马号,以方便马迷观看或者方便裁判认可。比如说马号 1、2、3、4、5,可用红色、黄色、蓝色、白色、黑色的彩衣分辨。

彩衣的制作也有严格的规定,马主需要按要求制定具有自己符号的彩衣,各具特色的彩衣成为速度赛马场上独具魅力的风景。

第三节 马匹装备

大约 5500 年前,在哈萨克斯坦的北部平原,人类历史上第一次将马成功地驯化。马匹被骑乘的时间不长,从现有文物来看,多利安人在公元前 1500 年开始骑乘无马鞍和马具的马。由于没有马鞍、马镫等马具,所以那时人们骑在马背上不稳,难以长距离骑乘。公元前 900 年左右,早期的马鞍(以及被称为"北阿拉伯鞍"的骆驼鞍)被发明,缰绳笼头等器具随即从战车用马移植到骑乘用马。距今约1700年前,我国北方游牧民族鲜卑人发明了马镫。这样人类可以长时间地骑乘和训练马匹。

随着人类对马术这项运动认识的提高以及科技的发展,马匹装备的种类越来越多,针对不同的马术项目都设计出特定的马匹装备。马鞍和缰绳是骑马时必不可少的两种装备,这两种装备都是依照马匹工作的情形、用途及骑手的骑乘经验等来选择的。除了基本装备之外,还有种类繁多的其他装备,比如为了防止马鞍移动的胸革带,让马匹在工作时更加稳定的侧缰等。以下介绍常用的马匹装备。

一、马勒

一副马勒主要由缰绳、水勒和口衔铁三部分组成。马术的马勒材质主要是牛皮,而赛马马勒的材质则为人造革。不同材质的马勒价格也不一样,从几百元至上万元都有。

如图3-3-1所示,目前使用广泛的就是这种简单而普遍的款式,不但可以用于障碍跳跃训练,也可用于正式比赛中。水勒中的顶革主要用来调整口衔铁的高度,额革的功能是固定水勒,防止水勒向后滑动。缰绳是用来把手部动作传导至马嘴,口衔铁放置在马嘴中是为了让马匹领会骑手的扶助要领。颊革主要是连接顶革和口衔铁,而咽喉革是为了防止水勒向前滑动,鼻革是为了防止马匹避衔。

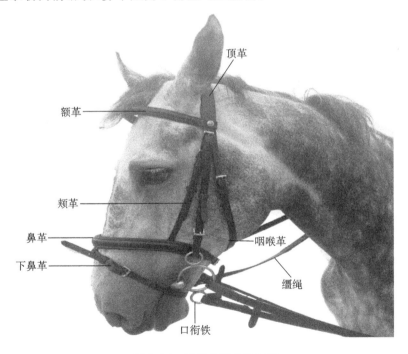

图3-3-1 马勒各部位的名称

(一)缰绳

标准缰绳的长度为2.75米,宽度为2.5厘米。品牌、做工、材质及售后是选择一副缰绳所要考虑的因素,市面上有不同材质的皮革,皮革不同,价格和作用也不一样。但最主要的是要适合马主的马。缰绳皮革较为细薄的设计适用于头部较小的马匹,这样的设计可以降低马匹在佩戴时的不舒适感。有的会用以皮革为主要的材质的缰绳,在皮革的外层包一层薄橡胶,使骑手能够更轻松地抓住缰绳而不易滑脱,尤其在下雨的时候特别好用。

(二)水勒

不同的水勒对于马匹所施加的压力不同,合适的水勒可以有效地将骑手的指令传导给马匹,让马匹也会感到愉悦,欣然接受骑手的指令。如果水勒不合适,那么马匹就会感到不舒适进而抗拒骑手的指令。不同风格、颜色或者造型的水勒,不仅仅是为了美观,更主要的是为了更好地进行调训不同类型的马匹。

鼻革最主要的作用是让马匹不随意张开嘴巴,增加口衔铁的效果。鼻革绑得太松或者太紧都不好,太松,马嘴还是可以轻易张开逃避口衔铁的控制,太紧,马嘴将会不舒服反而效果不好。最合适的松紧度为鼻革系紧后可以放进两个手指。

使马匹感到最舒适的上鼻革佩戴位置一般是在距离马颧骨一英寸(约2指的宽度)以下的地方,这也是双缰唯一能使用的鼻革。有一部分缰绳有下鼻革,下鼻革对于新马调教时采用较多,对喜欢伸舌头和嘴巴喜欢做小动作的马匹能起到有效的抑制作用。下鼻革与上鼻革有些相似,但它的皮革较细,是由上鼻革的中心点向下延伸至口衔铁环的下方。扣带不要过紧,以避免把上鼻革的位置向下拉伸使马匹感到不舒服。

一般马勒最主要的区别在于鼻革的不同。最常见的鼻革有凯威萨鼻革、弗拉什鼻革、下垂式鼻革和交叉鼻革四种类型(图3-3-2至图3-3-5)。

图3-3-2 弗拉什鼻革

图3-3-3 交叉鼻革

(三)口衔铁

18世纪法国骑马大师弗朗西奥斯常说,"如果口衔铁真的拥有让马匹完全服从的神奇能力,那么,任何一匹马或任何一位骑手只要去趟马具店,便可以掌握到骑马的奥秘了"。这句话的意思是说骑手控制马匹要通过正确的方法不断地进行训练,如果只是想通过更换口衔铁的种类来控制马匹,让马匹服从骑手的指令,那么这名骑手的骑术水平

图 3-3-4　凯威萨鼻革

图 3-3-5　下垂式鼻革

永远得不到提高。一名有经验的骑手用最简单、最柔和的口衔铁就可以让马匹服从自己的指令。一般来说,马身上的装备越多,说明骑手的骑术水平越低。

在骑乘训练马匹时尽量选用温和的口衔铁,但一定要选择最适合马匹的口衔铁。马具店里口衔铁的种类繁多,很多马主都不知道究竟哪一种口衔铁最适合自己的马匹。一般来说去挑选与马匹嘴型最相近的口衔铁最为合适,尺寸合适是第一要素,口衔铁过大或者过小都不好。过大的口衔铁会因为无法与马嘴吻合而在马嘴中不停地滑动,太小的口衔铁则会卡在马嘴的两边造成马匹不舒服。

选择了口衔铁的宽度后就要选择适合马匹口衔铁的厚度,一般来说口衔铁的厚度越厚,口衔铁重量越轻,那么口衔铁就越柔和。口衔铁的厚度根据马匹的不同和骑手的骑术水平的高低来进行选择,阿拉伯马和纯血马,口衔铁的厚度控制在 16 毫米,温血马的厚度要适当厚一点。如果骑手的骑术水平越低,口衔铁的厚度就越要厚一点。

以下介绍几种常用的口衔铁及其主要功能。

O 型口衔铁:初学者最理想的口衔铁,因为它能较柔和地传导骑手的指令。而马匹调教训练师也普遍认为马匹在习惯口衔铁接触的训练上,效果最好的就是 O 型口衔铁(图 3-3-6)。

D 型口衔铁:这种口衔铁在初学者中相当受欢迎,由于造型的关系,这种口衔铁在马嘴中不易移动,因此马匹难以随意地玩弄口衔铁(图 3-3-7)。

图 3-3-6　O 型口衔铁

图 3-3-7　D 型口衔铁

全颊杆型口衔铁:在马匹日常训练和调教中经常使用这种类型的口衔铁。这种类型的口衔铁专门针对那些难以要求它转弯或者是掉头的马匹,这个细颊棒可以辅助性地施加一定力量于马头的颊部,加强马匹方向的指引(图 3-3-8)。

橡皮八分型口衔铁:通常是由中间无扣环的棒状口衔铁搭配有牵制侧边功能的颊棒组成,它以杠杆原理的方式强化控制方向指令的传递(图 3-3-9)。

图 3-3-8 全颊杆型口衔铁

图 3-3-9 橡皮八分型口衔铁

传统的口衔铁是金属材质的，不要选用劣质低价的口衔铁。劣质的口衔铁不仅容易断裂，而且还会引发马匹的过敏。现在绝大部分的口衔铁都是不锈钢的，这种材质的口衔铁不会断裂，并且方便保存。橡胶材质的口衔铁在冬天给马匹使用较为合适，并且可以用于那些嘴部较为敏感的马。

不同类型的比赛对口衔铁的要求不尽相同，比如盛装舞步比赛中禁止选手佩戴无口衔铁水勒或盖革口衔铁。因此，在比赛中要查阅相关比赛的竞赛规则，以免佩戴了不允许佩戴的口衔铁而被淘汰。

二、马鞍

马鞍是马具之一，传统马鞍是一种用包着皮革的木框做成的座位，内塞软物，形状做成适合骑者臀部，前后均凸起，放在马背上供人骑坐。一般两头高，中间低。现代马鞍的材质已经有了一些新的变化（图 3-3-10）。

马鞍的种类多种多样，必须选用一个尺寸既适合骑手又适合马匹的马鞍。如果骑手坐在一个不合适的马鞍上，他就无法正确地使用腿扶助，在马鞍上也无法维持平衡和稳定地骑坐。马鞍过大或者过小也会造成马匹的不舒服或受伤，比如马鞍不合适会导致马匹背部磨破。因此选购马鞍最好是在信誉有保证的商家购买。

判断一个马鞍是否适合马，要将马鞍直接放在马背上，骑手正对着马臀部，站在马后来看该马鞍是否适合。马鞍是否在马背的最低点的位置，左右两侧是否与马体的宽度吻合。新的马鞍在没有汗垫的情况下放置在马背上应该与马体相贴合，且应恰好放在马背最低点的位置，而前鞍桥的位置应该与马体保持适当的距离，以防止骑手坐在马鞍上时，马鞍与马背相摩擦导致马背受到伤害。

在所有的马具中，马鞍可能是最重要的一件马具，好的马鞍本身就是一件精美的工艺品。根据不同的马术项目及用途，现代马鞍分为综合鞍、比赛鞍、障碍鞍、盛装舞步鞍和西部鞍等。西部鞍包括绕桶鞍和牛仔鞍等九大系列的马鞍，本书主要介绍绕桶鞍。

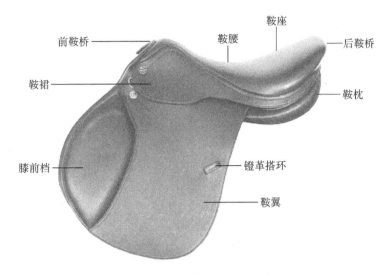

图 3-3-10　马鞍及各部位名称

（1）游乐鞍（综合鞍）：适用于各种简单的马术训练及骑乘，前鞍桥处的扶手可以让初学者抓着来维持在马背上的平衡。这种马鞍可为所有初学者使用，也适用于初级的马场马术及障碍训练（图 3-3-11）。

（2）盛装舞步鞍：鞍翼较长并且鞍座较宽，主要目的是让骑手的骑坐更加稳定和深入，让骑手腿扶助的效果增强（图 3-3-12）。

图 3-3-11　游乐鞍（综合鞍）

图 3-3-12　盛装舞步鞍

（3）障碍鞍：鞍座及前鞍桥的部位较长，可协助骑手支承体重或帮助骑手前倾。前倾就是马越过障碍的瞬间骑手所做出的动作。骑手以膝盖为支承点向前倾斜，使背部的位置较为高起，向前靠，这样可以减少坐在马鞍上的面积，这样的骑法可以减少骑手在跳跃障碍时给马的负担压力。前挡板可以在跳跃障碍的瞬间用来支承骑手的体重（图3-3-13）。

（4）耐力鞍：为了支撑骑手长时间坐在马背上的力量而设计。马鞍宽度比起其他的马鞍要宽，可让骑手长时间坐在马鞍上而不觉得累，同时脚镫也较宽大。脚镫的特殊设计可以降低骑手长时间骑乘时腿部的疲惫感（图 3-3-14）。

（5）绕桶鞍（西部鞍的一种）：绕桶鞍是适用于绕桶赛的专用鞍具。急冲、急停、急转是绕桶赛的主要技术动作,因此,绕桶鞍整体结构轻巧灵便、线条简洁,可减轻马在急速运动中的负重,并便于骑手在比赛中快速移动身体;桩头细长,便于骑手急转时手握桩头,支撑身体平衡;后鞍桥饱满高翘,在急转时给予骑手更好的承托;座位与镫片部位通常采用翻毛皮材质,增加胯下与腿内侧的摩擦力(图 3-3-15)。

图 3-3-13　障碍鞍　　　　图 3-3-14　耐力鞍　　　　图 3-3-15　绕桶鞍

完整的马鞍结合了许多种不同的材质,有金属、皮革,还有一些包覆在马鞍外层的合成材质,现在一些原先使用传统皮革的部分也可以用一些合成材质来代替,在使用上也较皮革更易清理和保养,对于使用次数较为频繁且用的人较多的骑术学校和初学者来说是一种相当好的选择。

马匹使用的鞍具通常价格不菲,好一点的马鞍都在人民币 3 万元以上,且定期的保养必不可少。定期保养和护理鞍具,一套鞍具至少可以使用 20 年。从安全的角度出发,定期的鞍具保养及装备检查可以防止骑手及马匹受到意外伤害。装备在每次使用完都应该进行清洁,皮革应先用水打湿的布擦拭后再用鞍皂来清理。皮革要定时保养以维持它的柔软度,以防止在使用时突然断裂。定期为皮革涂上鞍油可以防止断裂情况的发生。在涂鞍油的过程中也应仔细检查鞍具上所有的扣带是否有安全隐患。

三、马衣

在天气转凉时,马匹会随着天气的变化长出一层较厚、用以御寒的毛。由于运动马要经常进行训练,出汗后这层毛比较难干。因此,在冬天当马结束训练时就应当给它们穿上马衣避免感冒。另外,为了便于打理和使运动结束后毛发干得更快,运动马的毛发都进行了修剪。没有了这层御寒的毛发,就应当给马匹穿上马衣来抵御低温。

当冬天来临时,不要同时为所有马匹穿上马衣,在同一个马厩内,有的马匹会比其他马匹耐寒的能力差一点,比较怕冷。对于这种怕冷的马匹要及时给它们穿上马衣,而对于那些御寒能力较强的马匹,可以等气温再低一点才给它们穿戴马衣,过早穿上马衣会让马匹自身调节体温的能力降低。每一匹马都有自身的特点,应当何时为其添加衣物需要通过日常观察了解每一匹马的习性和特点。

目前马衣的种类较多,有的马主喜欢把自己的爱马装扮得漂亮一点,这样的马主会精心准备很多件马衣,而大多数马主都只会为马匹准备两到三件马衣来进行替换。现在有专为马匹在马厩内休息时使用的马衣,在设计上重量较轻,直接在马肚下方用绑带交叉固定,不需要将任何的扣带或者是绳索固定在马匹身上防止滑动。它在马匹身上没有增加任何压力,能为马匹减轻负担。

想要找到一件完全适合马匹的马衣不太容易,就像人们在商场很难买到一件完全合身的衣服一样。马衣在售卖时有很多不同的尺寸,通常相邻尺寸的马衣之间相差约7.5厘米。要挑选出一件合身的马衣,尺寸很关键。从马胸部的中心点到臀部的这个长度就是要购买的马衣的长度。购买马衣就像人们去购买衣服一样,要多看几家生产厂家,购买最适合自己马匹的马衣。

评价一件马衣是否合身,主要通过以下几个方面来进行判断。

(1) 将整个马体完全包覆,只有头部和尾巴露在外面。
(2) 贴合脖子,既不宽松也不太紧。
(3) 在胸口处的扣带可以折叠扣紧。
(4) 马衣的鬐甲处有两个指头的宽度。
(5) 马衣有足够空间并能够包住躯干。

(一) 室外马衣(新西兰马衣)

马匹在户外进行活动时给其穿上室外马衣有助于保持马匹的温度,另外也可以保持马匹身体的干燥和清洁。以前的新西兰马衣较为厚重,马匹穿着这种笨重的衣服在外活动不方便。现在出现了一些新型的材质可使马衣重量变轻,这使得马匹在户外活动时变得轻便。这一类马衣多为帆布和毛材质,能有效起到防风雨的作用,多在天气寒冷之日或在马匹皮毛修剪后使用。市场上还有一些使用化纤材质制作的马衣,比帆布的马衣干得快,也很耐用(图 3-3-16)。

图 3-3-16 室外马衣

室外马衣的尺寸必须合身,尺寸过大容易滑落。过小会限制马匹的活动空间,运动不具备灵活性。如果一匹马一直在外放养,那么最好准备两件新西兰马衣以便换洗,同时马也可以受到保护。当气温升高,马匹可以不需要穿戴室外马衣时,可将马衣的撕裂处和开口处进行缝补和修复,将马衣洗干净晾干后涂上防水层准备下半年入冬时再次拿出来使用。

(二) 厩内马衣

厩内马衣一般分为两种,一种是麻毛材质的,另一种是合成纤维材质的。前者上身舒适,有良好的保温效果而且使用寿命长,但比较重,洗后容易缩水;后者轻盈,易穿戴,可水洗,但不耐穿,时间一长,保温效果会下降。它们大多数有交叉肚带和两条胸革带,部分有腿带。在脱下马衣之前应该检查是否有腿带,在脱下马衣前这些腿带需要打开连接扣并收好至附件上(图 3-3-17)。

图 3-3-17　厩内马衣

(三) 吸汗马衣

现代吸汗马衣是以吸汗防潮为原理,采用吸水性强的布料制作而成的,使这些湿气远离马的皮肤,一般在运输时或者是运动完慢步放松阶段使用。夏天使用的吸汗马衣是用棉或者其他较轻的材质制成的,防汗却又不影响马体的散热(图 3-3-18)。

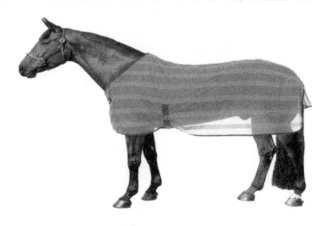

图 3-3-18　吸汗马衣

（四）防蝇马衣

夏季来临，天气非常潮湿，也是蚊蝇最活跃的时期，饲养在马场里的马可能受到蚊蝇的叮咬。马的大部分身体暴露在外面，面积大，易受蚊蝇叮咬。马的腹部和两侧被叮咬时可引起马传染性贫血病、炭疽、马传染性脑脊髓炎等。除了进行驱虫防蝇之外，还需给马匹穿上一件防蝇马衣。防蝇马衣能有效地阻止蚊蝇对马的头部、身体以及腹部的袭扰。在夏天，为了防止蚊蝇叮咬给马带来疾病，可将由带小孔的网纱做成的马衣披在马身上，既透气又能防止蚊蝇叮咬。因此夏天选择和使用网纱马衣保护好马的身体很重要（图 3-3-19）。

图 3-3-19　防蝇马衣

（五）训练马衣

羊毛材质制作的马衣，最常用在比赛时马匹热身完毕后要进场前的那一段等待时间中的保暖，还有在冬天的训练和比赛中（由于运动马基本上都剃毛了）。从马厩出来后慢步热身过程中，为了保持马匹身体的热量，这个时候都会使用训练马衣。等马匹活动开后再脱掉训练马衣来进行高强度的训练和比赛（图 3-3-20）。

四、腿部护具

护具和绑腿传统上被用来支持与保护马匹的腿部，但目前很多研究表明不必要的护具有可能会引起反效果，关于这方面的讨论尚无定论。但如果马主想给马匹佩戴相关护具至少要保证尺寸及佩戴正确，使其不会对马匹的腿部造成更大的伤害。

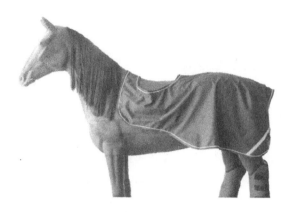

图 3-3-20　训练马衣

（一）护腿

护腿在马匹工作（被骑乘）时佩戴来保护马匹的腿部。护腿的材质一般都是比较好清洁和护理的，侧面垫有较软的保护垫料。护腿可以保护马匹的球节、肌腱，大都在跳障碍时使用以保护马腿不受伤害（图 3-3-21）。

（二）绑腿

绑腿通常由羊毛、亚麻或其他具有弹性的合成纤维制成，在盛装舞步训练时与越野障碍超越赛时经常会给马匹缠上绑腿用来保护马匹的腿部。绑腿的主要作用是减缓马匹落地时所受到的压力，减少对腿部的伤害。给马匹缠绑腿要从膝盖下方开始往下缠绕至球节处，将整个管骨进行包覆。缠绕的时候每一层所施加的压力要一致，不然会阻碍腿部血液循环。建议经验不足和缠绕绑腿不熟练的马主使用护腿或护具来取代绑腿（图 3-3-22）。

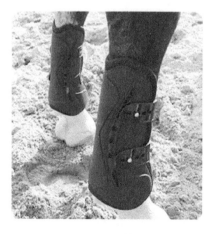

图 3-3-21　护腿

图 3-3-22　绑腿

（三）运输用护具

运输绑腿（图 3-3-23）相比其他腿部护具来说长度要长一些，厚度也要厚一点，从马的膝盖直到马蹄冠都有完整的保护作用。马匹外出参加比赛或执行任务时,马匹的腿部保护是极为重要的。在运送途中,为保护马匹安全,防止马匹碰撞受伤,良好的保护垫是极为重要的,可防止马腿在运输过程中被车厢部件撞伤、擦伤、割伤等。

(四)马蹄腕

马蹄腕(图 3-3-24)通常用橡胶、副聚酯等材料制成,环绕脚蹄后用粘胶固定好。主要是在跳障碍或圈乘时佩戴,用于保护马脚的蹄冠及蹄根部位。这种护具在运输时也经常使用。

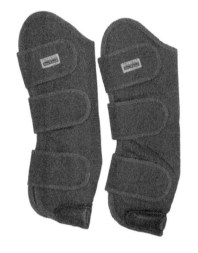

图 3-3-23 运输绑腿

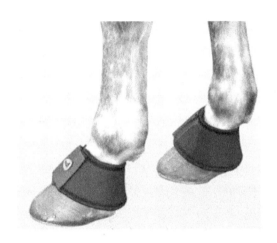

图 3-3-24 马蹄腕

五、低头革

低头革(图 3-3-25)的一端与肚带连接,另一端在马匹的胸前两侧分开,两侧的缰绳从这两侧低头革的环圈中穿过。低头革的两侧都要有卡条,防止低头革的环圈向口衔

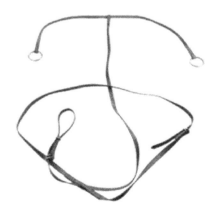

图 3-3-25 低头革

铁滑落。

低头革的主要目的是控制马头的角度，不要上扬过大，同时也防止马头突然高抬撞到骑手。低头革分为固定低头革和滑动低头革两种，现在大部分都使用滑动低头革。比如当骑手在一道障碍前准备进行跳跃时，马匹准备将头昂起来进行抗缰来逃避扶助，这时滑动低头革就可以避免出现这种情形，同时也防止骑手的脸被突然抬起的马头撞到。低头革的使用不要过于短紧，也不要用来强制马低头。如果滑动低头革的长度过短，会造成马匹的僵硬和反抗，马匹不会主动地去寻找口衔铁。

六、侧缰

侧缰是从肚带与口衔铁相连接的绳，在调教训练时鼓励马头低伸，使马匹的头部更能向前、向下伸展，并使马匹的头颈及背部更加柔软。初学者在用调教索打圈辅助教学时用上侧缰，可以使马匹的背部更加柔软。初学者独立骑马时佩戴侧缰可以让马匹更加稳定，对骑手的扶助更加尊重，从而培养初学者建立正确的骑坐方法，增强其信心。要注意的是，在马匹热身阶段和训练结束后的放松阶段，要将侧缰解下挂在前鞍桥的挂扣处，在正式训练阶段再将侧缰挂在口衔铁上。这样才能让马匹充分地向前伸展头颈和进行放松（图3-3-26）。

七、胸革带

胸革带在马匹的前胸与马鞍前端相连接，皮带与马颈和胸部周围应该有一掌宽的距离，连接马鞍的皮带要紧，正常情况下，马鞍能够轻微地往后移动。马腹部下方的环状革带不应该过大过松，否则马可能会因此绊倒。其主要功能：当马匹正在努力地进行障碍练习时或专注于跨越障碍时，防止马鞍向后滑动（图3-3-27）。

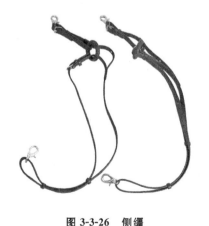

图 3-3-26　侧缰

图 3-3-27　胸革带

八、肚带

肚带的种类和材质多种多样,是一个含有柔软填充物作为垫料的皮革或合成材质的带子,也有合成皮革或其他人造材质的,它与马鞍并非一体。有些肚带是用松紧带的弹性材质制成的,以确保同一根肚带能够在不同体型的马匹上使用。在三项赛的越野赛中常常用到两层肚带以确保骑手的安全。选择肚带最重要的一点是其大小要合适,太小的肚带会使马匹不舒服。

九、马镫

马镫是垂挂在马鞍两侧,供人们在骑乘过程中脚踩踏的工具。马镫的作用首先是维持人在马背上的平衡,保证骑手的安全,同时马镫也能起到帮助骑手更好利用腿扶助来控制马匹的作用。另外长距离的骑乘对体力消耗较大,脚踩踏在马镫上可以减轻骑手腿部的劳累感,让骑手不感到疲劳。马镫最早是单边的,随着时间的推移,逐渐演化成双边,进一步解放骑乘者的双手,它的出现从某种程度上改变了历史。马镫包括脚镫、镫带和扣带。脚镫的宽度要适中,过大的脚镫会使骑手的脚容易滑动而导致骑坐不稳,脚镫踏板的橡胶材质可以起到防滑的效果。

十、汗垫

汗垫是为了增加马鞍放置在马背时马的舒适度,汗垫同时具有吸汗和防止马鞍滑动的作用。如果马鞍的尺寸与马体不合,不应该利用汗垫来减缓马匹的不舒适。汗垫的造型可以与马鞍的造型相似,也可以是长方形或者正方形的。舞步汗垫大多是正方形或者长方形的。至于材质方面也多样化,常见的是夏天用棉布做成的汗垫,冬天用羊毛制成的汗垫。现在也研发出了许多新款的汗垫,比如硅胶垫。硅胶垫防止马鞍滑动效果较好,同时还具有减震和减压的附加功能。在速度赛马比赛中,为了减轻装备的重量,有的骑手用羊皮做汗垫。羊皮一般需要用水浸泡打湿后使用。

第四节 场地设施

每一项体育比赛都有自己的规则,每一项体育比赛都有自己特定的比赛场地及其设施。为了更好地推广各项马术运动,每一项马术比赛都针对自己的项目特点制定了比赛场地的规格和要求。

一、场地障碍赛

(一)场地的注意事项

根据国际马联的规定,场地障碍赛场地要注意的事项如下。

(1)标准的场地障碍赛场地:室内场地最小面积为1200平方米,短边最小距离为20米。室外比赛场地最小面积为4000平方米,短边最小距离为50米。任何例外都要得到国际马联场地障碍部门的批准。

(2)场地障碍赛的比赛场地必须用围栏围起来。

(3)有马匹在场内比赛时,所有的进、出口都必须全部关闭。

(4)场地应平坦并尽量在一个水平面上。

(5)沙质或其他特殊材质的地面,应注意场地材质的松软度及马匹踏入场地时马蹄深度应适中。

(6)若为草地,则须整理平整,避免马蹄勾到草根产生危险及伤害。

(7)注意排水设计,以防止下雨时地面积水或产生凹凸不平的情况。

(二)障碍的种类及特点

一般障碍物主要是由障碍支架和障碍杆组合的,不过为了让马匹适应各种不同样式的障碍物,障碍杆常会有不同的颜色,在障碍组合上也会使用各种填充物、横杆,并且设计不同造型与图案的障碍支撑架等,在一些比赛中会有由木块搭建的外形类似砖墙的障碍,除了考虑骑手和马匹的跳跃能力外,还可带给观众较强的视觉盛宴。

1. 障碍物的一般原则

(1)障碍物本身及其组件应当可以被碰落,但是不能轻得轻微触碰就会落地,也不能沉重得能绊倒马匹。

(2)障碍物可用于广告,但不应引起任何参赛者的诧异和不愉快。

(3)除了六栏超高赛、普胜斯超高赛及力量和技巧赛之外,任何障碍物高度不得超过1.70米。伸展障碍物伸展范围不得超过2米,三横木的伸展范围不得超过2.2米。此规定也适用于一次或几次复赛。水障伸展范围包括起跳范围在内,不得超过4.50米,跳远纪录比赛的水障除外。

(4)障碍物的横杆和其他组件都架在支撑物(杯托)上。横杆必须能在支撑物上滚动,在这种情况下,支撑物的直径必须不小于18毫米且不大于30毫米。

(5)在规则和已制定的赛事秩序册中,对于障碍物高度和伸展度的这些限制,必须严格遵守。但是,假如因为建造材料和(或)障碍物在地面的位置,致使障碍物略微超过了规定尺寸,可以认为是没有超过最大尺寸,但是允许的最大宽限是高度5厘米、长度10厘米。

(6) 除规则中这些规定外,比赛用障碍物的大约尺寸,必须在秩序册里写明。

2. 障碍物的种类

(1) 垂直障碍　一道障碍物不论是怎样构造的,当它的所有组件在起跳的一边都安置在同一垂直面上,而且前面没有安排木栅篱笆、堤坎或沟渠时,才叫作垂直障碍物。

(2) 伸展障碍物　一种要求既要跳得远又要跳得高才能越过的障碍物。国际马联已批准使用的安全杯托必须用在伸展障碍物后面的横杆上,若是三横木,则必须使用在伸展障碍物后面和中间的横杆上。练习场也必须使用安全杯托。

在赛事开始之前,外国裁判或技术代表还应负责通过组委会对安全杯托是否符合国际马联要求进行确认。当然,赛事组织者也应在比赛前通知外国裁判或技术代表安全杯托是否是由合格的生产商供应的。在赛事中使用的经国际马联许可的安全杯托,其供应商的公司名称应在赛事秩序册中提及。

(3) 水障

①水障是伸展障碍物的一种。必须在起跳的一边、中间和落地的一边都没有障碍物,才叫作水障。水域的长度最少为2.5米,而且如果水域的长度在3.2米以上,则水域必须是向下挖地建成的。

②起跳组件(灌木丛,矮墙)只能设在起跳一侧,且起跳组件不得低于40厘米和不得高于50厘米。水域前面的宽度包括(鲜花)装饰,必须达到其长度的30%。

③奥运会和地区运动会、锦标赛、正式国际场地障碍赛、国家场地障碍赛以及世界杯决赛(如果有水障的话),水障落地一边必须用板条标明,板条至少宽6厘米,不超过8厘米,上面涂一层有对比色的胶泥(如果是草地就用白色胶泥,如果是沙地就用有颜色的胶泥),大约有1厘米厚。每次马匹踏上板条,就必须更换这种胶泥。必须准备几个板条以及额外的胶泥,以备马匹踏上板条时可以随时更换。木板必须放在水域边缘,用适当方法固定在地上。

④如果水障的底部是水泥或其他坚硬物质建造的,就应当铺盖上柔软的东西,例如椰席或橡胶垫。

⑤在水障上发生的失误如下:第一,当马匹的一个或几个马蹄踏在标界水障的板条上,当马蹄或蹄铁或球节(距毛)或护腿触及板条并留下印记,计1次失误;第二,一个或几个马蹄落入水中时。

⑥在起跳一边碰撞、撞倒或移动了花木丛或起跳组件时,不算失误。

⑦如果四面旗之一被碰倒或移动了位置,水障裁判员应当根据马是从旗的哪一边通过,来判定是否是一次逃避。如果判定是逃避,要敲钟,并且在修复碰倒或移位的旗时停止计时,按照第232条规定加上6秒钟校正时间。

⑧水障裁判员的判断是最终判罚。因此他必须是场地裁判组成员。

⑨水障裁判员必须登记水障处受罚马匹的注册号和受罚原因。

⑩只有高度不超过 1.5 米的垂直障碍可以使用任意数目的、国际马联批准的安全杯托的单杆架设在水障上面。垂直障碍必须放置在该障碍前面 2 米以外处。这种障碍物属于一道伸展障碍物，而不是水障。因此，可以不用板条或其他设施来标明障碍物界限。

⑪如果水域设置在障碍物的下面、前面或后面（即所谓的"利物浦"），则障碍物的总宽度（包括水域）不得超过 2 米。

(4) 组合障碍

①双重、三重或多重组合障碍物，意思是两道或更多道障碍物成为一组，每两道之间的距离最少 7 米，最多 12 米。并且要求连续成功跳越这两道或多道障碍物。间距的测量，是从前一道障碍物的落地一边的基脚起到下一道障碍物起跳一边的基脚止。

②在组合障碍中，必须依次相继地分别跳越一个组合障碍物中的每一道障碍组件，没有对任何一道障碍物兜圈子（或重复）。在组合障碍物中任何一道障碍组件上的失误都分别判罚。

③当出现拒跳、逃避时，参赛者必须重跳所有的障碍物，除非这是一道全封闭或局部封闭组障碍物（第 214 条）或六障赛或连串障碍赛例外。

④组合障碍中，在不同的跳越和每一道障碍的失误都要分别判罚，并且累加到一起。

⑤在组合障碍中，三横木障碍只能用于第一道障碍。

(5) 堤坎、土墩和斜坡

①除下一条外，堤坎、土墩、斜坡以及凹陷的道路不论它是否包含任何种类的障碍物，以及向哪个方向跳越，都当作组合障碍物对待。

②堤坎或土墩上没有障碍物，或只用一根或几根横杆放在上面，可以一次跳过去的，这种跳越障碍物的方法不受处罚。

③室内赛可以使用高度低于一米的堤坎、土墩、凹坑、斜坡和斜面，但平面的倾斜转弯除外。

(6) 封闭组合障碍物、局部封闭和局部开放式组合障碍物

①一道组合障碍，如果围绕它的各边只有跳越才能通过，就属于全封闭组合障碍。

②一道封闭组合障碍可以是进进出出的，或羊圈式（四方形或六边形）的，或者由场地裁判组确定是一个封闭组合式的任何相似的障碍。如果一道组合障碍的一边是开放的，另一边是封闭的，则这道组合障碍是局部开放和局部封闭组合障碍。

③场地裁判组在赛前必须确定组合障碍物是封闭式的还是局部封闭式的。这个决定必须在路线图上标明。

④如果路线图中没有提到是封闭障碍物还是局部封闭障碍物的，则认定它是开放式组合障碍物，并按此进行裁判。

（7）可选障碍和魔鬼障碍

①比赛中如果两个障碍标记同一号码，参赛者可以选择两个障碍之一进行跳跃。如果出现拒跳或逃避，但没有碰落或移动障碍物，参赛者在其下一次跳跃时不必一定从发生拒跳或逃避的障碍上越过，参赛者可以选择要跳跃的障碍；如果出现拒跳或逃避，并导致碰落或移动障碍物，参赛者只能在障碍物被复位及场地裁判组给出开始信号时才可重新开始比赛，参赛者可以选择之后要跳越的障碍。

②每一道可选障碍上都必须设置红白旗。

③魔鬼障碍是有一定困难的障碍，但必须是体育性的。它只能用在积分赛或最高分数赛中。

（三）场地障碍设计的要领

在设计场地障碍的路线及其布置场地时，有几个基本的原则和要领必须遵守。

（1）障碍路线的总长度不得超过障碍数目乘以 60 米。

（2）起点距离第一道障碍和终点距离最后一道障碍的这两个距离，均不能少于 6 米，也不可以超过 15 米。

（3）每道障碍都应该按照障碍的顺序，在障碍支架右前方摆设标有阿拉伯数字的号码指示牌；如果是组合障碍比如是三重障碍，在障碍的右前方再加上小写的字母加以区分，比如 7a、7b、7c。

（4）起点线要有 S(Start)的标示牌，终点线要有 F(Finish)标示牌。

（5）为了给骑手指示比赛行进的方向和障碍跳跃的顺序，在每道障碍物的支架上，起点、终点线以及规定要通过的转折点的两边，都应该插上红、白两色的小旗帜。左白右红，即白旗插在左边，红旗插在右边。

二、盛装舞步场地

许多骑术学校拥有室内和室外场地。顾名思义，室内场地是带有顶棚的封闭场地，而室外场地的四周用某种围栏围合起来。两种场地都有适合马匹运动的人工铺设的场地。

盛装舞步比赛和练习场地分别是 20 米×40 米和 20 米×60 米。大多数场地都按照标准尺寸建造。室外场地可能很大，能容纳 2 个或 2 个以上的盛装舞步场地。有这种设施的场所越来越多地被用于常规比赛场地。随着盛装舞步的日渐普及，越来越多骑术中心提供全天候的比赛和训练场地。这些场地备受青睐，用于举办高水平的比赛。价值不菲的盛装舞步马匹的健康变得尤为重要。随着冬季比赛的增加，这些场馆得到很好的利用，经常每月都有赛事。

场地地面种类繁多，有较旧式且较少使用木屑铺设的方式（碎树皮或刨花），传统沙地,还有更受青睐的纤维沙场地,有些会掺杂着橡胶或塑料颗粒。

在外行眼里,盛装舞步场地周围的字母标识似乎没有清晰的模式或系统可循。其实不然。在一块标准的20米×40米的场地中,会用到字母标识A—F—B—M—C—H—E—K,D、X和G是中央线上的"隐形"标识。这些标识再加上大场地会用到的P—R—S—V、L和I,都是帮助骑手在场地内按照指令骑乘的。在指导骑手完成规定动作和图形练习时,教练也使用这些字母标记作为参考点位,而当骑手在进行盛装舞步比赛时,更是要按照字母的指示来完成规定科目。

(一)国家马术联合会制定的标准场地(图3-4-1)

盛装舞步比赛或练习所用的场地周围有用英文字母标示的点表示位置,骑手可以参照路线图比照场地指出的位置了解在哪一个位置做出比赛所规定的动作。马术标准比赛场地有两种尺寸:低等级的标准场地为20米×40米,而20米×60米的场地则适用于任何级别的马术线路。较大的盛装舞步场地有更多的位置标示。A点及C点分别标示在场地短边的中点,两者中相连而成的直线称为中央线;长边的中点分别为B点及E点。

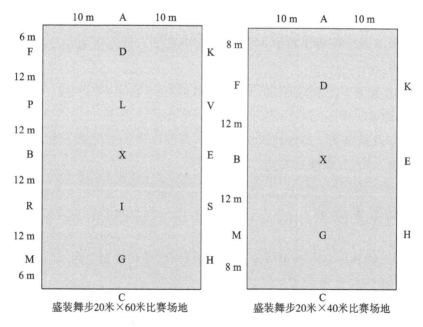

图3-4-1 标准场地

在20米×40米的场地,另外还有M、F、K、H等点的标示。此外,有两点并未标示出来,D点位于K点与F点间的中央线上,G点则是位于H点与M点间的中央线上的点。而X点,则为场地的中心,位于B点、E点之间,与中央线的交点位置。这些点的位置需要花一些时间去熟悉,但仍建议能够多花心思去把它记下来。

(1)在奥运会、地区运动会、国际马联锦标赛及其他所有国际赛事中,比赛场地必须经技术代表、外籍裁判或裁判长检查批准。也会在批准的过程中听取赛事聘任的外籍选手的意见。所有其他赛事，比赛场地必须由外籍裁判检查并批准。也会在批准的过程中听取赛事聘任的外籍选手的意见。在国际赛事上，外籍选手指组委会指定的选手。

（2）长60米、宽20米的盛装舞比赛场地，场地对角线上或长边上的地面高低差不得超过60厘米，短边高低差不得超过20厘米。比赛场地必须以沙地为主。上述尺寸是围栏内测量距离，场地离开观众席不得少于10米距离，特殊情况需经国际马联批准。室内比赛场地，围栏至场地最少距离原则上是2米。围栏应当是30厘米高的白色低围栏（围栏不可固定）。A点处的围栏应当容易移动，以便于选手进出赛场。围栏进出口宽度应为2米。栅栏的横挡应当做得使马蹄不能踏进去。围栏不能有任何金属构件。

（3）国际马联拥有所有冠名国际马联的锦标赛及国际马联系列舞步赛事比赛场地围栏上的独家广告权。对于这些赛事，组委会可以与国际马联通过事先的协议获得广告位置，但是舞步字母及字母绝对不能有任何广告。对于其他所有国际赛事，强烈建议组委会不用舞步围栏做广告，尽可能用舞步比赛场地其他位置做广告。具体参考国际马联公布的相关的意见。

根据申请表和田际马联总部的批准，如围栏上有宣传品，必须只能是黑色的，A点围栏不能有宣传品，宣传品应与两边字母至少相距1.5米。M点、C点、H点完全不能有广告。与B点、E点相距至少3米内不能有广告。广告最长只能44米。广告必须规范，两长边必须对齐。赞助商商标的高度必须不得超过20厘米，广告必须安置在赛场围栏的最上端。宣传品必须安置在赛场围栏内侧，不得安置在围栏外侧，任何宣传必须符合国际马联与有关电视广播商所签订的协议的规定。任何围栏上或裁判亭裁判桌上的广告都必须在比赛开始前经过外籍裁判或技术代表的批准。任何裁判亭前的宣传品不得超过2米。

（4）舞步围栏外的英文字母牌应距围栏约50厘米，而且清晰可见。除字母牌外，在相对应的围栏上，必须在同一方位处做标记。不允许字母上或字母架上有宣传品。

（5）三位裁判的位置必须沿着赛场短边安排，距舞步围栏最多5米处，室外场地最少距离3米，室内场地最少距离2米，裁判长（C点）在中央线的延长线上，另外两位裁判（M点、H点）在场地长边内侧2.5米处。两侧的两位裁判（B点和E点）必须分别位于B点和E点距舞步围栏最多5米处，室外场地最少3米，室内场地最少距离2米。当比赛由三位裁判评分时，其中1人可以坐在长边处。当赛事由七位裁判评分时，增加的两位裁判席位于C点裁判的对面的短边上，距舞步围栏最多5米的长边延长线的内侧。例外情况需得到国际马联的批准。

（6）必须给每位裁判分别准备一个裁判亭。裁判亭必须高出地面至少50厘米（自选科目时可能稍高一点），以便裁判有良好的视野。裁判亭应能容纳4人。裁判亭应能看到整个比赛场地。

（7）除比赛期间以及组委会安排适应比赛场地的训练期间以外，任何骑手（马匹）不得进入比赛场地,违反者取消比赛资格。所有例外需经技术代表或裁判长批准。

(8)赛事的第一项比赛开始前两天至少应提供一个60米×20米的练习场地供选手们练习。如有可能,练习场地地面应当和赛场地面类型相同。如不能提供60米×20米的练习场地,应允许选手在比赛场地练习。应提供固定的比赛场地时间表,明确说明选手在比赛场地训练的时间。并且,比赛时间的场地布置应与最后一次练习的场地布置相同。

(9)"十分钟热身场地"是在选手进入比赛场地之前最后的练习时间。奥运会、国际马联锦标赛必须有"十分钟热身场地"。

①"十分钟热身场地"必须和主赛场的地面相同。

②一位选手离开"十分钟热身场地"后方可允许另一位选手进入。在"十分钟热身场地"内始终只能有一位选手。

③不强制要求选手进入"十分钟热身场地"进行练习。

(二)盛装舞步道具

有时候使用一些辅助性的道具,对骑手、马匹的训练都有很大的帮助。比如地杆的使用:可以鼓励马匹在运动中运用其腰背并且提高其腿部位置;对骑手而言,可以建立更加稳定和平衡的骑坐。

在指导初学者进行骑乘时,有一种道具(别名"圆筒锥")相当有用。它可以在室内场地没有墙壁的一方标设出正确的20米圈乘的切点(利用两只圆筒锥来标记正确的行进路线),或者摆设在隅角(离墙约3米处),要求骑手指导马走进隅角。这些都有助于骑手训练马匹的屈挠和柔软,同时可以提高骑手腿扶助的效果。

三、赛马比赛场地

(一)赛道规格

当初,赛马场是以挑选速度马为目的设置的地方,也就是说,赛马场是评定马匹优劣的场所。但今天,看赛马、进行多种娱乐竞技等成为赛马的主要内容。近代的赛马场除包括原来赛马场(跑道)外,还包括比赛必需的其他设施,如看台、设施内场地、赛马彩票发售台、停车场等。因此,赛马场不仅是赛马比赛的跑道,还包括相关的辅助场地。

建赛马场时,首先要调查其周长、看台的长度与大小、弯道部的半径、起跑点的位置关系、总场地的大小等平面要素及纵剖、看台的长度与大小、弯道部的半径、高低关系等实地状况,并同时进行计算和设计。马场是赛马和调教赛马场地的总称。在马场中,根据马场表面缓冲层的材料和构造可分为用于训练马的沙石场、用于比赛的草坪马场和兼有两种用途的中间型马场。不论哪种马场均会引起赛马事故。赛马场必须具备能充分发挥赛马能力所要求的条件,因此:赛马场不能只对一部分赛马有利或无利;赛马场必须使观赛者、工作人员及与之相关的人员能够清晰地看到比赛情况;赛马场应包含一定空场,从景观上给人以轻松宽畅感。

1. 赛道的形状

赛道可以采用草、沙、泥或者合成材料作为赛道的材质。赛道可以是单道、双道或者多道。单个赛道的宽度不应低于25米,周长不低于1400米。赛道的形状可以采用椭圆或其他形状,弯道部分的转弯沙道或泥道半径不应小于120米,草道不应小于150米。此外,在中国,一般周长在1000米及以上,宽度为15~25米的赛道均可进行速度赛马竞赛。按照中国赛马场设施的建设规定,国家赛马场一周的长度为1600米,宽度应大于20米。地方赛马场一周长1000米,宽应大于16米。跑道必须能经受起每小时60公里、体重500公斤马的践踏冲击。此外,赛道的主体起伏可根据需求进行适当的升高和降低。

2. 赛道技术指标

(1) 任何起点之后有至少100米的直道。

(2) 终点线之前有至少200米的直道;终点线之后有至少50米的直道。

(3) 赛道上每个赛程的起点必须预留马闸进出的场地。

(4) 赛道终点处应有醒目的终点标志。

(5) 赛道应按照顺时针方向设计,沿赛道内侧,从终点柱开始,沿逆时针方向至少每隔200米设置距离标识牌,终点前400米内至少每100米设置距离标识牌,终点前50米处必须设置距离标识牌。

(6) 赛道外侧可高于内侧,但倾斜度不应大于3%,弯道部分必须外高内低,倾斜度不应小于3%,且不应大于5%。也有部分马场将赛道内侧和外侧设置为坡度下降,而赛道中间设置为坡度隆起。但斜度应控制在以上标准之内。

(7) 赛道内外必须安装护栏,护栏的高度在1.15~1.35米之间,围栏向跑道内侧有倾斜60°~70°的拐角。护栏应采用比重在0.4以下的轻型材料。

(8) 赛道内侧或两侧必须有供摄像车和救护车行驶的道路。

(9) 赛道的排水系统应保证雨水能够及时排除。排水可设立内、外道排水沟等设施。对于全天候赛马场,排水设施的建设要求尤其严格,以满足竞赛的要求。

(二) 草道建设方法

1. 草地赛道建设要求

赛道一般有多层,各层建筑原料和作用不同,草道各层的特性如下。表层应富含有机质土壤,以适合于草坪草生长为前提,并加适量的肥料和土壤改良剂。路基层宜取用壤土或沙土,分5层建筑,要求达到排水良好,外形整齐,因此需用10吨重压路机碾压,方法与公路筑法相同。

2. 草坪介绍

1) 草坪和草坪草的概念

草坪与草坪草是两个不同的概念。草坪草仅指草坪植物本身,而草坪则包括草坪植被与其着生的表层土壤,是一个较高水平的生态有机体。当草坪的表层被铲起用于移植时,称为草皮。

草坪,是指以禾本科和莎草科多年生草本植物为主体,经人工建植和管理,具有绿化美化、护坡作用和观赏效果,可供人们游憩、活动或运动的坪状草地,草坪是草坪草和表土组成的统一体。现代草坪有着广阔的运用领域,如运动场、马场、高尔夫球场、飞机场、工厂、公园、校园、住宅区、公路护坡等。

草坪草是指能够经受一定修剪而形成草坪的草本植物。草坪草以禾本科和莎草科多年生草本植物为主,一般具有一定的特性,如低矮、易繁殖、耐修建、绿期长、叶片质地纤细、耐践踏、弹性强、抗不良生长环境强等。

2) 草坪的作用

(1) 保护环境　草皮是重要的绿化材料,能够绿化环境,改善生态条件。第一,净化空气。草坪可吸收二氧化碳释放氧气,同时还能降沉氨、硫化氢、二氧化硫、氯化氢及臭氧等有毒气体。第二,杀菌作用。草坪具有杀菌的作用,草坪近地层空气中细菌含量为公共场所的1/3000。尤其在修剪时,植物受伤后产生杀菌的作用更趋强烈。第三,能够改善小气候。调节气温:太阳辐射到地面的热量,50%被草坪吸收,夏季草坪的地表温度比裸地低8℃,而冬季比裸地高1～4℃。调节湿度:健康生长的草坪含水量在70%～80%,通过草坪草叶的蒸腾作用可增加空气湿度。在无风的情况下,夏季草坪上方空气湿度比裸地高10%～20%。降低风速:草坪表面风速比裸地低10%左右。第四,减少噪声和光污染。第五,具有改善土壤的作用,草坪植物能够通过光合作用固定二氧化碳,形成植物组织和根系,死亡后可形成土壤腐殖质,使土壤的结构变好,肥力提高。第六,保持水土。

(2) 对人类的活动　现在很多种运动场地都要使用草坪,比如高尔夫球、橄榄球、足球、曲棍球、板球、标枪、铁饼、马球、赛马、马车等运动。运用优质的草坪能够降低运动员、马匹等受伤的概率。优质的草坪要求表面平坦、密实并具有一定的弹性。

3) 草坪的类型

根据用途,草坪可分为防护草坪、运动场草坪、观赏性草坪、游憩性草坪。根据种植植物,草坪可分为缀花草坪、单纯草坪、混合草坪。

4) 草坪质量

(1) 外观质量

① 质地:表示草坪叶片细腻程度的一个指标,取决于叶片宽度和触感。通常认为叶片越细,质地越好,1.5～3毫米宽是大多数人喜爱的草坪质地。紫羊茅和草地早熟禾是细质地的草坪草,而高羊茅和地毯草为质地粗糙的草种类型。

②密度:单位面积上草坪草植株的稠密程度,是草坪质量重要的指标之一。可通过测定单位面积上草坪植株或叶片的个数进行衡量。

③均一性:草坪外观上均匀一致的程度。均一性是草坪质地、密度、草种组合、颜色、修剪高度等方面的综合评价。质量高的草坪均匀一致,无高低、稀疏和土壤裸露的情况。

(2) 功能质量

①回复力:草坪吸收外力冲击,而不影响草坪表面特性的能力。草坪的回复力部分受到草坪叶片和植物特性的影响,但主要受草坪生长介质特性的影响。草坪上形成的枯草层和草垫层的层状物增加了草坪的回复力。土壤类型和土壤结构是影响草坪回复力的重要因素。运动草坪的回复力对防止马匹、骑手受伤非常重要。

②再生力:草坪受到踩压及病害、虫害及其他因素破坏后,能够恢复覆盖、自身重建的能力。土壤板结、施肥灌溉不足或过量、温度不适宜、光照不足及存在有毒土壤物质都会影响草坪的再生能力。良好的管理技术措施可以加速草坪的再生和重建。

③刚性:草坪叶片对外来压力的抗性。它直接影响草坪耐践踏能力,是由植物内部的化学组成、水分含量、温度、植物个体的大小和密度所决定的。结缕草和狗牙根草坪的刚性强,可以形成耐践踏的草坪,是足球场、马场的理想草坪之一。草地早熟禾和多年生黑麦草草坪的刚性稍差一些。

④弹性:草坪叶片受到外力挤压变形、倒伏,消除应力后叶片恢复原来状态的能力。

(三) 沙道赛道建设要求

1. 沙地赛道的层次结构

沙地赛道的层次结构如图 3-4-2 所示。

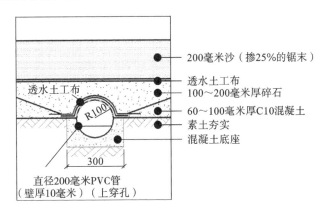

图 3-4-2 沙道结构示意图

2. 沙子要求

沙子的厚度在 150~200 毫米之间,沙子(沙石)必须是大小基本一致,没有坚硬的棱角,沙子颗粒不能太小和太大,若沙粒太小,过度均匀,则不能达到一定的稳固性,如有大风,将会吹走沙尘,这将影响赛事的进行。

如果没有高质量的沙石,可以就地取材,但要以沙石有利于马匹竞赛,不对马匹、骑手的训练和竞赛造成损伤为标准。

第五节　场地安全及骑乘礼仪

一、骑乘礼仪

无论是在室内场还是室外场进行骑乘,都要遵循以下安全礼仪规范。

（一）训练场骑乘礼仪

（1）马场出入口应当随时保持关闭。

（2）进入或者离开场地之前,应让其他骑手明白你的意图。安全起见,开门需要让所有人都知晓。

（3）场内骑手应当随时抬头看,并注意其他骑手的动向。

（4）应当在场地中央上、下马,远离蹄迹线。

（5）慢步的骑手应当将外蹄迹线让给较快步法的骑手使用。

（6）骑手相会时应当以左肩相会（也就是靠右行走）。

（7）两匹马相会时须保持一个马身的安全距离。

（8）骑手在进行圈乘时,若有其他的骑手正在使用蹄迹线,应适当缩小圈乘的半径。也就是说圈乘的骑手主动让出蹄迹线走内圈。

（9）在障碍场内,所有的骑手应维持同一方向进行骑乘。

（10）上下马匹、调整马具或者立定时,应与蹄迹线保持平行并将蹄迹线让给其他骑手骑行。

（11）在场地内进行障碍练习时必须得到其他骑手的同意后方可进行。

（12）脱掉的外衣应放置于场地外,不要将衣服挂在围栏上以免惊吓马匹。

（13）设备如障碍器材应当存放在场地外或者安全地放置在场地一角。

（14）如果出现落马或马匹失控狂奔的情况,场地内的其他骑手应当立即停止骑乘,直到失控的马匹被控制为止。

（15）观看骑手进行训练时不要大声喊叫,没有经过骑手的同意不能擅自进行拍照或者录视频。

（二）公路上骑马的规则和礼仪

（1）遵守机动车驾驶规则，红灯停，绿灯行，礼让行人等。

（2）禁止酒后骑马、打伞骑马和戴耳机听音乐骑马等行为。

（3）骑手佩戴好头盔、手套等骑乘装备，在护甲外面套一件颜色较为鲜艳的衣服让其他人比较轻易地看到你。

（4）当准备过马路或者转弯的时候一定要用手势提醒身边的机动车后才能进行。

（5）控制好马匹牵行的速度，速度不能过快。特别是在马路上尽量不要采用跑步，用快步压浪的方式前进。

（6）只有在无机动车的乡间才能采用双队列骑乘，为了安全起见，在公路上只能采用单列队骑行。

（7）走水泥路面，不要在马路旁边的观赏草坪上骑行以免破坏草地。

（8）在公路上牵行马匹时必须给它戴上水勒，牵引它与车辆行驶的方向一致，千万不能逆向牵行。

二、场地安全事项

（1）把握骑手的骑术水平，不要让新手骑乘"坏毛病"较多和不稳定的马匹。

（2）掌握马匹的习性和调教程度，在教授新手时最好利用场地的隔角处进行打圈教学。

（3）学员在上马之前身体有过于疲倦、头晕以及贫血等现象，教练员应当禁止其上马练习。应当让其在休息室休息一段时间后体力恢复了再进行骑乘。

（4）夏天气温高，马匹和人都容易脱水、疲劳。夏天的训练量不要太大，一般维持在平时的70%～80%即可。训练强度也要适当放低，合理安排马匹的休息和调整时间。教练要随时观察学员和马的状态，发现马匹有中暑的迹象要及时停止骑乘。

（5）穿着专业的马靴进行骑马是极其重要的。佩戴手套、安全帽和护甲作为预防措施。

（6）骑马时应当将吊坠等饰品取下。

（7）避免喷气味浓郁的香水刺激马匹。

（8）马场里的每位员工都应简要了解火灾预防措施和消防演练。例如，每个人都要知道火警电话及应对火灾的流程和处理程序。马场里垫料属于易燃品，在马场里严禁吸烟，像鞍具房和办公室这样的小区域应配有灭火器；而其他较广阔区域应配有可持续供水软管等消防设备。马场要有一套方案，即发生火灾时人、马的转移路线和安置方案。

三、伤员救治方案

当马场有人意外落马受伤时,要按照以下程序对伤员进行处理和救治。
(1)要求在场地内进行骑乘的人立即停止骑乘。
(2)控制马匹,将马匹牵回马房或者将其栓在场边避免马匹对伤员造成二次伤害。
(3)鼓励伤员保持平静、躺在原地不动,避免二次伤害。
(4)询问伤员伤情并安抚伤员,稳定其情绪,鼓励他们深呼吸。让伤员休息几分钟后判断伤情严重程度及是否有必要拨打120。
(5)如果落马发生在冬天,由于地面较为冰冷,因此需要将骑手的外套铺在伤员的身上保持温度。
(6)如果伤员伤较为严重,拨打120告诉其具体位置并描述伤员的受伤经历及其伤情。在救护车来之前不要移动伤员。

思考题

1. 马具分为哪几类?说出常见马具的功能及特点。
2. 简述刷拭马匹的作用。
3. 如何判断马衣是否适合马匹?
4. 场地障碍赛场地的设计标准是什么?

第四章 马术教学常识及工作流程

 本章导语

马术在我国是一个新兴项目,很多专有名词不普及,不规范。本章介绍马术常用概念和规范用语。马匹骑乘有一整套规范的流程,本章节详细介绍马匹备鞍、上下马、骑坐和卸鞍的流程和技术要领,让一个初学者能够掌握骑乘的正确方法,同时将工作流程规范化、标准化和科学化。

 学习目标

马术骑乘常识及概念、备鞍流程、正确上下马的方法、骑坐及卸鞍的方法。

骑术撼动人心——德国无臂骑手用牙齿咬紧缰绳

因失去双手,只能靠牙齿紧咬缰绳控制马匹,德国骑手贝蒂娜·艾斯特尔凭着超凡技术和无比毅力,2008年北京残奥会马术赛场上,与坐骑漂亮地演出了一场撼动人心的"舞蹈"(图4-0-1)。

北京残奥会盛装舞步赛Ⅲ级"个人锦标赛"在沙田马术赛场举行,艾斯特尔与其余11名选手竞逐奖项。

最后一个出场的她,流露出一脸自信,身体缺陷无损她在马背上的飒爽英姿。她口含缰绳,并不时用双腿轻踢马身,向马匹发出指令。漫步、快步、跑步……马匹乖巧地服从她的指令,在竞技场上翩翩起舞。赛事完成一刻,场内爆发出雷鸣般的掌声,全场人都被骑手那份惊人的毅力感动。这对人马组合最终以70.880分夺得铜牌。

比赛过后,艾斯特尔的脸上除了流着汗水,还挂着欢欣自信的笑容。"实在太开心了,我为我的马感到自豪。"艾斯特尔兴奋地说,能为自己的国家在残奥会马术个人项目中夺牌感到高兴。

与爱驹"非凡5"合作了两年,艾斯特尔和它已经建立起互信关系,她深信这是取胜关键。"最初很多人都认为它不行,但我坚持说,给它一点时间吧。"作为心理学家的艾斯

图 4-0-1　无臂骑手用牙齿咬紧缰绳

特尔表示,一开始与"非凡5"接触时,发觉它不太听话,于是就利用专业知识,再加上耐心和爱心与爱驹沟通。

马术在我国内地起步较晚,目前还属于一个小众项目。由于发展的时间较短,特别是马术普及程度不是很高,国内很多刚接触马术运动的学习者和爱好者对于很多马术专有名词不甚了解。他们都是凭借着教练员的口口相传和自己的理解来对马术的一些动作命名的。比如很多人在刚接触马术时把马在"快步"时称为小跑,马在做"跑步"时称为大跑。我国内地的马术很多都是沿用台湾地区的翻译,台湾地区的翻译和理解与内地不太一样。包括我国内地的很多专业教练的叫法也不统一。因此规范马术专有名词,宣传和普及马术常识显得尤为重要。

第一节　马术骑乘常识及其概念

一、扶助

扶助是指用缰、脚、骑坐控制马匹使之按骑手意图行动。人与马匹沟通,当动作由骑手身体完成时,这类扶助称为自然扶助。比如骑手的腿、手及通过骑坐体现出来的压力可对马的动作产生作用。

人与马匹沟通中,当骑手使用物品时,这类扶助称为人工扶助,人工扶助是为了补充或延伸自然扶助而创造的附加扶助,比如马鞭、马刺、长鞭。

二、骑坐

简单地说就是人骑在马背上的整个身体姿态,包括手和脚的动作。马会很敏感地感受到人重心的变化,通过骑坐我们可以将步法发进、向左或向右转、停止等指令传导至马,控制马匹的行进速度及节奏。骑坐是属于自然扶助的一种。

三、内方和外方

马匹在进行圈乘时,面向圆心的马体一侧称之为内方,背离圆心的一侧称之为外方。马匹的内方和外方不是固定的,会随着马匹运动路线的改变而变换。

四、里怀

向左拐的叫左里怀,向右拐的叫右里怀。如图 4-1-1 所示,如果该马匹是逆时针跑步,则称之为左里怀跑步。

图 4-1-1　左里怀

五、压浪快步

马匹在快步运步时,骑手骑坐在马鞍上保持臀部紧贴住马鞍来控制马匹的骑乘状态。快步骑乘骑手务必保持身体放松,臀部不被马颠起来,同时身体的骑姿保持正确。

六、轻快步

马匹在快步运步时,骑手在马鞍上通过起坐来控制马匹的骑乘状态。

七、开放式骑乘

在马术场地内骑乘,各骑手不必按照顺序,可以按照自己的意愿进行骑乘。

八、封闭式骑乘和队列式骑乘

在马术场地内骑乘,各骑手按照既定的顺序,依次按队列进行骑乘。

九、头颈屈挠

头颈屈挠又称为内方姿势，是指马匹头颈与其行进方向呈现一定弧度的弯曲，反映出其项部肌肉的横向变化。

十、马体弯曲

马体弯曲又称为马体屈挠或侧方屈挠，是指马匹从项部、颈部和尾椎的整条脊椎以骑手的内方腿为轴、均匀地呈现同一弧度的弯曲。

十一、内方姿势

内方姿势是骑手在做回转和圈线运动时使马的背部向外方引曲，头部和尾部（尻部）沿弧线向内方弯曲的一种骑乘姿势。

第二节 马术骑乘工作流程

一匹马要进行骑乘最开始需要备案佩戴水勒，然后上马进行骑乘，骑乘完毕后要对马匹进行刷拭，整洁后再拉回马厩。马术骑乘工作流程见图4-2-1。

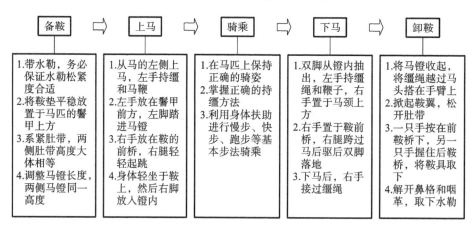

图 4-2-1 马匹骑乘流程

马匹体型较大，奔跑速度较快并且有起有伏。为了在马匹上保持平衡，人们设计出鞍具来给人骑坐。要骑乘一匹马必须先给其备鞍佩戴水勒，备鞍也有一套标准的流程和注意事项。下面首先介绍马匹备鞍的流程。

一、备鞍

(一) 用笼头将马匹从马厩牵出

对一匹不熟悉的马,在给马匹套笼头时要胆大心细。马的身体构造决定了马的四肢向前后摆动伸缩的幅度大、速度快,而向两侧摆动则幅度小且比较缓。几乎全世界的人都习惯于从马的左侧(里侧)备鞍和上下马。因此,标准而安全地接近马的做法是面对马头左侧,沿45°角向马颈接近,站到与它左肩平行的位置上。在那里给马佩戴笼头(图4-2-2),马的后腿踢、前腿扒都伤不到人,想咬人也难。唯一需要注意的是不要被马左前蹄踩到。

从马的右侧(外侧)或屁股后面接近马时必须注意动作要缓慢,嘴里发出柔和和轻微的声音吸引马匹的注意,并慢慢地接近马匹。观察马的反应,如有异常,必须警惕。总之,如果能按照规程去做并养成习惯的话,人就是安全的。当然,如果你和你的马是非常熟悉的伙伴,那么不论你怎样接近它,都没有问题。科学研究已经证明,诸如犬、马、猫等动物,虽然无法搞懂人类语言的具体含义,却可以准确判定哪些是褒,哪些是贬,从而决定对人的态度。因此,应采用正确的方法去接近马匹并让马匹慢慢接受并养成一种好的习惯(图4-2-3)。

图4-2-2 给马匹佩戴笼头

图4-2-3 将马牵出马厩

把马当朋友来尊重,以从容不迫的沉稳态度沿安全方向接近马,在手能碰到马头、颈肩的位置时停住,慢慢伸出手,接近马的鼻孔,如果知道马的名字,轻轻呼唤它,如果不知道,可发出友善声音与它打招呼。这时马必定会用鼻子嗅闻你的气味,辨别来人是谁。在马琢磨你是否对它有危险的同时,你必须注意观察马的眼神变化与耳朵动作,揣摩马的心理情绪。如果马耳随意转动、眼神安详,你可以顺势将手轻轻接触马的面颊,如果马依然没有不悦的反应,这表明它已经接纳你为朋友,你再讨好地给它搔搔痒。只要看到马匹的耳朵朝后面几乎紧贴颈部的时候,证明马匹已经开始不耐烦甚至愤怒,这时要远离马匹,预防风险。

给马匹佩戴笼头时用手把项部的鬃毛理顺,让皮革下面的鬃毛自然垂落。笼头不要太紧或者太松,鼻革与颊骨底部有两指的距离。把马匹牵出马厩时注意不要把缰绳缠在手上。牵马时在马匹的左侧,右肩与马匹前腿对齐,身体与马匹距离保持30厘米,防止被马匹踩伤。

(二) 把马匹固定在备鞍区

马匹备鞍区最好是在两边都有固定环,用绳索将笼头连接起来固定马匹,防止在备鞍时马匹随意走动增加备鞍的难度。同时,防止马匹由于突发的声响或事物受惊而导致骑手意外受伤(图 4-2-4)。

图 4-2-4　将马匹固定在备鞍区

(三) 脱下马衣

在脱下马衣之前先要对马衣进行刷拭,特别是经过一晚上的休息后马衣上会有很多稻壳甚至粪便等脏物,需要先刷拭干净。建议脱马衣时先解开马衣的胸革带,再解开肚带或者马衣固定带,最后再解开腿带。当然,若把顺序反过来,先解开腿带,最后解开胸革带也没有错,但最好是先从马匹的头部开始告诉马"我要走向它的后躯"后再解开腿带。如果直接走向马的后躯去解腿带可能会让马匹感到紧张。解开这些连接扣后将马衣向后躯对折并且从马背上向后滑下,然后规整地将马衣叠起来收好,准备下次使用(图4-2-5)。

(四) 抠蹄

由于马蹄呈现凹形,每次在骑乘之前都要进行抠蹄以检查马蹄内是否有异物或者钉子等硬物,以正确的抠蹄方式来保持马蹄的干净有助于防止马蹄腐烂,细菌滋生,使马匹更加舒适,达到更好的工作状态。

按照习惯一般都先给马匹的左前蹄进行抠蹄,抠蹄盆应放在清理马蹄时可以够得着的地方。右手拿起蹄钩,左手从马匹的肩部慢慢摸向腿部。当摸到球节时,它可能会主动抬起蹄子,左手抓住左前蹄的系部后用右手进行抠蹄。如果马匹不主动抬脚的话就捏或者拍几下球节后再用手轻轻提起。马蹄最容易抓的部位是系部底部靠近蹄冠带的部位。

抠蹄都是从蹄踵开始,顺着蹄叉的一侧抠向蹄尖。注意抠落下来的异物要直接放进抠蹄盆。然后,顺着蹄叉的另一侧用蹄钩按照刚才的办法重复抠一次。注意,抠完蹄后不要直接将手从系部处放开,那样马体将摔落着地,会引起马匹的不适。应当轻缓地放下马蹄后再去准备抠另一只马蹄(图 4-2-6)。

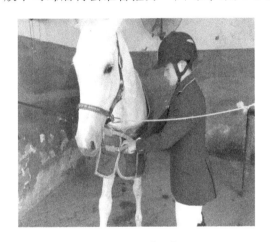
图 4-2-5　脱马衣

图 4-2-6　抠蹄

有的马会习惯从左侧抬起四只蹄,并且在左侧握住右侧蹄安全系数更高。如果马匹不习惯你在同一侧清理蹄部,或许它会觉得混淆,那么最好是从两侧进行清理。

(五) 用毛刷刷拭马体

在备鞍之前先要给马匹进行简单的刷拭,让马匹在骑乘时保持干净和整洁。使用适合马匹被毛的刷子。如果马毛浓密,用硬毛刷;马毛纤细或刚剃毛,则用体刷和铁刮子。习惯上,用距离马匹近的手刷拭马匹,这样可以时刻注意到马后躯的动作。

采用正确的马房工具给马匹进行刷拭。无论用哪一种工具给马匹进行刷拭,都要胆大心细。刷拭的时候不要力度太重,特别是用硬毛刷或者塑料刷进行刷拭时,力度过大有可能会把马匹的皮肤刮伤。力度太轻的话马匹毛发中的一些灰尘也不易清理干净(图 4-2-7)。

刷马先刷头部,如果先刷完身体再刷头,那么头部的赃物就有可能落到马的身体上,那么又得重新刷马的身体。刷拭马匹头部时,最好解开笼头。接着拿起体刷,此时你的朝向应该和马匹朝向相同。然后,用你的右手通过马匹下颌的下方从马鼻上方环抱马匹头部保持控制,然后轻柔地刷拭马匹头部。马的门鬃也要进行刷拭并用手整理一下让其更有形。头部刷拭完后可以用海绵将马匹眼睛的分泌物刷拭干净,再将笼头套回到马头上。

刷完头部之后刷拭马的身体,最后刷拭马的腿部。刷马的顺序和流程是"从头开始,从左至右,从上至下"。建议最好用体刷来给马匹进行刷拭,这是因为马匹的头部骨头较为突出,体刷会避免伤害到骨头。在完成了腿部的刷拭之后,就可以开始刷拭马的鬃毛和尾毛了。在刷拭马匹的鬃毛时需要将鬃毛全部拨到马脖子的另一侧,并顺着鬃毛的顶端用力刷拭。接下来,每次将一小撮鬃毛拨回来,再仔细用体刷刷拭每一部分(图 4-2-8)。

图 4-2-7　刷马头

图 4-2-8　刷马身

(六)佩戴水勒

佩戴水勒之前要将水勒拿到马头的一侧进行比较,看该水勒是否适合这匹马,确定适合后再将缰绳越过马匹的耳朵套在马脖子上。尽量从马匹的左手边缓慢靠近并小心地拿着项革和缰绳绕过马匹的头顶。把用来固定马匹的笼头及绳索拿掉后,右手抓住水勒的颊革部分从马的下颌绕到马的脸颊,同时用右手稍微压住马脸避免马匹抬头。

左手的大拇指、中指和无名指三个手指拖住口衔铁并将其撑开,手指在马嘴的边缘稍施加压力暗示并鼓励马匹把马嘴张开,右手向上提拉口衔铁使口衔铁能够顺利放入马嘴。当口衔铁顺利滑入时,注意口衔铁滑入时不要撞到马匹的牙齿,右手顺势把项革绕过耳朵挂在马匹头顶合适的位置(图 4-2-9)。

将门鬃从额革上抽出来,用手指整理顶格下面的鬃毛,将水勒的皮革捋顺后,就可以为马匹系上咽喉革了,咽喉革要足够松,与马的下颌骨保持一个拳头的距离(图 4-2-10)。接下来,为马匹系上鼻革(图 4-2-11)。

图 4-2-9　将口衔铁放入马嘴　　　图 4-2-10　系上咽喉革　　　图 4-2-11　系上鼻革

关于鼻革扣多紧有较大的争议,一般来说上鼻革应置于两颊的一只手指宽之下,而鼻革和鼻骨之间应该要留有一只手指可以通过的宽度,鼻革应置于距离鼻孔四指宽的上方,其松紧度要适中,既要防止马匹下巴的肉滑到鼻革的后方,又要能使马匹含口衔铁时不会感到不适。如果你所使用的是弗拉什鼻革,注意扣带不要蹭到嘴唇以免将马嘴磨伤。

以下几点是备鞍者必须要注意的。

(1) 鼻革过松或过紧。

(2) 咽喉革过松或过紧。

(3) 口衔铁过松或过紧。

(4) 项革是否将马匹的耳朵勒得过紧。

(5) 水勒是否会突然断裂?如果皮革出现裂痕,缝合处破损较为明显,很有可能在骑乘过程中出现断裂。要随时检查皮革和金属的交接处,该处是易磨损和断裂的部位。

(6) 皮革是否需要上油保养?皮革是否柔软干净?所有的扣带是否可以扣紧?戴着这种水勒去野外骑乘是否安全?如果只是水勒旧了,但扣带可以扣紧,没有裂痕,照样可以在野外骑乘中使用。

(七) 备马鞍

佩戴好水勒后就要开始备鞍。将马鞍放在马背上之前先要将汗垫或马鞍垫(硅胶垫等)先行垫在马背上,确保汗垫或马鞍垫均匀地放在马背两侧。放的位置稍往前一些,置于肩胛骨上方,保持鬐甲处鬃毛平顺。

将马鞍放在马背上前,要注意脚镫处于妥善向上收好的状态,以免将马鞍放在马背上时由于脚镫的晃动敲打了马匹让马匹受惊。准备妥当之后将马鞍举起轻放在马背上(图 4-2-12),之后再将汗垫中间部分拉高至鞍槽处(图 4-2-13),防止在骑乘的时候马鞍将马背磨伤。先将马匹右侧的马鞍肚带扣上,然后再在左侧收紧肚带(图 4-2-14),左侧肚带设有松紧带可以有效地调教肚带的松紧度。马鞍在马背上的正确位置是前鞍桥刚好在鬐甲的上方,肚带与马匹肘部相距约 10 厘米。刚开始不要将肚带调到最紧,这样容易使马匹感到不舒服且可能造成绑肚带的马腹部周围擦伤。可以将马匹牵至训练场后或者上马骑行几分钟后再调紧肚带。

图 4-2-12　将马鞍放至马背

图 4-2-13　将汗垫拉高至鞍槽处

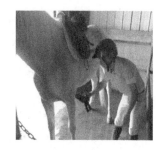
图 4-2-14　收紧肚带

（八）佩戴低头革

低头革是为了防止马头抬得过高，如果马头的位置是正确的，低头革不会对马匹有任何的影响。低头革佩戴正确的前提下，马匹站立不动时，低头革带不会对缰绳施加压力。只有当马头甩得过高超过控制点时，低头革才发挥作用。低头革的长度不能太短，太短时会使得金属环一直压在缰绳上而压迫到马嘴。

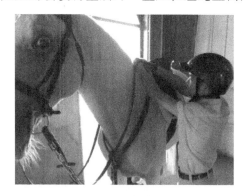
图 4-2-15　佩戴低头革

在给马匹佩戴低头革时要先检查一下低头革的卡扣是否在左侧，然后将低头革的颈带和缰绳一起拿去马头。缰绳穿过同侧低头革环，便于其在缰绳上滑动，同时也避免连接的两绳缠绕扭曲。要检查低头革扣带是否在两个前腿的中央，避免磨伤腿（图 4-2-15）。

当低头革已与肚带和鼻革之间连接时，要检查低头革的长度。如果马站立姿势正确，用手从下面托着低头革并向上抬起，其原则是正好达到马的喉部。颈革的扣带要放在马颈的左侧，调整到在鬐甲上能容纳一掌的宽度。为了保持肚带环的平整和安全，则在扣带后面近处加上一个护套，另一个护套放在肚带上。

（九）佩戴胸革带

胸革带的作用是防止马匹在工作时，马鞍向后滑动。佩戴胸革带最好是在马鞍备好之前就佩戴好。假如你的马鞍已经备好，肚带也收紧了，这时必须重新把肚带松开，再将胸革带的带环从肚带中穿过去。这样会额外浪费时间，你刚开始做的工作白做了。和低头革一样，系好肚带后需要检查皮革是否在马两前腿中间，如果皮革靠近一侧腿则会将这侧腿的皮肤磨破。

肚带系好后将胸革带上的两条皮带连接到马鞍的 D 形环上。如果马鞍两侧都有 D 形环，应当利用与鞍架直接相连的 D 形环，D 形环直接连接马鞍更加牢固，抗拉力更强。皮带与马颈和胸部周围应当有一掌宽的距离，连接马鞍的皮带要紧。正常情况下，马鞍应该能轻微往后移。马腹部下方的环状革带不应过大过松,否则马可能会绊倒(图 4-2-16)。

（十）绑护腿或者绑腿

绑护腿相比而言比较简单,本书主要讲解打绑腿的注意事项。绑腿布条在还没开始打绑腿前应该是平整地卷成一个圆筒。先从左前腿开始打绑腿。开始时,右手拉出绑带一端的斜角摁在膝盖下方即管骨的上方,左手拿住

图 4-2-16　胸革带连接到马鞍上的 D 形环

绑腿逆时针围绕马腿从上向下环绕,一直绕到球节的部位后,再缠绕两周后改变方向后向上回缠绕。缠绕时保持外表平整,缠绕要保持一定的力度,以防止松脱(图 4-2-17)。

最后固定用的粘胶要固定小腿的外侧,如果在内侧则马匹运动时粘胶有可能会磨伤对侧脚。绑得太紧不利于血液循环,太松则容易松脱。不用粘胶绑腿,在绑到最末段时要把末端塞在绑腿内防止脱落(图 4-2-18)。

图 4-2-17　右手拉出护腿一侧开始缠绕

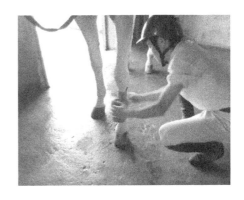

图 4-2-18　自上而下缠绕绑腿

二、上、下马

正确上、下马是一名骑手技巧训练中很重要的组成部分。刚开始练习骑马时,应该学会如何正确地上、下马,而这个技能将会伴随整个骑马生涯。很多时候,尤其是年长的骑手,使用上马镫比较适合,但能够敏捷上马且不会让马匹感到不适仍是最重要的。

（一）上马

上马前要检查肚带是否勒紧,防止骑手左脚踏上马镫后马鞍向下滑动。在慢步骑乘一段时间后,骑手还应当在马背上缩紧肚带。然后调整好脚镫的长度,脚镫的长度要根据马术项目的不同而有所区别,比如障碍骑乘和舞步骑乘对脚镫长度的要求不同。一般平地骑乘的脚镫长度就是骑手手臂的长度,大约是腋下到拳头的距离。切记在

调整马镫和肚带的时候要将手臂穿过缰绳,将马匹控制在骑手的手中,绝对不能让马匹处于无缰绳限制的状态。

一切准备就绪后就可以上马了。通常上马有从地面上马、人工辅助上马和借助台阶上马三种上马方法。这里要注意的是,骑手在上、下马时一定要马匹保持正直和安静的状态,直到骑手坐在马背后示意马匹前行才能移动。在上、下马时要求马匹在30秒内不能移动,这样对于骑手的安全会有较好的保障。

1. 地面上马

上马的姿势和上自行车的姿势相似。骑手侧身站在马左肩处,左手抓住缰绳,马匹右侧的缰绳略短以防止马匹移动。左手抓住前鞍桥来维持身体的平衡,用右手将脚镫朝外的一端转向自己,当将左脚踏入马镫时脚板微微地倾斜以防止脚趾卡到脚镫之中(图4-2-19,图4-2-20)。右手抓住马鞍的后鞍桥处,然后左右脚向上蹬,通过两边手腕和手肘的支撑让骑手的左脚站立在左侧脚镫之上。之后右脚向右后方伸出去跨过马匹的臀部并坐在马鞍上(图4-2-21,图4-2-22),千万小心不要踢到马匹以防受到惊吓。在跨越过后轻轻地坐在马鞍上,将右脚放入右边的脚镫,并用双手握住缰绳。这样就完成了上马的动作。上马的动作多加练习后自然会很熟练,如果马匹的肩高不是很高,骑手可以自行上下马,就采用这样的方法自行上马,而不要想利用楼梯、凳子或者他人协助。

图4-2-19　准备上马

图4-2-20　左脚站立在左侧脚镫上

注意如下几点。

(1) 上马后不要急着让马前行,先在原地调整好坐姿,观察马匹的反应后再进行骑乘。

(2) 上马动作要稳要快,胆大而警惕,若马原地转动,骑手要收短缰绳,用内方腿限制马匹不让其转动。

(3) 上马时动作要尽量轻缓,不要整个人往下坐,重重地坐在马鞍上。

(4) 上马后要尽快调好缰,右脚踩入马镫内,以便控制马匹,如右脚尚未踩入马镫内,马已经开始移动。这时不要慌张,发出柔和的声音,双手拉住缰绳同时身体向后倒自

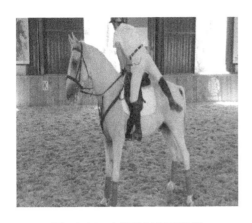
图 4-2-21　右脚跨过马匹臀部

图 4-2-22　轻坐在马鞍上

然可以让马匹保持静止的状态。

2. 人工辅助上马

当马匹的肩高较高，骑手无法独立完成上马的动作时，可让助手在原地抬其左腿来辅助上马。这个动作的难度不大，最好是两个人同时数"一、二、三"，当数到三时向上发力，骑手便可在助手的帮助下完成上马动作（图 4-2-23 至图 4-2-25）。

图 4-2-23　助手抓住骑手的左踝处

图 4-2-24　助手向上抬起骑手

图 4-2-25　助手协助骑手坐上马鞍

人工辅助即"抬腿"的人左手抓住马匹左侧的缰绳让马匹保持不动后，站在靠近马匹左肩的位置。如果不必牵着马，助手通常会用两只手一起来"抬腿"。

骑手面向马鞍，左手抓住缰绳放于前鞍桥处，右手抓住后鞍桥处，左脚屈膝。助手抓住骑手左脚的脚踝处，两个人同时数到"三"时，骑手向上跳起，助手向上抬骑手。骑手在助手的帮助下轻盈地跃过马匹，右脚干净利落地跨过马匹后，轻盈而有控制地坐到马鞍上。

人工辅助上马在速度赛中更为常见：一是由于速度赛骑手的身高较矮，同时纯血马肩高较高导致速度赛骑手无法独立从地面上马；二是骑乘装备原因。因为速度赛马鞍特殊的形状以及超短的镫带根本无法做到平地上马。骑手在掌握人工辅助上马技术要领的时候，一定要确保马匹在原地安静不动。如果马匹总是往前走或者在原地转动，则这个动作就不太可能完成。儿童及身高较矮的骑手应较多地采用这种上马方式。

3. 借助台阶上马

将马牵至上马台阶旁边,让马与台阶平行站立,骑手左手持缰抓住马鞍前鞍桥或前鞍桥处的扶手,右手扶助后鞍桥处维持身体的平衡后,左脚踩住脚镫上马(图 4-2-26 至图 4-2-28)。

图 4-2-26　站在台阶上左脚踩脚镫　　图 4-2-27　右脚离开台阶,左脚站立于马镫　　图 4-2-28　轻坐在马鞍上

骑手熟练掌握三种上马方法后对马匹有以下好处。

(1)骑手动作敏捷且控制着自身的重量,在上马时右手不会用力将马匹的身体扒向身前,将更少地影响到马的平衡。

(2)骑手从地面坐到马背时动作轻,不会让马匹产生不愉悦感。

(3)在骑手的右腿跨过马的后躯时不会触碰到臀部。

(4)马匹会配合地站在原地等骑手上马。

(5)骑手上马方式正确,可以避免马匹紧绷背部而逃跑或者骑手刚坐上马匹就后踢来抗拒骑手上马。

(二)下马

通常从左侧下马,下马的动作是按照上马动作的相反顺序进行,直到立正姿势。有的人认为右脚从右侧脚镫脱离,左脚踩在左侧脚镫上下马,若马匹受惊往前逃跑时骑手一只脚站立在马镫上很危险,因此建议下马时左右脚从两侧脚镫脱离后再下马。下马时右脚可以从马匹后躯或者是颈部跨过下马,无论是采取哪一种下马方式,骑手都要在马鞍上缓冲一下再往下跳。比如右脚跨过马匹后躯后骑手要用腹部躺在马鞍上缓冲一下再往下跳,这样可以降低下马时对腿部的压力。特别是教儿童骑马时一定要强调这一点。

1. 右脚跨过马后躯下马(图 4-2-29 至图 4-2-32)

(1)两脚脱离脚镫,将缰绳和马鞭置于左手,上身稍向前倾。

(2)两只手用力摁前鞍桥产生反作用力,向后抬右腿跨过马背。

(3)双手支撑身体,两腿悬垂于马匹的左侧并稍做调整。

(4)两脚同时落地,落地时双膝微微弯曲,缓冲落地时的作用力。

(5)下马后将马镫收起,将缰绳越过马头取下,右手正确握缰回到立正牵马姿势。

图 4-2-29　两脚脱离脚镫

图 4-2-30　右脚跨过马臀部

图 4-2-31　腹部贴在马鞍上

图 4-2-32　跳落到地面

2. 右脚跨过马匹颈部下马（图 4-2-33 至图 4-2-36）

图 4-2-33　双脚脱离脚镫

图 4-2-34　右脚从马颈部跨过

（1）左手握缰和马鞭，置于前鞍桥处，双手撑在前鞍桥上。

（2）抬右腿跨过马颈部。

（3）右脚跨过后，骑手斜坐在马匹的左侧。

（4）两脚伸直，双手撑住马鞍后往下跳，着地站立后的流程与前面的一样。

进行下马练习时先进行分解动作练习，等到熟练后再将整套动作结合起来进行练

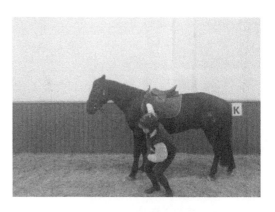

图 4-2-35　两脚在马左侧伸直　　　　图 4-2-36　跳落到地面

习。要把所有动作做得连贯迅速准确而又自然,要一气呵成。下马后一定要将缰绳握于手中,不要下马后把缰绳松开,那样马匹会逃离骑手的控制。

三、骑手在马背上的工作要领

(一)持缰姿势

持缰的方法多种多样。一般最常见的持缰的方法是双手竖起来,掌心相对,缰绳一端从无名指和小拇指中穿过,另一端从大拇指和食指间穿出,持缰的手形似竖起来的"6"。有单手持缰和双手持缰两种方式,以下介绍几种持缰的方法。

1. 单水勒

(1)双手持单缰　缰绳可直接通过手掌的无名指和小指之间,然后穿过手掌越过食指,大拇指压在上面。无名指控制着缰绳的着力点,这非常重要,它是离手掌最近的关节,其他手指安全地紧握缰绳但不要僵硬。这种持缰方式,可以防止缰绳从手掌脱落(图4-2-37)。

图 4-2-37　双手持单缰

(2)单手持单缰　右缰从左手的中指、无名指之间穿过,余缰用大拇指和食指来控制(图 4-2-38)。

2. 双水勒

(1)双手持双缰　大勒缰握在无名指和小指之间后,两根缰绳穿过手掌,在食指和拇指之间穿出(图 4-2-39)。

(2)单手持双缰　由中指或无名指分开,同侧轻衔缰向外绕过小指外侧。三根缰绳

图 4-2-38　单手持单缰

都在食指和拇指之间穿出。另一条轻衔缰由另一只手的手指握住(图 4-2-40)。

调整缰绳到需要的长度,用手指拿起,稳固不滑动,用双手控制轻衔缰。想单手持双缰的骑手,如左手持缰,只需将右侧的小勒缰换到左手上,放在食指上端,经掌心垂下。

图 4-2-39　双手持双缰　　　　　　　图 4-2-40　单手持双缰

(二) 持鞭姿势

马鞭应当持在内方手上,因此有时需要换手持鞭。如果是舞步调教马鞭,需要先把两边缰绳放在持有马鞭的手中,然后空出的手在持缰手下方拿住马鞭,手背朝向骑手身体。轻轻地把马鞭拿到另外一侧,马鞭尖在骑手面前经过。然后持有马鞭的手再次拿起缰绳。

有一种方式比较适合短的"障碍"鞭:一手抓缰和马鞭,另一只手将马鞭从持缰手上方抽出,马鞭非常自然地换到另一只手里,鞭头朝下。之后双手抓缰。

1. 训练长鞭

用于日常训练。长度在 0.90~1.2 米,要足够长,这样在手不离开缰绳的情况下,也能用鞭。需要时,只需轻轻转动手腕在骑手腿后方轻拍或轻打。

2. 短鞭

用于正式比赛中,长度不能超过 75 厘米(刚好在 30 英寸以下)。持马鞭的手应放下缰绳,单手持双缰,用马鞭在骑手腿后拍打。骑手应反复练习,掌握各种马鞭换手的技巧。

四、骑乘结束后的工作流程

(一) 卸马

骑乘结束后应该及时将马匹牵回备鞍区进行卸马。卸马要注意以下三点。

(1) 先将肚带解开,将低头革和胸革带环扣从肚带中拿出。两侧的肚带解开后将肚带放在鞍座上。如果有胸革带,先解开马鞍前面的两个金属扣,将胸革带放好。左右手拿住汗垫,抓住前鞍桥和后鞍桥,往上拿到胸前,将马鞍等挂在洗马架上或者放于地面。

（2）解开鼻革和咽喉革，左手将缰绳和项革抓在一起，将水勒轻轻地提过马耳，从马头上取下来。切记，将水勒从马头上取下来时动作一定要轻，不要用力拉拽口衔铁以免弄痛马匹。如果听见口衔铁撞击牙齿的声音说明动作过快。卸下水勒后将它放在右侧肩膀上，并给马戴上笼头。

（3）卸下护腿或绑腿。

（二）穿戴马衣

在给马匹穿戴马衣之前要先将马匹身上的汗渍及其灰尘清理干净。如果运动量过大马匹出汗过多，要先用热水冲洗一遍。将马匹牵至保暖通风的地方，烘干后再给马匹穿戴马衣（图4-2-41）。以下介绍安全穿戴马衣的工作流程。

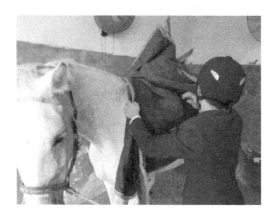

图 4-2-41　穿戴马衣

（1）将马衣从里向外进行对折，将折叠好的马衣放在马匹的鬐甲处。将马衣稍微放在鬐甲前面靠近马头处。

（2）然后用左手摁在鬐甲处，右手将折叠的马衣向臀部拉开并覆盖住整个马身。

（3）先系上胸革带，再系好肚带或者马衣固定带。如果有腿带，须将腿带系好。每根腿带和马腿之间应有一掌宽的间距。

（4）最后从鬐甲处伸到马衣下面将鬃毛理顺，以免马衣将鬃毛的毛发方向压乱。

（三）冷水冲刷马腿及牵遛

马匹的体重较大，四肢较为"纤细"，所以马匹长时间高强度运动后，血液都淤积在马匹的四肢上。为了使马匹腿部功能得到良好恢复，在马匹高强度运动完后应及时用冷水冲刷马腿（图4-2-42）。一方面可以将马腿及马蹄上的泥土冲刷干净，保持马的干净整洁，保护马蹄；另一方面可以将马腿降温，预防涨筋和肿胀。一些高水平的竞技马在冷水冲刷完后可以采取冰敷的方式迅速降温。

冲刷干净后应当牵遛马匹，当马匹的心率和呼吸都恢复到正常时才能将马匹牵回马厩。切记，马匹高强度训练完30分钟内不能饮水进食。

图 4-2-42　冷水冲刷马腿

思考题

1. 压浪快步和轻快步骑乘的区别有哪些？
2. 简述备马鞍的工作流程。
3. 简述马匹骑乘的流程。
4. 怎样判别一件马衣是否适合马匹穿戴？

第五章　调教索运动

本章导语

打圈运动不仅对于新马的调教十分关键,它也是成熟马保持状态和训练的方法和手段。对于骑手来说,打圈是马匹初级调教,它是马术学习者提高骑术水平的基础和前提。打圈是教练员在担任骑术教练教学中所必须掌握的技能。打圈运动是马业从业人员所必须掌握的一项技能。

学习目标

打圈的概念及原则、打圈的作用、打圈常见问题及解决方法、打圈的装备及功能。

**案例导入**

何时开始调教年轻马最适合？

马需要很长的时间来生长。3岁的马还在发育,如果这时施加了骑手的重量,马匹的成长就会受到很大的影响。

3岁的马可以开始调教,但是只适合进行平地训练。每匹马的个性、特质都不同,一般4岁才可以开始上马鞍,但也必须看它的接受程度。平地训练可以一直持续到马匹已经服从被骑乘和接受所给予的训练。

人们通常觉得一匹马超过10岁就有点年纪大了,担心这样的马伤痛毛病多,或体力不够。其实一匹2岁的马就像人类的婴儿。它们需要学习的地方还很多,不仅骨骼肌肉还在生长,智商、成熟度都还不健全。如果这时让它们参加比赛,做高级舞步动作,容易造成肌肉或骨骼的隐疾,使其长大后腰痛或成为跛脚马。实践证明,4岁才开始接受调教和上马鞍的马,它的成绩更好。

在一匹新马的调教之中,调教索运动(下文都指打圈)是一种有效地让马匹接受人的指令的训练方法,同时,在成熟马日常的训练和调整中,打圈也是一种较好的手段。打圈是指通过调教绳和调教鞭,让马匹在圆周运动的基础上做出慢步、快步和跑步三种步法的变换。

安全有效的打圈是需要练习的,如果方法不正确,马匹和牵马的人都有可能面临危险。

在新马的初期调教过程中,打圈是不可缺少的一部分,它将教会马匹顺从,形成有节奏的步伐,并逐渐获得正确的肌肉,教会马接受口衔铁,并且在马第一次备鞍、骑乘时,使马容易控制。

如果一匹马已经养成了坏毛病,打圈也是一种重新训练的有效方法,它可以引导马匹学习正确的外形姿态,而不需要理会平衡骑手体重的附加问题。如果时间比较短,打圈也是一种有效的热身训练。如果马匹在马厩内休息了较长时间,精力旺盛,骑手上马之前做有效的打圈练习,可以消耗马匹过剩的精力,使马安静。

早期的障碍训练中,打圈可以有效地评估一匹马的能力和培养它的技能,有经验的打圈,可以辅助物理疗法来减轻和治疗马背部和后肢等有问题的肌肉。

第一节 打圈的基本原则

在马匹的各个阶段都可以进行打圈练习,正确的打圈可以增加马匹的顺从性,使其学会尊重和信任骑手。打圈总是让马匹做出圆周运动,因此打圈对于马匹的腿部和关节会形成横向压力。打圈的索圈越小,要求马匹运行速度越快,对马腿的压力就越大。打圈对马腿的损害较大,因此不能在坑坑洼洼或者过硬、过软的地面上进行。

年轻马一般是3岁左右开始接受训练的,由于年轻马的骨骼和关节发育都不成熟,因此不当或过度的打圈运动容易使其受伤,尤其是当马匹发生失误或反抗时更加容易受伤。在心理层面,年轻马注意力不够集中。而打圈运动较为枯燥,并且对马匹的要求也十分严格。因此,对于刚接受打圈训练的年轻马而言,第一次打圈调教的时间不能太长(10分钟即可),目的是使马匹接受打圈这种方式。其后再视个别马匹适应的状况,逐渐增加打圈训练的时间。年纪越小的马匹越容易受伤,包括颈部和其他关节部位。给年轻马打圈最好不要采用口衔铁,采取调教笼头来使马匹进行打圈反而效果会更佳。这种无压迫性的打圈练习会让年轻马更加放松,从而能接受这种运动(图5-1-1)。

对于一匹成熟马而言,由于打圈对于马匹背部的压力较小,是马匹一种较为放松的运动。正确的打圈练习可以提升成熟马的身体协调能力,提升马匹的柔软性、节奏感和体能,但是对于马匹的关节伤害较大,对体能的要求也较高。因此,在进行打圈运动时,要认真评估马匹体能的状况,不要超出马匹负荷的范围。给马匹打圈的时间不要过长,一匹健康的马打圈的时间控制在30分钟左右,刚从伤病恢复过来进行调整的马,打圈的时间不宜超过20分钟,根据其身体状况和体能状况的改善逐渐增加打圈运动的时间。

图 5-1-1　骑手调教马匹打圈

打圈热身先从慢步开始,结束时也要以慢步结束。左、右里怀要均匀(或者多运动马匹较为僵硬的一侧),可以将时间分为四份。比如总时间 20 分钟,左、右里怀各 5 分钟一个轮回,要注意不要超过总时间。建议先从马匹的左里怀开始练习,因为绝大多数马匹的左里怀是它们的强侧,从强侧开始打圈可以让马匹更好地进行放松。打圈工作的内容视马匹的能力而定,一般以慢步为主,打圈跑步持续的时间不要太长,多做慢步、快步和跑步移行的变换。

给一匹马进行第一次打圈练习,要将头盔、护甲和手套等防护设备穿戴好。刚开始时用调教索牵着马匹慢步走圈,左、右里怀都慢步几圈,让马匹熟悉工作的区域。之后将调教鞭先让马匹闻一下,当马匹不抗拒时就可以用它慢慢地接触马匹身体的其他部位。如果马匹没有抗拒调教鞭,这时就可以开始进行打圈练习了。

打圈时,马匹往哪个里怀运动,就用哪只手拿调教索。比如,马匹左里怀运动,骑手左手拿调教索,右手拿调教鞭。骑手要将调教索有规则地盘起来,这样松放给马匹时调教索不会打结。在打圈时要注意观察马匹哪一个里怀比较放松,哪一个里怀比较僵硬。要防范马匹突然用马头对着骑手,站在原地停止工作,或出现突然变换方向的行为。如果马匹在打圈过程中出现了像拱背或者是后踢腿等行为一定要及时制止。在运动过程中,仔细观察马匹的平衡、动作、对口衔铁和侧缰的接受程度,以及对扶助和指示的反应;评估马匹的性情以及其合作的意愿。

一般来说,骑手可能会遇到以下几种不同类型的马匹。

一、调教成熟马

熟悉和接受打圈运动,身体柔软且对骑手的指令反应迅速,能够正确地做出慢步、快步和跑步的变换,服从性强,后肢踏进。

二、年轻马或是处于调教中期的马

服从骑手的指令但是身体某一个里怀僵硬,马匹身体往一侧倾斜或不平衡,跑步较为急促,节奏感较差。

三、新马

没有骑乘或者没有打圈经验的马匹。

四、坏毛病的马

态度上有问题的马(紧张、急躁、神经质、顽固、懒惰等),或者是有坏习惯的马(急停、突然转向和后踢腿等)。

第二节 打圈装备

一、打圈场地

地面状况良好,整个场地应该是平坦的和软硬度适中的。如有可能,场地内最好有专门的调教圈进行打圈,调教圈是封闭的,高度在3米左右,以防马匹看见外部事物而分心,并有助于马匹集中精力进行训练,同时也将增加初学骑手的自信心。打圈场地应相对安静,使马匹或骑手的注意力得以集中,马匹和骑手都能清楚地听到教练的指令。虽然室内场地是打圈课的最佳场地,但也可以在室外练习。

可用障碍杆、障碍架和水马甚至圆形锥等类似物体在室外场地上圈出一块打圈专用区域。

二、鞍具

(一)调教笼头

调教笼头(图 5-2-1)的主要作用是协助控制马匹的运动。调教笼头上有三个扣环,用于固定调教索。调教索最好挂在调教笼头的鼻环上,这样可以不用将调教索直接挂在口衔铁上,避免打圈时因马匹的拉扯和逃避伤到马嘴。调教笼头戴在水勒上方或下方,扣在下巴下,类似下垂式鼻革,或扣在口衔铁上方,类似凯威萨鼻革。鼻革和颊革必须系牢,以防拖拽或摩擦到马匹眼睛外侧。

调教笼头的鼻革是加了厚厚的软垫的,并由金属固定前部和环扣,以便连接调教索,只可使用中间的环扣。调教笼头必须谨慎佩戴恰当,不可太松,以免颊革被拉到马匹眼睛周围而伤到眼睛,而且来回滑动也会令马匹的鼻子很不舒服。

(二)调教索

调教索(图 5-2-2)是一根由柔软网织物编织而成的绳。调教索要设计合理,比如要配有钩子或皮带扣,以避免缠绕。调教索长约 10 米,宽约 2.5 厘米。我们在收放调教索圈时要注意圈不能太大也不能太小,调教索圈太大容易绊到骑手的脚引发安全事故。调教索圈太小则使得骑手不能轻易地收放调教索。

图 5-2-1　调教笼头

图 5-2-2　调教索

(三)调教背包

调教背包(图 5-2-3)的两侧均配有 D 形环,在需要时,配合侧缰使用。左右两侧最好都可调节,以保证最佳的佩戴效果。也可以用肚带来固定调教背包,从而避免调教背包绑得过紧,造成马匹的不适。

如果马匹的后背痛或者是鬐甲处被马鞍磨破皮不能佩戴鞍具,调教背包可以不去触及马匹背部受伤的部位。通过正确的打圈训练,马匹同样可以保持身体健康,同时背部的伤亦可在此期间痊愈。使用调教背包时,为防止其后滑,可以使用胸带。这对年轻马来说是非常重要的。在刚开始训练时,不要将肚带绑得太紧。在调教背包下垫上厚垫,以免给马匹的脊柱和鬐甲施加过多的压力。

(四) 侧缰

侧缰(图5-2-4)是打圈时的辅助训练工具,正确的使用可鼓励马匹自主寻找口衔铁,后肢收缩,改善马头和头颈的位置,并使马匹形成正确的姿态。

图5-2-3 调教背包

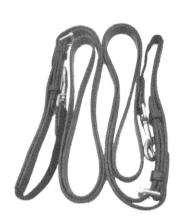

图5-2-4 侧缰

侧缰通常是系在肚带或者调教背包上的,而且另一端还要有一个弹力挂扣,以连接口衔铁。侧缰应系在马匹两侧的同一高度位置,一定要先将侧缰系在肚带上。侧缰另一端扣系在鞍子或调教背包上。准备好后才能使用,绝不能牵着一匹将侧缰挂扣系在口衔铁上的马匹。侧缰并不是用来将马颈拉向内方的,有弹性的侧缰有更多的伸缩性,可鼓励马匹更好地与口衔铁保持联系。

应该非常谨慎地确定侧缰的长度,要长一个扣的长度,而不是短一个扣的长度。第一次佩戴侧缰的适当长度应该为:当马颈充分伸展时,马匹只是刚好与口衔铁接触。保持两边的侧缰长短一致。当马匹在打圈过程中接受了侧缰积极向前时,侧缰就能帮助马匹缩短步伐,达到最佳姿态。

(五) 普通水勒

在骑手上马前,缰绳应在马颈部下方交叉缠起,并用咽喉革穿过系好。骑手上马后,给马匹颈部打个结,便于骑手在紧急情况下抓起缰绳。

如果将调教索直接系在口衔铁上,则需要很高的技术要求。保持与马嘴的正确接触,而且拥有足够的弹性,不伤害到马嘴,是非常困难的。最安全的方法是同时穿过内方口衔铁和调教笼头的鼻革,这样才能既保持口衔铁的接触,又不会在进行打圈时将口衔铁拉向内方而伤害马嘴。

(六) 马鞍

建议使用羊毛垫。马鞍一定要适合马匹和骑手,最好是使用舞步鞍。

（七）调教鞭

一定要选择一条足够长的鞭子。它的作用是当马匹走的圈子过大时,使用鞭子轻轻地拍打马匹,但是长鞭大部分较为笨重且平衡性不好,所以要尽量选择一条骑手用着舒服的鞭子。一匹有经验的马匹很快会知道鞭子的长度并且学会远离鞭子。

（八）护腿

四条腿均需要佩戴护腿,最好能缠绕适当的绷带以保护马腿。如果是跳跃障碍,则需要佩戴障碍护腿。

第三节 打圈的技术要领及其作用

一、打圈的技术要领

（一）打圈的注意事项

1. 打圈

骑手在训练马匹打圈时需要佩戴手套,以免快速拉拽调教索时手部受伤(出现过手指被拉断和骨折的现象)。同时佩戴结实的头盔,特别是给新马打圈时一定要佩戴头盔。新马在刚开始打圈时不适应,紧张会出现后踢、突然快速奔跑等现象。打圈时要严格禁止佩戴马刺。

站姿正确的骑手能较好地控制马匹,对马匹的突然拉拽和变向能做出快速反应。正确的站姿如下。

（1）身体站的位置与马匹的前躯大约成35°角,骑手与马匹臀部为一条直线。

（2）上臂下垂,前臂与身体成合适的角度。

（3）左里怀打圈以右脚为轴,左脚跟随马匹的运动慢慢挪动。

（4）打圈时,声音及肢体是控制马匹的一项重要扶助。

骑手站在索圈的中心,以左里怀打圈为例。左手拿着已经盘好的调教索末端,右里怀打圈则是右手,调教索的长度最好为7.5~10米。骑手的注意力在马匹的后躯上,要看马匹后躯的肌肉是否柔软,后肢是否向前踏进。骑手不要随意走动,最好能以右脚为轴,站在圆心处控制马匹运动,如果实在要走动也应当围绕圆心走一个尽量小的圆圈,这样才能确保马匹走出真正的圆。如果马匹是训练有素的打圈马匹,这点应该较容易做到。打圈时尽量少用调教鞭,实在需要使用时,用调教鞭末端去鞭打马匹飞节上端。当骑手走近马匹时,应调整调教鞭的位置,鞭头指向后侧,最好是将调教鞭夹在腋下以免让马匹受惊。

2. 打圈课时长

在给一匹马进行打圈时,时间不要过长,除去休息时间,打圈时间不应超过25分钟。打圈主要是让马匹放松,如果时间过长,会让马匹产生厌恶心理。由于脱镫骑乘容易让骑手疲劳,因此要频繁安排休息。两个方向上的训练强度要保持相同。

3. 准备工作

通常在上课之前,教练为了让马匹放松并确保马匹安静服从,一般都会在骑手没有上马之前先让马打圈几分钟。还有一些骑手会采用长缰慢步或者快步让马匹稍微活动,让马匹的身心都得到放松。这两种方式都是可行的。

(二)握调教索的方式

握调教索有几种不同的方法。这些方法不仅简单有效,而且不论是平地打圈,还是超越障碍,都能提供更好的控制。但所有的方式都需要大量的实践,可试着把缰绳系在门柱上,反复练习(图5-3-1)。

图 5-3-1　骑手调整好调教索牵马

绝不可使用别人已缠绕好的调教索,必须自己缠绕。从左侧开始,多数马匹在这个方向都会乐意合作。骑手站在马匹左侧,用左手握住调教索靠近头部的位置,并将余下的调教索抛到一边,以免骑手本人或者马匹踩到。将调教索卷绕在左手上,索圈一定要大小合适。握索绳时就像骑马时手持缰绳一样,与马匹保持好距离,这个动作只需要几秒钟的时间。换调教索时,重复上述练习,将调教索绕在右手上,再将索圈转到左手上。

在整个过程中,骑手必须将调教鞭夹在手臂下面,而且鞭尖要朝后,以免吓到马匹。

（三）使用侧缰打圈的方法

在打圈中使用侧缰有很多好处，但必须正确地佩戴它。侧缰可以维持马匹从颈部到脊椎的正直，避免马头过度朝内或弯曲。侧缰系在调教背带或马鞍上，位于马匹身体两侧一半靠上的位置。为了防止侧缰下滑，最好扣在调教背带的环上。在扣到口衔铁上之前，两侧侧缰应尽量放长并且长度相等，越过马鬐甲，扣在马鞍或调教背带的D形环上，然后摘下侧缰。大部分骑手会将侧缰直接扣在口衔铁上，但是有些骑手却推荐在初级课程中，最好将侧缰先扣在调教笼头的两个侧环上（图5-3-2）。

图5-3-2 骑手给马匹佩戴侧缰进行打圈

使用侧缰打圈时，侧缰的长度要尽量放长一点，尽量让马匹感觉不到侧缰的存在。同时还要根据马匹的调教程度和运动内容来调整。在进行热身运动和慢步时不要用侧缰，那样会限制马匹伸展颈部和背部，从而达不到放松的目的。切记跳跃障碍时不能佩戴侧缰，侧缰会让马匹在跳跃时不能运用其头部和颈部来维持自身的平衡，从而导致失蹄或者跌倒。

过度使用侧缰也会带来一些负面作用，通过侧缰强制让马匹与口衔铁进行联系，马匹会凹背和抬头（抗衔）或产生过多的屈挠（避衔）。很多骑手只是在初次上马前会短时间使用侧缰，促进马匹与口衔铁联系。上马之后就把侧缰取掉，让马匹自由和放松，让其自寻平衡并向前、向下伸展。

侧缰最合适的长度是，不能将马鼻拉到马的项部与地面的垂直线上。

在打圈的时候两侧侧缰的长度要一致，有的人在打圈时故意把内方侧缰的长度缩短一点让马匹做出内方屈挠。其实这样做会导致马匹内方过度屈挠，外方肩膀向外方逃避，不利于马匹后肢的深踏。

（四）打圈的技术要领

打圈是让马匹做出圆周运动，一定要马匹走出真正的圆。如果马匹运动的圆圈轨迹不规则、忽大忽小、一下圆形一下椭圆形，那就说明骑手对马匹的调控能力较差。

让马匹走出一个真正的圆,骑手要以一只脚为轴心进行转动。由于打圈对于马匹腿部的压力较大,因此打圈越小,速度越快,对马匹的压力就越大,马匹也将越难维持重心的平衡和蹄迹线的正确性。尤其对于年轻马更是这样,骑手要缩短调教索,跟随马匹一起进行移动让其进行圆周运动。年轻马打圈的半径不能小于 10 米,跑步训练的半径则更大,年轻马跑步的半径不能小于 12.5 米。成熟马半径可以适当缩小,最小不能小于 3 米。

假如马术俱乐部没有专门为打圈而修建的调教圈,那么尽量选择和利用场地的四个隅角进行打圈练习。这是因为在隅角的那一侧有栏杆作为参照,在栏杆处马匹无法向外逃避,这样控制马匹相对简单和轻松一点。马匹打圈的运行轨迹有两种:第一种是骑手自己站在圆圈中心的固定位置,以与马匹运动同里怀的那只脚为轴心,跟随着马匹走动的轨迹来转动;另一种方式是让马匹在外围走一个较大圆圈,骑手则在内围走一个较小的固定的圆圈。这样做一方面可以让马匹的运动圆圈扩大(这对于没有受过训练和调教的新马尤为重要),另一方面可以维持骑手和马匹之间的有效距离,使骑手的指令和扶助能够正确地传递给马匹。在骑手对马匹进行打圈调教一段时间之后,马匹明白了骑手的意图之后,骑手就可以采用第一种方法训练马匹打圈。

在圆圈运动中,最重要的是让马匹保持不断向前的运动,在打圈过程中不允许马匹出现停止、转向和后踢腿等行为。对一匹年轻马进行打圈训练,刚开始时最好在封闭的调教圈中进行,这样马匹不能向外方逃避,只要保持在后方给压力即可保持马匹不断向前运动。

(五)打圈教学

1. 骑姿

骑手须确保做出并维持标准骑姿。在马匹立定时,骑手应坐在马鞍的最深处,脚前掌用力踩踏马镫,脚后跟下沉,小腿肚子轻轻地贴在马腹部。要达到这个坐姿,初学者可以将身体重心稍微向后一点,上身尽可能正直,感觉自己的坐骨坐到了马鞍的最低位,同时注意肩、髋、脚后跟以及手肘、手腕和马嘴成一条直线(当骑手坐上马鞍可以进行骑乘时才能将侧缰带上)。

应特别注意以下两点。一是骑手坐在马鞍上要放松,膝盖不能夹紧马鞍去维持平衡,正确的骑姿让骑手的骑坐更稳定、更有安全感。二是不应偏离肩部—髋部—脚后跟这条直线。初学者无法在马背上保持平衡,可以允许其骑坐略微在身体重心之后,以保持平衡。切记不能前倾。

以下两种训练方法有助于培养骑手正确的骑姿。

(1)在开始打圈前,在立定或慢步时,骑手可以通过站立在马镫上去寻找平衡,切记身体重心保持在两只脚的脚后跟处,然后再轻轻坐回马鞍。动作应平稳,由骑手去把握时间,反复练习 2~3 次。这样的练习有助于骑手寻找脚往下蹬踏的感觉,帮助其达到正确的骑姿。

（2）骑手坐在马鞍上，一只手抓住前鞍桥的扶手，另一只手离开马鞍，胳膊下垂到同侧的大腿后，整条胳膊都应放松，坚持1~2个圈。这种练习左右里怀的方法，在慢步、快步和跑步时都可以进行，这种练习会逐步给骑手灌输握缰时上臂放松的重要性。当骑手能维持在马背上的平衡且不需要抓扶手时，双臂可一起下垂，要注意挺胸抬头，将肩膀打开。

2. 打圈慢步教学

马匹在慢步时速度较慢，并且马匹上下起伏的浪较小，慢步时马匹有一个非常小的向上的推力，骑手应学着去通过腰部的柔韧性和骑坐来吸收这个动作，从而保持上半身的稳定和平衡。慢步打圈可以给予初学者或紧张的骑手以自信。如果在慢步中进行多项练习，侧缰要足够长或者不用侧缰，以避免限制到马匹头部和颈部的正常和自由活动。

慢步是检查骑手骑姿的最佳方式，同时许多练习都可以在慢步中开展。在休息时，骑手可以通过慢步来进行放松，特别是在练习脱镫快步和前倾坐的时候，慢步可以让骑手放松一下自己的脚踝和腰部。

3. 打圈快步教学

1）压浪快步

当骑手的骑姿慢慢稳固时，骑手在马背上的平衡感就会增强，同时骑手的自信心也会增强，这样就可以让马匹向前平稳地过渡到快步了。与初学骑手相比，有经验的骑手能够在压浪快步中更好地保持身体平衡，让马做出内方屈挠，维持联系。骑手应专注于保持自身的坐姿，注意无论是在何种步法下骑手的骑姿都应该稳固，动作不要变形。只有骑坐和平衡得以稳固时，才能鼓励骑手去学习如何利用骑坐来控制马匹的动作和行动。在压浪快步中，由于马匹快步是对角肢同起同落，骑手坐在马背上会有一种颠簸感。特别是马匹的步幅越大，后肢越踏进，马匹的"浪"就越大。在腾空瞬间，马匹和骑手会同时反弹。骑手刚开始练习的时候总是会被颠起来，坐不住马鞍。这时骑手的身体可以往后倒一点，将重心保持在两个坐骨上，同时两脚用力踩踏脚镫。做到这几点，骑手才能在马匹运动时维持稳定和安静的身体姿势。

2）轻快步

很多人认为脱镫轻快步可以发展骑手的骑姿，其实不然。脱镫的轻快步目的是更好地锻炼骑手在马背上的平衡，体会借着马背向上弹的力量进行起坐的练习。如果骑手需要完善起坐技术，最好还是踩在脚镫上练习，这样可以使骑手更容易取得和保持联系。骑手脚面最宽的部分踩到脚镫上，脚后跟下压至低于脚趾。通过调整镫带的长度来适应骑手的坐姿，而不是根据骑手的坐姿来调整镫带长度。如果镫带太短，会导致紧张，特别是膝盖和脚踝，更有可能的是骑手会滑移到马鞍后端。如果镫带太长，骑手的双脚无法有力地踏在脚镫上，使得双脚总是在晃动，从而影响骑姿。

当镫带长度合适，马匹以放松、有节奏的快步行进，马匹领先腿踏进时，骑手坐骨抬起,骑手胯部借助马匹向上的力量轻微向前上方送出。骑手保持姿势,然后在马匹变换对角肢的时候坐回到马鞍中。起坐的动作轨迹是向上向前的,而不是直上直下的。整个动作应由马匹来驱动,而非骑手。

外对角线轻骑坐是指在进行打圈的轻快步时,骑手在马匹外方肩膀抬起时向前送胯,当外方前肢以及内方后肢触及地面时,再坐回到马鞍上。这种方式不仅能让马匹在圈乘上更容易保持平衡,同时有利于马匹的内方前肢往前迈,让马匹的步伐增大。要经常变换里怀进行打圈,让马匹左右两侧的肌肉得到均衡的锻炼。

4. 打圈跑步教学

当骑手能够熟练地进行打圈慢步和快步时就可以尝试跑步了。进行打圈跑步需要有一匹经验丰富、平衡力强、训练有素的马,以及一位经验丰富的教练进行指导,且打圈地点要选在远离其他马匹的场所。

由于马跑步的速度比起快步要快很多,骑手刚开始练习时都会紧张,无法在马背上保持平衡,骑手要避免通过夹紧膝盖的方式来保持平衡。切记进行跑步训练时骑手不能用自己的腰去推马,要使用柔软的腰部和骑坐来吸收动能从而伴随马匹运动,并不是所有的练习都可以在跑步时进行的。

跑步练习对马匹体能要求很高,因此训练的时间保持在10分钟左右即可。

(六)打圈过地杆

打圈过地杆可以增强马匹的力量,提升灵活性和后肢的爆发力,让马匹的步法更具有张力和节奏感。在打圈过地杆和所有障碍训练中,都不能使用侧缰。第一次给马打圈过地杆应当先牵着马走过地杆,让马匹不害怕地杆。如果马匹对地杆不抗拒也不逃避,就可以开始打圈。当马匹放松时,驱使马匹走出圈乘并迈过地杆。

打圈过地杆时,应做到如下几点。

(1)骑手从后面驱赶马匹,绝不能站到马匹的前面以防马匹躲闪。

(2)过地杆时要保持马匹的动力。

(3)过地杆时,保持马匹正直,且不要让马匹以锐角接近地杆,因为这会鼓励马匹躲闪。也就是说骑手需要以垂直角度接近地杆,让马匹不再走圈乘。

(4)两个里怀都要进行均衡的训练。

(5)过地杆后应让马匹继续往前走几步,不要立刻把马匹拉回到圈乘上。

当马匹慢步和快步都可以很放松地通过一根地杆时,就可以增加地杆的数量。可以将地杆在场地四周任意摆放,或排成直线,或围成一圈。地杆间的距离要根据马匹情况而定,国产马过地杆之间的距离为90～110厘米,温血马过地杆两根地杆之间的距离为110～120厘米。有时也要根据马匹的体型对地杆进行微调,如果马匹碰乱了地杆,需先摆好,并调整好间距,才能继续练习。在训练时可以使用较重的地杆,这样马匹就不那么容易把地杆踢开。

当马匹快步过地杆时能够保持住节奏且马头降低，就证明马匹快步过地杆已经比较轻松和放松了，这时可以尝试加高地杆让马匹练习跳跃。过加高地杆与平地过地杆的策略技巧是相同的。

（七）打圈过障碍

最好用低的障碍架。在刚开始训练时内方的障碍架最好要比外方要低，或者在内方障碍架上放置一根障碍杆，以防调教索缠绕在其他物体上并充当斜杆。打圈过地杆和不打圈过加高的地杆一样，都是先牵马通过障碍。

让马匹打圈过障碍物是逐步增加难度的，刚开始时让马匹去跳跃较矮或者难度较小的障碍，当马匹的信心建立起来时，再开始增加难度。重要的是要让马匹觉得跳障碍是件有趣的事情，所以要循序渐进。障碍的高度要逐渐升高，刚开始训练时跳30～40厘米即可，在马匹能力提高后再考虑增加高度。

二、打圈的作用

对于年轻马而言，打圈可以提高马匹的注意力，帮助年轻马进行学习、强化和巩固技术动作。同时打圈也可改善平衡，打圈的作用主要有以下几个方面。

（一）促进马匹身心健康发展

在打圈运动中快步、慢步相结合可以使马匹养成较好的习惯，特别是提高马匹对骑手声音的服从性。发展和锻炼马匹本能向前的能力，不让马匹过于急躁，让马匹学会放松和安静地工作。

通过两个里怀的打圈运动可以促进马匹身体两侧相同的肌肉组织发育，而不会因为骑手的重量导致一侧失调。马匹身体两侧的肌肉通过感受相等的拉伸或收缩力，可有效地促进马匹日后身体的柔韧性。不断鼓励马匹放低头颈，后肢踏进，可在一定程度上提高脊柱组织的灵活性。肌肉更强的活动力和柔韧性可以增加马匹关节的屈曲性。改善导致后肢偏离前肢蹄迹线的天生性弯曲，改善马匹的平衡性。

（二）增强马匹的纪律性和服从性

打圈运动要求马匹集中注意力，尊重和服从骑手的指令。刚开始打圈时，人没有骑在马背上，给马的压力也比较小。通过这种方式骑手与马匹进行沟通，可让马匹学会尊重和服从骑手，尤其是天生存在缺陷或是有坏习惯的马匹。

在打圈过程中骑手要能及时预判到马匹的动作，特别当马匹将要做出有悖于骑手指令的动作时要立刻进行制止和纠正，这样才能增加马匹的服从性，让马匹尊重骑手。打圈中有一个"三秒钟原则"，意思是马匹犯错误了骑手要在三秒钟之内给马匹进行纠正,太晚纠正了反而会有反效果。比如,马匹在左里怀快步时突然往后掉头变成右里怀跑步,这时骑手要立刻用严厉的声音制止马匹的这种行为,包括可以使用调教鞭要求马匹立刻转回左里怀运动。给予适当的奖惩,会让马匹明白自己行为正确与否,通常效果都会比较显著。

每次专注于一种行为,骑手所给予的信号必须清晰一致,并且立即给予奖惩。比如要求马匹从跑步向下移行到快步要用"喔"这类舒缓的声音,当马匹做出了正确的回应时可以立即发出鼓励的声音。倘若马匹出现抗拒或者不立即顺从的行为,骑手可以增加纠正的强度,比如严厉地斥责声,用鞭子指着马甚至用鞭子轻微地接触马匹;而一旦马匹做出正确的动作时,也要立刻给予大量的鼓励。最好是能准备方糖和胡萝卜,如果马匹在今天的训练中表现特别棒,训练完后给予奖励,让它明白这样做是正确的。

(三)训练马匹的一种方式,让马匹放松和稳定

马匹天生是奔跑的动物,马匹每天都要有适当的运动,这样马匹才能保持健康。很多俱乐部没有放牧场,无法对马匹进行放牧,厩养马一般都通过骑手的骑乘和打圈来进行运动。特别是有的马匹腿受伤了或者是背部有伤,骑手骑乘到马背上会加剧马匹的伤情,这时给这些伤病马匹进行运动的方式就是打圈。

还有,对于那些长期关在马厩内没有出来运动的马匹,或者是天生精力过剩的马匹,先给马匹进行打圈是一种比较安全的做法。这样可以消耗掉马匹过剩的精力,让马匹放松和稳定后骑手再上马进行骑乘。马匹有以下几个方面的特征后就表示马匹已经出现放松的迹象。

(1) 主动低下头部和颈部,尾巴左右放松地摇摆。
(2) 鼻子发出温和、低长的喷气声。
(3) 腰背和臀部放松,特别是臀部的肌肉上下摆动较为明显。
(4) 眼神柔和,两只耳朵分别靠向两边。

(四)改善马匹的平衡

对于马匹而言,打圈对马匹平衡的要求较高,马匹通过其内方后肢的深踏和适当的运步速度来维持调教索下的平衡。年轻和未经调教的马匹还不会后肢深踏,也无法维持较好的运步节奏,因此对于年轻和未经调教的马匹而言在打圈中维持身体的平衡是一项十分困难的事。马术训练的目的就是让马匹学会把身体的重心移至后躯,让马匹的后肢承载更多体重,将它的后肢向腹下踏入。这对马匹的肌肉力量、体能和协调性都具有较高的要求,当然,后肢的深踏、良好的节奏也是必不可少的。

在打圈时发起跑步对于马匹的平衡能力要求更高。当马匹向内倾斜、拉扯调教索时、左右晃动或自己从跑步变成快步时,就代表马匹失去了平衡。紧张、害怕、压力或后肢没有深踏都会使马的跑步变得急促,从而使它更不易维持平衡。因此,调教索下的跑

步必须循序渐进,只有当一匹马的肌肉力量足以支撑它在快步打圈时维持身体的平衡时,才可以让马匹进行打圈跑步练习。

打圈时让马匹多做慢步、快步、跑步的移行变化也可以改善马匹的平衡,并且可以让马匹主动地用后肢发力。每次向下移行时,马匹必须改变并重新取得平衡。而每次向上移行时,它必须通过后肢的推进来获得动力。推荐一种好的训练方法即先让马匹快步10步左右,再让马匹进入慢步,重复多次这种移行,切记两个里怀轮流练习。通过反复的练习,马将学会如何在快步中保持平衡以随时准备变成慢步,并在慢步中保持后肢的深踏以随时变化成快步。

在打圈时给马匹佩戴侧缰也可以有效地帮助马匹寻找平衡点。给马匹戴上侧缰,马匹的肩膀不会轻易地向内方或者外方倾斜,同时也在无形中限制了马匹的速度。帮助马匹在调教索下改善平衡,应当从较慢的快步开始,随着其内方后肢的运步节奏实施半减却,直到马匹能够在运动中保持直立而不拉扯调教索或向内、外方倾斜。在马匹的平衡改善后,马匹的后腿会更加踏进身体的下方,这时马匹身体处于一个收缩状态,背部向上拱起使得侧缰松弛。这时应当适当地缩短侧缰,以维持马头与侧缰的联系。

(五) 改善马匹对口衔铁的接受度

调教索可以用来训练一匹新马接受口衔铁,也可改善在受衔方面有困难的马。马匹应该先佩戴温和的口衔铁,切记咽喉革和鼻革不可系得太紧,以免妨碍马头正确的屈挠和下颚的放松。

对于颈部高、背部紧绷和紧张型的马匹,使用滑动式的侧缰比较适合;对于口角特别敏感的马,则可以考虑使用弹性侧缰。为避免干扰到口衔铁的接触或扯到马嘴,最好同时使用调教索专用的调教笼头。

在用调教索进行训练时,先不佩戴侧缰让马匹热身。热身完毕后再挂上侧缰,正确的位置是马接触口衔铁时马头约在垂直线外二指的距离,马的嘴角大约对齐肩膀。刚开始快步时,注意节奏不要太快,并且节奏一定要稳定,不能时快时慢。要求马匹后肢的步子加大,但不能加快频率。一旦马的后肢深踏,马背就会伸展开来,马头往下往前伸,并且嘴里时常发出愉悦的响鼻声。只要侧缰佩戴正确,马就自己轻轻地接触到了口衔铁。

注意侧缰的长度过长或者过短都不好,太短会强迫马匹低头,让马匹过度屈挠。侧缰太长时会让马匹无法维持与口衔铁的接触。最合适的侧缰长度是,当马匹的后肢踏进,马背向上拱起并低头时,正好与侧缰取得联系。

以下是马匹开始接受口衔铁的行为特征。

(1) 温和地嚼着口衔铁,嘴角产生白沫。

(2) 背部和颈部向前往地面伸展,背部微微隆起,但后肢仍保持深踏。

(3) 马头维持稳定、一致的高度,不僵硬。

(4）处于放松状态，比如有节奏、左右摇摆着尾巴。时常发出温和、愉悦的响鼻。

第四节 打圈常见问题

一、不服从

打圈时马匹对于骑手的指令没有反应，或者在打圈时随意拱背和乱跑、后踢腿。这都是不服从的表现。如果马匹在打圈时拱背或乱跑，骑手应当立刻向前迈出一只脚、将膝盖压低，用调教索做出几次短暂但是很强力的半减却，加上坚定的声音告诉马匹立即停止类似动作。对于踢腿的马，骑手应立即以不悦的态度大声制止，同时快速地向上拉扯一下调教索。

假如一匹马经常逃避训练，不服从骑手的指令，那么调教索的训练应改在适当的封闭场所进行。在封闭的场所马匹不能向外逃避，受外界影响较小，这样可以让马匹集中注意力进行工作。千万不要让马匹习惯性拖着骑手跑，倘若马匹拉扯的力量太大，骑手就不要再强行拉扯调教索，强行拉扯有可能会伤及自己或者马匹。这时可将调教索放松，等马匹安静后再重新拉住调教索进行训练。打圈时也必须佩戴手套，这样当马匹突然逃避训练往外跑时，可以保护骑手的双手不受伤害。

二、逃避

当马匹不肯向前走，或者停止走蹄迹线而走向骑手并停在骑手身前（通常两者会一起发生）时，都是马匹在逃避训练的表现。这时可以用调教鞭指着马匹的肩膀来驱赶马匹往外走向蹄迹线继续工作，并沿着鞭子的方向走向马，然后从后面驱赶马匹。不断变换调教圈的大小有时也会有帮助。不要走在马头的前方挡住马匹前进的轨迹，那样会引发马匹的逃避行为。

当马匹将马头朝向骑手停在原地不动，或者面向骑手不断地往后退时，骑手要努力将马匹往墙边或者隅角处赶，让马匹没地方逃避。骑手往马匹的后躯移动，通过调教鞭和声音扶助驱赶马匹。这时骑手将调教索缩短，用调教鞭指向马匹的肩部，并且以平行调教索（即骑手跟着马匹的轨迹在圈内走小圈）的方式来维持马匹的动作。马匹通常会在同一个地点进行逃避，当马匹快要接近那一点时提前注意或者使用打圈扶助，注意马匹有没有迟疑或缩小步伐的迹象，并且努力驱使马匹往前走。

当马匹出现把头转进来，肩膀往外逃避，甚至整个身体转过来面对骑手停在原地不动时，骑手应当在打圈时给马匹佩戴侧缰来预防出现该种逃避现象。外方的侧缰可以阻止马匹颈部过度扭曲，而使外方肩膀凸向外方。此时应强力驱赶马匹向前走，不给它缩小步伐、停顿或逃避的机会。

三、马匹过于急躁

马匹过于兴奋，当一进入调教圈或者场地时就撒开双腿向前奔跑，骑手努力想让马匹安静下来或者减慢奔跑速度，马匹不顾骑手的指令只顾奔跑，这大都是因为马匹在厩内休息了较长的时间精力过于旺盛，还有的是马匹没有调教好，不听从骑手的指令。对于这种情况，可以让马匹一直奔跑，当其体力下降、多余的精力消耗后再通过不断的移行变化的训练让马匹不仅会跑步，同时也会停止和减速。注意调教鞭的使用，把鞭子指向地面或者藏在骑手的身后，让马匹不害怕调教鞭。同时缩短调教索，以平行调教索的方式拉近人和马之间的距离（骑手在内圈绕小圈）；保持人和马头一定的位置，利用舒缓的声音扶助和连续的半减却（半减却用的时机是马的内方后肢离地时）来引导马匹减慢其速度。缩小马匹运动的索圈的直径，通常也会有助于减慢其速度。

想要让一匹往前直冲的马匹停住，最好是先跟着马匹走，把马匹引导至一个角落或者墙边，并且在马匹停下来的瞬间给予"停"的指令。经过多次这样的动作后，当骑手发出"停"的声音时，马匹自然会明白慢下来甚至停止不动。

四、顽固的马

顽固的马是指马匹在打圈运动时拒绝往前走，工作了一段时间后就停止，不尊重调教鞭和骑手的声音扶助。这时我们要思考一下为什么这匹马会出现这种情况，确认一下周围有没有什么会让马分心或感到忧虑的事物。牵着马匹慢步走一段时间后再进行打圈训练。如果马匹还是不服从指令，这时可以慢慢接近马匹用调教鞭去鞭打马匹的马脚，引起马匹的注意并告诉马匹让它接受训练。骑手一直跟随着马匹走动，如果这样还不能成功，可以请一位有经验的骑手骑在马背上，每次当训练者使用声音扶助时，马背上的骑手可给予腿扶助。

五、懒散的马

一匹懒散的马是指马匹打圈运动时无论骑手怎样发出声音扶助或者要求马匹向前运动的指令，马匹都不听从指令，基本不向前运步。结果是骑手筋疲力尽、满头大汗，而马匹走走停停、完全不听从骑手的指令。遇到这样的马，骑手应该检查自己的技术要领是否正确。如果技术要领都正确,骑手就要有效地运用调教鞭和调教索,把调教索缩短,让自己随着马匹绕小圈。把鞭子举起来对着马匹的后躯,确保鞭子始终可以威胁到马匹,让马匹将注意力集中在骑手的身上。如果马匹还是懒懒散散,这时骑手可以朝马匹的臀部狠狠地挥上一鞭并发出要马匹加速向前的声音扶助,让马匹明白继续偷懒就会受到惩罚。对于这种懒散的马,打圈训练时间不能太长,以免它对工作产生厌恶感,同时要不断进行步法的移行变换。

六、注意力不集中的马

由于打圈运动比较单调和重复,马匹会在这种枯燥的运动中变得不耐烦,经常出现注意力不集中,偷懒的情况。骑手要时刻关注马匹的表情,当马匹出现注意力不集中时,采用声音扶助,必要时用一下调教鞭来提醒马匹集中注意力进行工作。同时,打圈练习的时间不要太长,并且时常变换步法,要求移行、改变方向等。有时候在地面放置一支地杆,也可以增加马匹的注意力和兴趣。另外,试着变换不同的环境给马匹打圈,训练的内容和强度也应该随时变化。

七、骑手自身的问题

骑手自身技术要领不正确可导致不少马匹在打圈时出现不服从指令的问题,因此,骑手有必要好好检讨一下自己习惯性的错误做法。常见的错误包括以下几点。
(1) 扶助的强度不够。
(2) 骑手运行的轨迹混乱,即骑手在场地中走动无规律导致对马匹失去控制。
(3) 调教鞭、调教索使用不当。
(4) 训练的内容单一,训练时间过长。
(5) 给予扶助的时机不对。
(6) 不了解马匹的意愿和想法。

第五节 打圈中常做的练习

当骑手在左右里怀都可以持续地独立骑乘 5 分钟时,可以让骑手进行下面的若干练习。这些课程的设计是建立在骑手能轻松、自信地骑乘的基础上的,目的是增强初学者的信心,并且改善骑手的骑姿、柔韧性以及平衡能力。

以下是打圈练习的基本原则。

（1）节奏是一切骑乘的基础，所有练习都应在马匹的配合下有节奏地及时完成。

（2）在练习中培养骑手的平衡，腿部、腰背的力量，以及正确的骑姿，让骑手学会放松。

（3）骑手的手、腿和骑坐都是能够独立使用的扶助工具。

（4）在马鞍上练习时要放松。

（5）练习时间不宜过长，一般为半小时左右。时间过短达不到训练效果；时间过长，骑手和马匹都会感到疲惫。

（6）左右里怀训练要均衡。由于骑手身体重心不平衡导致马匹两侧肌肉不均衡发展，会使得马匹较弱的一侧往内方倒，平衡性较差。

以下是打圈练习的基本方法。

（一）保持正确的骑坐姿势

骑手将缰绳置于手中，双手抓住马鞍的扶手，上身直立，肩膀打开，放松地坐在马鞍的最深处。注意双脚的脚尖向前，同时略微向上方勾起，保持脚后跟往下蹬的动作，两脚的膝盖要轻轻地贴在马鞍上。当马匹快步，骑手感觉被马鞍颠起来时骑手可以用身体重心略微往后躺，当骑手在马背上的平衡改善后，身体重心再回来坐正直，保持正确的骑坐姿势（图 5-5-1）。

随着骑手的进步，骑手可以逐渐将双手脱离扶手独立持缰，建议骑手在练习的初期两只手的上臂贴住侧胸，以此找到支点来维持双手的稳定。

（二）前倾骑坐

前倾骑坐（图 5-5-2）可以减轻对马背的压力，在场地障碍和三项赛中骑手也常用这种骑坐姿势进行比赛，调教新马时也可以采用这种方法。骑手要将脚镫缩短，一般比平

图 5-5-1　保持正确的骑坐姿势

图 5-5-2　前倾骑坐

时平地骑乘的脚镫要短两格。骑手的屁股要向上,离开马鞍。将身体的重量放在大腿和脚后跟处。刚开始在打圈慢步时进行练习,要求骑手姿势正确。当骑手的姿势稳定时,能够在马镫上保持身体的平衡,再要求马匹做出快步甚至是跑步动作。

（三）马背上站立

骑手站立在马镫上,大小腿略微弯曲。用小腿肚子贴住马鞍切记不要用膝盖去夹紧马鞍。脚后跟下沉,踝关节放松,骑手将自身的体重置于脚后跟上(图 5-5-3)。

图 5-5-3　马背上站立

刚开始训练时骑手很难在马背上维持平衡,可以先允许骑手扶马鞍上的扶手来维持身体的平衡。刚开始在慢步中练习,站立 5 分钟后让骑手放松踝关节,每次练习 4～5 组。等骑手熟练后就变为 10 分钟 1 组,每次练习 3 组。在体型较小的马匹上可以在快步甚至跑步时进行练习。

（四）马背体操

(1) 身体坐正直,双脚用力向下踩踏脚镫,双手张开侧平举(图 5-5-4(a))。

(2) 右手持缰,左手去摸马的臀部,眼睛跟随着右手移动的方向。换手进行练习(图 5-5-4(b))。

(3) 右手持缰,脚保持不动,上身向马颈部弯曲,用左手去摸马的头部。换手进行练习(图 5-5-4(c))。

(4) 右手持缰,用左手去摸左侧脚镫。换手进行练习(图 5-5-4(d))。

(5) 双手将缰绳搭在马鞍的扶手上,双手顺时针或者逆时针进行转动(图 5-5-4(e))。

(6) 右手折叠置于背后,左手折叠置于胸前,上身直立(图 5-5-4(f))。

以上六种练习都在慢步和快步练习中进行。

图 5-5-4 马背体操

（五）耸肩练习

标准的骑姿要求抬头挺胸，时间久了身体易疲劳而变得僵硬不自然，耸肩练习可让肩部和颈部不僵硬。将肩膀向耳朵处耸，停留一秒左右恢复原处。该动作应重复 20 次，以轻松的节奏完成，背部和双臂不紧绷（图 5-5-5）。

（六）头颈练习

目的是解决颈部和下颚肌肉紧张的问题。腰背挺直，头向下，向胸前缩，直到下巴贴近胸膛（图 5-5-6）。这项练习应在慢步或者是立定时进行。

图 5-5-5 耸肩练习

图 5-5-6 头颈练习

（七）腿部练习

伸长双腿，保持坐骨在马鞍上，向后摆动一条腿并向前摆动另一条腿。交换进行（图 5-5-7）。可在慢步和快步时练习。

(a)

(b)

图 5-5-7　腿部练习

思考题

1. 打圈的概念及原则是什么？
2. 打圈的用具有哪些？
3. 打圈的作用是什么？
4. 打圈常见问题有哪些？

第六章　马术基础训练

 本章导语

　　要成为一名优秀的骑手必须具备扎实的基本功。马术对于骑姿的要求较高,掌握了标准的骑姿,才能够自如地运用缰、脚等其他扶助。本章介绍:骑乘训练的原则和三种主要骑坐的技术要领;骑姿的作用及错误骑姿形成的原因;人工扶助和自然扶助的技术要领;马匹基本步法中运步的特点和扶助要领。本章还对马术训练的基本方法进行了论述,有助于骑手在日常训练时掌握训练的方法和手段。

　　骑姿的作用;错误骑姿形成的原因;骑乘扶助要领;马术训练的基本方法。

4岁开始学骑马
——必须将马术基本功练好

　　"小孩骑马更多的是一种游戏,但华天和其他小孩不一样,他一上马就表现得特别专注。"华天的教练这样说。

　　1994年,因为工作的原因,华天的父母带着他到了北京。年仅4岁的华天被母亲罗山送到北京石景山马术俱乐部接受系统训练。当华天第一次被抱到马背上的时候,华天的两条腿在马的身体两边晃荡,好像随时都有掉下来的危险,罗山望着高大骏马之上的儿子,提心吊胆。教练当时就笑着安慰他们:"放心吧,不会有问题!你看他这么镇定,将来一定会是一名好骑手!"

　　果不出所料,小华天很快就能策马飞奔了。即便教练给他更多的要求,他也能坚持完成,而且他在马上的动作很放松。华天继承了母亲血统中的骑士和贵族精神,也继承了父亲华山的活力和冲劲儿。华天在回忆他4岁就能上马的经历时说:"我从小身边就一直有马,我会拍拍它们、喂喂它们,有时还会被抱到马背上。学骑马只是一个自然的过程,我和妈妈一样,身体里流的是'马血'。"

2003年,14岁的小天才华天凭借优秀的比赛成绩破格成为英国马术三项赛委员会注册职业骑手,打破了国际马联"16岁才可以注册成为职业骑手"的惯例。华天因此便拥有了学生和骑手的双重身份。

一天,威尔特郡一家老式酒馆里,华山、罗山和克雷顿、卢辛达围坐在一张木桌旁喝酒,华山笑着,罗山显得有点局促,克雷顿感觉有些迷惑。华山开口了:"华天能参加奥运会吗?"那一刻,罗山屏住了呼吸。克雷顿和妻子卢辛达都愣了。但尴尬很快被打破,克雷顿回过神来,马上显得很兴奋:"放心吧,华天肯定行,这就好像他上学,从二年级升上三年级,是顺理成章的事。"

由于华天在马术方面的惊人天赋,以及聪明的头脑,令全球闻名的马术教练克雷顿破格收他为徒。在克雷顿的训练下,华天的马术突飞猛进。对此,华天的妈妈罗山表示:"我感到非常庆幸,华天从小到大遇到的都是世界上最好的教练。"

第一节　马匹训练原则

马术训练的目的是训练出服从性高、速度快、动力强的马匹。为了达到这些训练目的,需要有一套系统的训练计划和体系来指导人们进行马匹的调教和训练。马匹和人一样,每一匹马都有自己的特点和个性。因此,训练和调教马匹的体系不应该是一成不变的,应该因材施教,对不同的马匹用不同的调教方法。

在马术训练中对一匹新马进行训练和调教,主要看该马匹的身体发育是否成熟,过早的训练会导致马匹背部、骨骼、肌肉受伤。不同品种的马匹开始接受训练的时间不尽相同,本书建议从三岁半开始进行训练。马匹训练第一个阶段的时间持续半年到一年,即马匹三岁半至四岁半之间,此阶段主要目标是马匹在训练中的平衡和能接受人借助鞍具坐在马背上进行骑乘。此阶段的训练重点是节奏、柔韧和受衔。第二阶段的时间持续一年到两年,即马匹四岁半到六岁半之间,此阶段的训练目标是让马匹学会后肢发力,同时能够维持向前的动力。此阶段的训练重点是受衔、向前动力和正直。第三阶段的时间是一年至两年,即马匹六岁半到八岁半之间。此阶段马匹训练的重点为提升马匹后肢的负重能力,训练任务是强化马匹向前动力、正直和收缩的能力。通过这三个阶段的训练,能够发展马匹与生俱来的运动能力,保持马匹的意愿和体操运动能力,有助于提升马匹的服从性,从而在不牺牲运动质量的前提下,影响马匹的动作。

一、节奏

节奏是指马匹运动时落脚的顺序和节拍,要求每个步法的节奏都正确。要获得节奏，马必须保持平衡，骑手必须反应敏锐，并本能地调整马的速度或冲力。比如前面所提到的慢步、快步和跑步三种基本步法，它们都有其特定的节奏。比如，慢步时，四蹄音清晰且有规则。快步时保持两蹄音，双腿成对角移动，有腾空、节拍之间四条腿都离地。跑步时保持三蹄音，其中一对对角肢一起移动，四腿离地时有明显的腾空期。除了正确的落蹄顺序和节拍外，马匹运动时的稳定性和规律性也很重要。速度忽快忽慢，步幅时长时短，都是节奏不好的表现。

在马场马术之中，稳定而正确的节奏是马匹正确完成一切动作的基础。无论马匹是在做直线运动还是在隅角做伸长运动或者收缩运动，都应该保持在一个节奏上。马匹的节奏应该适中，太急或者太慢都会导致运动不流畅。要找到适合马匹的节奏进行骑乘，同时让马匹的背部放松，让马匹是自愿前行而不是被迫的。同时在运动之中保持平衡。

节奏对于成熟马或者是年轻马而言都是十分重要的，在运动中一定要保持稳定的节奏。在同等正确的节奏下，有的马天生运步速度较快，有的则较慢。不过这些都可以通过调教来进行改变。一般来说，较慢的节奏可以让马有充分的时间来放松腰部，这样马的运动较为放松，而马对于扶助的反应也更为灵敏和及时。同时，当节奏较慢时，从观赏者的角度来说也更具观赏价值。

在马术运动中，保持稳定且有规律的骑乘节奏是对骑手最基本的要求。即使在同一步法中做出步幅的变换（比如从中间快步到收缩快步），马匹的节奏也应保持稳定不变。在马匹保持一定节奏的基础上，让马匹加快速度是要求马匹加大步幅，而减慢速度是要求马匹缩短步幅。在平时的训练之中骑手一定要注意马匹的节奏，当马匹的节奏出现问题、速度时快时慢时，骑手应立即停止训练，重新回到较为简单的工作，让马匹找到它的节奏再进行下一步的训练。当马匹加快速度时频率也变快，说明马匹没有正确地使用后肢。

在骑乘时骑手通过半减却的实施来稳定其节奏。骑手扶助要领不正确也会导致马匹节奏丢失。比如骑手错误的缰、手扶助，很容易让马匹在运动中出现紧张、僵硬和失去平衡的现象，这些都会导致马匹节奏错误。在骑乘过程中应该合理地运用腿扶助而向前推进马，尽量少用手和缰扶助。腿扶助的推进，可以促使马匹背部的放松，让马展现出良好的步态和节奏。不过，当骑手主要要求马匹伸长或缩短其步幅时，骑手本人的动作节奏和幅度必须保持一致，骑手的动作节奏将会影响马匹的节奏。因此，良好的骑坐能力是训练马匹节奏的基础。

二、柔软

柔软是指马匹的身体不僵硬，它可以自如地运用身体各部位肌肉和使关节放松。柔软的马匹在圈乘和回转中的表现较好，柔软度是衡量一匹马是否调教成功的一项基本指标。马术中的柔软不仅是指马的身体上同时也包括心理上,是指马匹在日常训练和比赛中心理放松,乐于接受骑手的指令进行工作。相反,如果一匹马精神紧张、不放松,那么这匹马在运动时全身肌肉就会僵硬。一匹柔软、放松的马在运动时只会用到它必须用到的肌肉,而其他部位的肌肉都处于放松的状态。

要增强马匹的柔软度必须让马匹在训练时保持心理和生理上的放松,以便马匹自如地运用身上的每一块肌肉。马匹要安静并专注,以便在完全放松状态下,最大限度地发挥自身的能量。对于骑手而言,骑乘一匹柔软的马匹是十分愉悦的,坐在马背上的感觉十分轻松和愉快。倘若遇到一匹身体十分僵硬的马匹,骑手就会感觉不舒服,对骑手的扶助反应不迅速。从马匹的角度来看,倘若它遇到的是一个初学骑马的骑手,该骑手由于初学骑马紧张导致身体僵硬也会将紧张感传至马匹,让马匹感到紧张和不愉快。

在运动中,一匹身心柔软的马匹有以下几个特征:眼神柔和而满足、耳朵放松、嘴巴安静地咀嚼口衔铁(口角时常渗出白沫)、背部轻快而有规律地上下摆动、尾巴自然而安静地左右摆动,并且不断地低下头来伸长脖子,从鼻子中发出舒畅的呼吸声。

柔软和节奏一样,二者都是马场马术的训练原则和基础。节奏和柔软二者也会相互影响。一方面,马匹在运动中保持良好、稳定的节奏,是促使马匹达到身心柔软的一项必要条件;另一方面,当马匹的背部自由、轻快地摇摆,项部和背部肌肉完全放松时,才能在运动中维持稳定的节奏。

导致马匹身体僵硬,不够柔软的原因很多,比如:一名初学者无法在马背上保持平衡,他僵硬的身体会传导给马;马匹到一个新的环境进行训练和比赛时可出现紧张和不够柔软;马匹长时间没有进行训练或者日常体能训练不系统,马体关节、筋骨未能得到适当的舒展,或某些关键部位的肌肉力量没有得到有效的锻炼和提高。因此,要保持马匹处于柔软的状态,必须持续、科学地进行调教训练。

马体柔软的程度与马匹肌肉力量是息息相关的,力量较好的马柔软度也较高。比如骑手在跳过障碍后的一些小回转对于马匹背部及后肢力量要求较高。力量差就不可能做出很小的回转,马匹也无法完成难度较大的动作。要训练出一匹柔软、放松的好马,骑手必须耐心、循序渐进、科学地对马匹进行训练。进行骑乘时要求马匹屈挠是发展马匹柔软度最好的训练方法。屈挠是指马匹的身体呈现一定弧度的弯曲,马匹的后蹄踏在前蹄印上。这里需要注意的是单纯马的脖子弯曲不能叫作屈挠,必须是马的后躯和脖子都呈现一定程度的弯曲,同时马体弯曲的程度与马行进的曲线一致。在所有的调教运动中,要求马体的屈挠是最能发展马匹柔软度的练习项目。因为屈挠能使马匹的肌肉和关节得到最好的伸展。这里所指的屈挠,不仅是指马匹横向或侧向的屈挠,例如马匹转弯时向左、向右的弯曲,还包括纵向或后退的屈挠。例如要求马匹增加或缩短步幅时其腰背或四肢关节的弯曲。在调教马匹时,每次轮流地做横向或纵向屈挠的练习,是发展马匹柔软度最好的练习(图 6-1-1)。

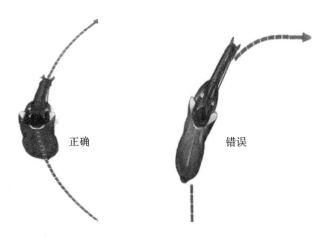

图 6-1-1　马体弯曲的程度与马行进的曲线一致

一匹柔软度较好的马在左右里怀的运动中都能做出屈挠。更为重要的是，马匹后躯的动力，经由臀部和腰部，通过柔软的身体能够较好地传导至马匹的项部。马匹背部放松且柔软，在工作时整个马体的轮廓呈现一个拱圆，当缰绳放长时，还会主动地寻求与缰绳的联系。

此外，后退的练习和移行的变换，都是训练马匹纵向屈挠的方法，并且能增加马匹的柔软度。

三、受衔

受衔，字面上的意思是马嘴接受口衔铁。持缰的手应静止、安静且拥有前进的意识。缰绳应容纳力量，但绝不能后拉，以此取得与马匹的联系。当马匹接受口衔铁并服从骑手的手缰、下颚放松、项部柔软、头部向颈部回缩时，是处于受衔状态。这时，骑手无论是在骑行过程中还是停止时，都能感觉到双手和马嘴之间有一种轻微但是十分稳定的接触。

马接受口衔铁的表现是通过咀嚼口衔铁来表现的。马匹接受口衔铁的特征是口吐白沫，因为它在嚼口衔铁。受衔概括地讲就是马通过缰绳与骑手保持联系，从马的后躯经过背部直到口衔铁，其整个身体都会对这种联系的变化做出反应。马嘴不能有反抗。马对骑手（手指）的扶助会欣然服从、毫不犹豫。马的感觉应该是越轻越好。不接受口衔铁的表现一般为抗缰，上下左右地摆动头，吐舌头或干脆一口咬住，向下伸头，往下拽。

训练马匹，要让马匹的动力从后肢发起，通过柔软的背部和颈部从而传到骑手的缰绳上。马匹应当接受骑手的腿扶助和体重扶助，充分调动整个身体有动力地向前迈步，从而骑手可以从轻微的缰绳联系中感受到马后腿向前运步的动力。马嘴应保持不动且放松，不抗拒缰绳。如果马匹的两条后腿力量均等，马匹应向前运动，马嘴两侧的联系均匀。

图 6-1-2 为受衔,是指马匹的颈部放松,主动放低头颈去寻找口衔铁,骑手在骑乘过程中手部与马嘴可以保持一种稳定的联系。图 6-1-3 为避衔,是指马头过度向后缩,试图使马嘴躲避与缰绳的联系,从而逃避骑手的扶助。图 6-1-4 为抗衔,是指不愿意服从缰扶助,马头四处摆动来躲避口衔铁的压力。

图 6-1-2　受衔　　　　　　　图 6-1-3　避衔　　　　　　　图 6-1-4　抗衔

骑手无论是在行进途中或是停止时,都能感受到其双手和马嘴之间有一种轻微但是很稳定的接触。马的动力由后肢通过腰、背、颈、头、口从而传递到口衔铁上。通过缰绳能感觉到马的动力是否是骑手需要的。如果向前的力量太大,骑手手上的力量就会感觉很大。反之,马没有动力,缰会变得很松。通过这种方式,马匹会形成曲拱圆的轮廓和步伐,从而在运动中保持正确的节奏和向前的推进力。

让马受衔,要有一双很稳定的手,在此基础上,还要学会不断地用手指捻转来和马沟通,从而让马匹集中注意力,称为半减却,这是骑马时时刻都在运用的手法。

受衔对于马匹在生理和心理上都具有十分重要的作用。在生理上,当马匹受衔时,其后肢深踏,马体变得十分放松和柔软,来自后躯的动力经过缰绳充分地传导至骑手手中。此时马匹的动力较强,并且整个马体的线条呈现优美的圆弧形。在心理上,一匹受衔良好的马匹注意力十分集中,不会被周围环境所干扰而全身心地投入工作。受衔的马匹具有较强的柔软性和服从性,对骑手的扶助能迅速、准确地做出反应。

受衔主要是通过手、缰、脚扶助来实现的。骑手首先通过腿和骑坐让马正直向前且推进力足,然后才能以缰绳作为骑坐和腿扶助的辅助。骑手运用正确的扶助让马匹保持节奏、放松且后肢深踏地向前移动,这就是我们平常所说的"将马骑到手中"。后肢踏进即马的后肢每一步越过前肢的蹄印。马后蹄印最多可以超过前蹄三至四个蹄印,这表明马匹学会了后肢发力,将重心集中到了后躯上。

当骑手能够让马匹的后躯开始工作时,马的重心移到了后躯,这时马的头部和颈部也随之提高。马匹的重心移到了后躯后,马的平衡会有所改善,骑手的骑坐也将更稳固。骑手的手缰与马嘴的接触会越来越轻,骑手可将缰绳适度收短。只要骑手的骑坐稳定,让马维持在一个动力水平,节奏不变就可以一直让马匹保持受衔状态(此时,骑手良好的骑坐、稳定且安静的双手是最基本的要求,这要求骑手的扶助指令准确、到位,不能有一点干扰马匹的错误动作。当骑手无法保持双手安静和稳定时,将手靠在前鞍桥或压在马背上，也是一种很好的选择）。强行拉扯缰绳让马低头不是受衔,只有通过这种由后向前的力量让马匹主动低下头去寻找口衔铁以寻求平衡,才是真正的受衔。

马头的形状不能作为一匹马是否真正处于受衔状态的评判标准,而必须观看整个躯体,尤其是马的后肢、背部和颈部。这三处比马头的形状重要得多。事实上,让马匹受衔的目的,就是要让马匹的后肢深踏、背部拱起、头颈随之提高。受衔能让马匹具备更强的负重前行能力,让马匹在骑乘过程中寻找平衡。

总而言之,马匹受衔的基本原则是马匹低下头主动去寻找口衔铁,而不是骑手用手缰去拉扯马嘴强迫马匹低头。当骑手收放缰绳时,如果马嘴还在主动往前继续寻找口衔铁,这证明之前它已经正确地受衔。倘若骑手只是将缰绳缩短,用口衔铁来压迫马匹,则上面所说的情况将不会发生。而一匹未正确受衔的马在强迫性的口衔铁压力之下工作,只会做出凌乱、僵硬的动作,而无法展现出优美的节奏感和柔软性。

四、推进力

所谓推进力,是指马匹自身蕴藏的由马后躯传来的动力,通过马匹柔软的背部传导至马的前躯。当马匹被关在马厩一段时间没进行骑乘,而将马匹放进放牧场时,马匹用后肢进行跳跃式向前跃进,在腾空期中整个躯体进行左右或者上下的摆动,这种跃进就是推进力。良好的推进力需要在缰绳的控制下让马匹的后腿更加深入踏进身体下方,迈出更活力的步伐。骑手通过半减却的实施可让马匹的步伐更具弹性和节奏。

根据上述定义,马匹推进力的产生要求马匹具有弹性和柔软的背部,同时具有强大的前进动能。柔软的背会让马匹的肩部更加灵活和伸展,步伐腾空期变长,但保持背部拱圆、关节屈曲以及与前肢互为呼应的后肢动作。由于推进力必须在腾空期中才能表现出来,所以慢步是一个没有推进力的动作。

在日常的马术训练中,马匹必须展现出足够的活力（好骑、勤快）,不需要骑手用力催促,只需要很细微的推进扶助即可让马匹表现出不断地"往前去"的意愿。但相对而言,马匹也不能过于敏感或精力充沛,否则骑手就得不断地让马匹放松,使其减慢其向前冲的欲望。一般来说,马是一种热爱奔跑的动物,向前跑是每一匹马天生所具备的能力。只不过每一匹马的体能有区别。欧洲温血马之所以受到众多骑手的青睐就是因为其节奏感较好,具备较强的动力同时稳定性较好,这样的马匹更加易于调教和骑乘。骑手本身也会影响马匹的体能和动力表现。例如频繁的慢步、快步变化的移行练习,可以有效提高马匹的活力表现,并增强其对扶助反应的灵敏度。

速度赛马就是通过比赛来看哪一匹马更快,因此对于速度赛马的要求就是快,骑手不去妨碍或者控制马匹前进的速度。而马术项目不尽相同,在训练和比赛时要求马具备有节奏、后肢深踏的推进力。

马匹要能展现出良好的推进力,最主要是马匹的后肢和腰背必须强健有力,这样才能产生快速向前的动能。马匹必须处于轻松、平衡的状态,并且可以将运步的节奏保持稳定,才有可能展现出良好的推进力。因此,骑手必须让马匹学会后躯发力和前肢轻扬,而不是一味地往前加快速度。

一匹马是否有推进力和其天生步幅的大小或者优雅程度无关。推进力是通过正确的训练和骑乘达到的,利用马匹天生的步伐,加上柔软、放松、后肢深踏和对骑手扶助的回应,就可以有效地促进马匹在快步和跑步之中的推进力。

有的人认为,马的推进力只有在伸长步法(第七章)中才能出现,事实上,只要能保持其背部的柔软,让马的后躯充分运动起来,在收缩运动中都会具有良好的推进力。在伸长或中度步伐中,良好的推进力可使马的步幅增大;而在收缩步伐中,推进力则可使马匹前进的节奏更加明显,原地高抬腿或者行进中的高抬腿就是推进力在收缩步法中的体现。

很多骑手认为,让马产生推进力就是不断地催促马匹向前加速。其实不然,马匹不应当是漫无目的、紧张地向前运动的,而应当是稳健、有节奏地向前运动的。骑手的技巧是鼓励马匹尽可能产生最大的能量,但又不会令马匹加快或令马匹开始拉拽。重点是要让马匹的后躯真正动起来,使其认真投入工作。需注意,要马匹加速是在保持既定节奏的基础上让其步幅加大,而不是让其频率加快。一匹推进力良好的马可让骑手舒适地骑在其背上,随着它的节奏自然摆动,这是因为马匹放松的背部肌肉吸收了从后躯传来的动能。

五、正直

马术中所谓的正直是指马匹在行进过程中,马匹的内方后肢踏在内方前肢的蹄迹线上。正直适用于直线运动,也适用于曲线和圆形运动。马匹由于身体左右两侧不够柔软、左右两侧的力量不平均导致马匹天生不正直。让马匹达到正直有三个先决条件。第一,马匹左右两侧平衡性较好。第二,马匹能够用后躯去承载自身的重量,即马匹的后肢踏进。第三,马匹对骑手的缰、腿骑坐绝对服从。在这三点达到后才能开始训练马匹的正直性。长期目标是让马匹正直。当马匹更为正直时,其平衡力自然会提升并促发推进力。

绝对的直是指马的躯干保持一条直线(图 6-1-5 上)。相对的直是指马的后蹄踏上前肢蹄迹(图 6-1-5 下)。

换句话说,马的内方两个肢体始终与前进路线保持一致,而外方后肢则被鼓励略朝内移。它不是一种绝对的直,为了有所区别我们才称之为正直。只有当马匹正直时,来自马匹后躯的推动力才能完整地传导至前方,而不会有所丢失。也只有当马匹正直时,骑手才能要求马匹以左右后躯平均地承载更多

图 6-1-5　正直

重量，才能达到收缩训练的目的。一匹具有正直性的马，无论是做左右里怀的转弯、圈乘，还是做高级步法的运动，都应该是后蹄踏上前蹄的蹄印。骑手需要控制马匹肩部，以改善正直。重要的是不要让马鬐甲的前部过度屈挠，不然会导致马匹向外倾斜，而不是按照要求去转弯。使用外方缰会使马匹的肩部保持在正前方。

从上空俯视看正直马匹的蹄印，如果是圈乘运动，马匹的蹄迹线是两个圆形，如果是直线运动则是双蹄迹线。但是就像人类有左撇子和右撇子一样，马匹不是生来就正直的。马生下来就有一侧较为灵活，另一侧较差。在运动时，有些马的右侧肢体较为灵活，而有的马则是左侧肢体较为灵活。因此马匹的蹄迹线多为三蹄迹线或者四蹄迹线。在早期可以做些小的矫正，但过多过早调教会导致马匹失去表现力。通常马匹总是用他们的强侧去做运动，弱侧则去逃避尽量少发力。久而久之原来已经比较发达的肌肉更加发达，而原来较弱的肌群则由于训练效果不佳而更加萎缩，这就是造成很多马匹行进时无法保持正直的原因。

马匹无法保持正直将会对马匹的运动造成很多不良影响。

（1）左右口衔铁的接触变得不均匀，一边重一边轻。口衔铁较重的一侧对缰扶助的反应较弱，使得马匹一侧较为僵硬。

（2）马匹行走时容易偏向一侧。有很多调教不好、不能保持正直的马匹在前行的时候马体是斜着走的，这种类型的马骑着较为难受，特别是对于初学者。要求腿扶助将斜着的马体摆直来进行骑乘。

（3）马匹逃避较弱的后肢，避免使用不擅长的后肢来支撑体重。比如说马的右后肢较弱的话，马匹在走右里怀时会主动缩短转弯的路程以逃避右后肢发力。

（4）跑步发进时出现错误的领先腿。马匹在跑步时喜欢以其较强的后肢来发进，因此很容易造成反跑。

（5）在如肩内、腰内等高级步法中，左右里怀的难易程度表现不一致等。这些都是骑手必须克服的问题。

一匹身体歪曲的马肯定无法保持自身的平衡，因为歪曲的马无法将其能量最有效地由后躯往前传导，这样的马永远无法正确地以后躯发力来承载重量。这就是为什么在马术训练之中要马保持正直的原因。骑手也必须能在马背上保持平衡，骑手的骑坐不稳，无法保持平衡，马匹肯定也无法维持自身的平衡。由于后躯是马匹动力的来源，因此骑手在骑乘过程中要努力地将马匹的后躯和前躯置于一条直线上，让后躯的能量完整地传导至前躯。

当马匹对骑手的缰、脚、骑坐绝对服从时，才可以开始进行马匹正直的训练。训练马匹达到正直性的运动项目很多，比如在训练中用外方缰和外方腿限制住马，用内方腿和外方腿促使马匹离开蹄迹线一个马身，让马匹顺着墙边往前走。马的新蹄迹线要与墙边保持一个马身的距离，也就是要求马匹走直，这样可以较好地训练马匹的正直。同时一些曲线运动（圈乘）对于马匹的正直性训练效果较好。另外，包括斜横步、肩内、腰内等训练也可以有效地训练马匹的正直。经常让马匹练习跑步发进,对强化其原本较弱的那一方后肢,也有很大的帮助。比如,多练习右跑步发进,将能改善马匹左后肢的肌肉发展与支撑力量。

六、收缩

收缩是指发展马匹后肢的力量。在自然状态下,马的前肢主要是起支撑体重和控制行进速度的作用,前肢大约承担了马匹三分之二的体重。而后肢起驱动作用,后肢承担三分之一的体重。马匹的前躯负重较大会使得马匹在转弯或者回转时不灵活,表现不好。在马术比赛中有很多的转弯甚至是跳过障碍后马上要求马匹进行回转跳下一道的障碍,因此我们必须让马匹降低后躯和飞节,学会用后躯去承载自身的体重。当马匹后躯负重越多时,马匹的前肢和肩部就会越灵活,这样的马就越好控制、更有力量和易于骑乘,在比赛时候的表现就会越优异。在马术训练中,我们要训练马匹用它的四肢来平均承载自身及骑手的重量。因此我们要求马匹后肢较多地乘载骑手和马匹自身的体重,以减轻前肢的负担,达到前躯轻扬的目的。这种训练马匹以后肢承载较大重量的训练,就是收缩训练。

后肢屈,导致前躯升高,即颈部鬐甲处抬高。后肢各关节的屈曲与颈部抬高相互联系,这是真正的收缩(屈挠)(图 6-1-6)。收缩能力是在调教过程中发展起来的。首次骑乘时,马匹会以前躯负起更多重量,导致马匹对骑手的扶助很难做出快速反应。当要求伸长步幅时,马匹会倾向于跑得更快,很难快速停下来,并且会经常依赖骑手的双手以保持或再次获得平衡。

图 6-1-6　马体收缩的特征:重心后移、前肢呈抬起趋势

当马体收缩时,它全身的重心后移、后躯关节下压、后脚的飞节和球节也更为弯曲,因为只有这样,马的后躯才能承载更多的重量。从侧面看,马的整个体型缩短了,而其前躯、颈项和头部与收缩前相比没有明显提高,整匹马给人的感觉好像是在做向上起跳的

动作。这个时候，马匹的步伐比未收缩时要短，但其节奏、活力和推进力都没有丝毫改变，因此步态显得更加轻盈，节奏感更强。

就整个外观而言，马体收缩状态时有以下几个方面的特征。

（1）马背圆润、微微隆起　收缩的马看起来更"圆"，因为此时马匹后肢深踏，前肢轻盈，腰背不向下塌陷而是积极承载，再加上自然拱起的颈部，使得整匹马看起来是"圆的"。

（2）臀部向下　当马使用后肢时，会自然而然地呈现出臀部向下的姿态，这表示它开始非常主动地运用背部及后肢的力量，动力由后至前，此时马匹虽然"慢"，但看起来充满推进力。

（3）弯曲的颈　这种姿态常常会和"受衔"同时被提起。当马拱起颈部并低头，原因可能有很多，并不代表它一定达到了什么状态。而马做到收缩时，会自然而然地拱起颈部并低头。

总的来说，马在收缩时马匹后肢深踏至马腹下，关节弯曲；后躯收缩下压而前躯明显扬起；马的头部弯曲、项部拱起，马头来到垂直前的位置，使得整匹马看起来非常悦目。在运动的表现上，整匹马身躯柔软、活力充沛且步态清扬，马匹的步幅缩短，但是动力增强。以快步为例，马匹在极致的收缩状态下，可以做出原地踏步（又称芘阿菲）。在跑步时的极度收缩则会做出 360°以上的后肢旋转。

随着马匹力量的增强和马匹后肢更加深入地向身下踏入，马体收缩程度会越来越高。比赛时随着骑手比赛级别的提升，会要求马匹有更多的后肢踏进，做出难度更高的动作。例如，在 10 米圈乘上快步。在每个级别的盛装舞步赛中，对收缩的要求会逐级增加。当马匹达到大奖赛的水平时，就能做出前肢旋转等高难动作。

马体收缩训练难度较大，对马匹的要求也较高。只有当马匹具备了良好的节奏、柔软、受衔、推进力和正直之后，才能开展收缩的训练。特别值得注意的是正直，倘若马不正直，前肢的力量也就不可能通过背部传导回后肢，其后肢便无法积极主动地工作。此外，一定让马匹保持充沛的向前的推进力，如果没有推进力，那么马匹的后肢也不太可能向前深踏，马匹也不可能做出收缩运动。

具体地说，当马匹学会将其后肢的动力转换成承载体重的能力时，我们就可以把它称为收缩或者后肢负重：骑手一方面用腿扶助要求马匹大步向前运动，另一方面骑手又在用缰绳和骑坐来限制马匹的步幅，这股驱动力通过马匹柔软的背部反向传导给马匹的后躯变成了承载马匹和骑手体重的力量。切记不要拉扯缰绳、强制让头颈往胸前回缩，这样只会让马匹紧张，不可能充分调动后肢的积极性，这样做是不可能让马匹达到收缩的。正确的扶助要领是，在限制性的口衔铁接触下（借以避免马匹加速或身躯变长），骑手以有效的骑坐及腿扶助使马匹屈挠围绕内方腿进行运动，让马匹的重心移至后躯，后肢积极深踏，并用手可以控制马匹后肢的伸长或者是收缩。

蛇形图形练习，不断地变换圈乘的半径，包括移行的变换都可以增加马匹的收缩程度,另外包括肩内、腰内、斜横步、后退与后肢回旋等鼓励马匹后肢负重的运动都有助于训练马匹的收缩。

值得注意的是,在一段收缩步伐的实施和练习之后,应当用长缰骑乘让马匹进行慢步骑乘,放松几分钟,等马匹的呼吸恢复正常了之后再回到收缩步伐的练习,如此才不会对马匹的肌肉与关节造成伤害。

第二节　马术训练骑乘准则

马术骑乘不仅是一种老少皆宜的运动,也是一门浩瀚精深的艺术。一匹马的调教,从最初上鞍调教,到将马匹训练为一匹稳定、成熟的马匹,这中间至少得花五六年的时间。因此马术马从 4 岁左右开始调教,到了 10 岁左右才到成熟期。而一名骑手从入门初学到练就独立、平衡的骑坐,进而能够对马匹实施有效的扶助,带着马匹流畅地做出各种高难度的动作,这需要长期刻苦的训练才能达到。在本节中我们主要介绍基本训练的一般性原则,制定和提出一套每日例行训练的标准程序及其内容安排的准则。

一般而言,一匹竞技马或者是运动马,包括运动前、后的刷洗和佩戴装备的时间在内,每天出来活动的时间不应该超过两个小时(放牧除外)。而骑乘训练的时间一般在一个小时左右,其合理的分配安排如下:

热身运动:10～15 分钟(年轻马时间应更长)

正式运动:20～30 分钟(视马匹和骑手的水平而定)

放松:5～10 分钟的缓和运动(以慢步为主)

马匹和人一样,为了提高运动成绩,避免伤病,正式训练前要充分热身,将全身的肌肉、关节活动开。训练结束后的放松有助于肌肉放松,避免肌肉僵硬。如果哪天骑手的时间较为紧张,就可以将正式运动省去而只做热身运动和放松。

以下分别说明每个程序的重点。

一、热身运动

人在训练和比赛之前要进行热身运动以防止受伤,马同样如此。有效及充分的热身运动将让马匹不抗拒口衔铁,让躯体变得柔软和放松,从而变得更加顺从及灵活。如果没有有效的放松,肌肉就得不到热身,马匹就无法顺利完成训练或比赛。

1. 热身运动的基本标准

马匹热身运动的方式需要进行微调，以适应不同的骑手和马匹。基本标准如下。

（1）使马匹充分放松和舒展它的筋骨、肌肉，特别是颈项和腰背部位。

（2）骑手了解马匹的生理习性，与马匹取得良好的互动。

（3）马匹在精神上保持平静并与骑手协调，可以开始更高强度的训练。

2. 热身运动的内容及注意事项

（1）松缰和长缰慢步各 5 分钟。

（2）在训练场的四周慢步遛马 10 分钟也可以视为热身运动。

（3）在训练前，让马匹慢步 5～10 分钟。

（4）将马匹打圈的半径控制在 10 米以上来进行放松和热身运动，对于稳定和成熟的马匹，不建议佩戴侧缰打圈，即使佩戴也应将侧缰的长度放长，不去限制马匹。

（5）慢步，建立联系，做一些简单的横向运动（偏横步、肩稍向内、腰内）让马匹柔软。

（6）慢步后进行一些轻快步。在适当放松（长）的缰绳下快步向前，鼓励马匹自信地向前运动，通过摆动的后背以及柔软和放松的身躯来寻求联系。

（7）在快步时，如果马匹试图伸长头颈并打响鼻时，骑手应当将缰绳送给马匹鼓励马匹放松和摆动背部，骑手的姿势也可以变为前倾骑坐来减少对马匹背部的负重。

（8）在热身时，骑手可以采用轻骑坐或前倾骑坐来进行跑步，这样可以减少对马匹背部的压力，让马匹更加放松。

（9）多做圆形、蛇形等图形骑乘。

（10）跑步稍微活动一下后多做快步—慢步—快步或者跑步—快步—跑步的移行变换练习。

（11）设置一些简单的地杆让其练习。马匹过地杆时需要运用全身的肌肉，可以较好地促进马匹的热身。

（12）放松和热身的时间因马而异。

（13）左右里怀都要训练，对于马匹较弱的那一侧热身时间可以略长。

二、正式运动

正式运动的内容也要因马而异，骑手对年轻马和成熟马制定的训练方案肯定是有所区别的。然后根据训练的目的来制定正式运动的内容，比如赛后的调整期采取一些简单放松的练习，而在比赛之前的训练则以提高训练强度为主，采用和比赛相同的方式进行训练。

如果你骑的是一匹年轻马或一匹调教程度不高的教学马，可采用松缰和长缰进行慢步后，再进行短时间的长缰快步和跑步的热身运动。正式运动时应以工作步法为主，在正式运动时要注意保持马匹的节奏、柔软，尽量让马匹受衔。骑手可以采用"八"字和蛇形骑乘等图形骑乘,在骑乘时左右两个里怀都要均匀地进行练习,并且不断地进行移行变换和半减却来改善马匹的平衡。

在不同的调教阶段马匹训练的侧重点不一样。初学者(或年轻马)的练习内容应以增强节奏、柔软、受衔、推进力等各项练习为主,并且结合各种图形骑乘和频繁的里怀变换;高水平的骑手(或成熟马匹)则可以采用正直运动和收缩运动进行练习,但仍须随时注意马匹的节奏、柔软、受衔和推进力的维持。

无论骑术水平处于一个什么阶段,都要牢记,每次正式运动的时间要控制在 30 分钟左右。科学、合理地分配好骑乘训练时间,每天设定一到两种动作作为训练的重点即可,把这两种练习做好就可以进行放松训练。骑手不能不顾马匹的体能状况,不断地去要求马匹按照骑手的指令完成动作。设身处地地设想假如你是一名运动员,你已经按照教练的指令完成了本次训练课的内容,但教练员还额外要求你加练,你当时在生理和心理上都已经疲劳,加练的内容肯定会引起你的反感,效果也不会好。马匹训练同样如此,让马匹保持信任、快乐和满足的心情结束训练,比急于求成、每次都弄得人马疲惫的效果要好得多。

三、放松

在进行了高强度训练之后,不要马上将马匹牵回马厩,一定要给马匹进行 5~10 分钟的放松训练。要根据马匹的训练状况和体能状况及时结束训练,进行放松。马匹在休息时的心跳是每分钟 25~40 次,呼吸则为每分钟 8~12 次;当马匹做完热身运动时,两者可能分别变为每分钟 62 次与 18 次。而在高强度的正式运动之后,马匹的心跳每分钟可能超过 120 次,呼吸每分钟可能达到 25~50 次。因此,放松的时间要根据正式运动的内容和强度而定,马匹训练的强度越大,放松的时间就越长。当马匹的心跳和呼吸恢复到正常水平时,才可将马匹牵回马厩休息。以下六点是马匹在放松阶段的注意事项。

(1) 放松的时间要足够长,骑手采取长缰慢步的方式进行放松,让马匹的呼吸和心跳能够恢复到正常的水平。

(2) 和热身时一样,长缰鼓励马匹向前和向下伸展,从而缓解肌肉的紧绷,特别是头颈、后躯和腰背的肌肉。

(3) 如果马匹进行了收缩练习,比如芘阿菲和帕萨基等,骑手应当采用长缰轻快步几分钟,等到马匹充分地低伸头颈后再过渡到长缰慢步。

(4) 在返回马厩前,一定要牵遛几分钟,等马匹身上的汗干了后再牵回马厩。

(5) 温度较低,特别是有风的天气,牵遛马匹时穿上马衣以预防受凉。

(6) 回到马房后,根据马匹出汗情况进行洗浴或者刷拭,有吹干机的可将马匹烘干后并穿上马衣,如果没有,需要牵遛马匹等水干后穿上马衣再牵回马厩。

第三节　骑手姿势及其扶助

一匹马在大自然中运动可维持身体的平衡，但是当人类对马匹进行驯化，备上马鞍进行骑乘时，骑手的身体及其动作自然就打破了马匹的平衡。因此，对一名骑手而言，骑乘的第一要领是学习如何在马背上放松自己，并且以正确的姿势来伴随马匹的运动。一名优秀的骑手必须能够独立骑坐在马背上保持平衡，而不需要借助任何外力的支撑（包括拉扯缰绳或夹紧双腿），同时还不能感觉有任何紧张或僵硬的情形。要切记，只有当骑手彻底放松时，才能维持骑坐的独立、稳定和平衡。只有当骑手能够身心放松地以正确的骑坐伴随马匹的运动时，他才可以开始学习各项基本的扶助来和马匹进行沟通，进而练习如何运用不同的扶助要领让马匹做出不同的动作。

要成为一名优秀的马术运动员，首先要拥有标准和完美的骑姿。马匹养成的一些不好的习惯都可以从骑手的骑姿上去寻找原因，一些看似无法克服的问题都可以通过对骑姿的纠正来进行解决。

一、骑姿

骑姿就是骑手骑在马背上的身体姿势。姿势非常重要，它有助于正确地运用扶助、与马保持平衡、有效而轻松地骑乘。每一项马术运动对骑姿的要求不一样，下面主要介绍平地骑乘骑手的骑姿。

（一）在鞍上保持正确的骑坐姿势的关键

（1）肩、髋、脚后跟在一条垂直线上。

（2）头部与脊椎保持自然的正直。

（3）肩膀打开、放松。

（4）背部保持直立且肌肉放松。

（5）胸要自然柔和地挺起来。

（6）上臂自然下垂。

（7）肘关节要有明显的弯曲。

（8）腕部要正直。

（9）胳膊肘、手腕与马嘴在同一条直线上。

（10）臀部两侧均匀地坐在马鞍上。

(11) 腿要自然地垂下。

(12) 膝盖稍微弯曲,轻轻贴着马鞍。

(13) 小腿腓肠肌贴着马肚,与马匹保持联系。

(14) 脚踝要放松,脚后跟要下沉(图6-3-1)。

图 6-3-1　骑手的标准骑姿

正确的骑姿是骑手实施正确扶助的前提。正确的骑姿要求骑手尽可能平衡,以允许马匹在没有过度压力或过于紧张的状态下完成动作且活动自如。这也就是说骑手必须坐在马匹的平衡中心之上,即鬐甲靠后一点,第八根肋骨的位置。只有骑手在马背上保持了平衡,他才能够正确地运用缰、脚和骑坐。当骑手在马背上无法保持平衡时,他的手、腿都无法保持安静,这时骑手给予马匹的扶助是混乱的,根本无法进行骑乘。要保持在马背上的平衡必须通过反复的训练,脱镫快步和跑步的练习有助于骑手在马背上找到平衡感。

我们所说的平衡是指骑手坐在马鞍上无论是从前面还是从侧面观看,骑手都是处于水平位置,将体重均匀地分布在马鞍的两侧。但由于每个人的身体都不会是完全对称的,两只脚的负重都会有所区别,因此要做到坐在马背上保持完全对称不是一件很轻松的事。另外,由于左右脚柔韧性的区别,很多人的脚向下踩踏脚镫时力量不一致,这也会导致人坐在马鞍上身体重量会有所差异。还有,骑手在骑乘时由于头部位置的改变,可导致骑手在水平和垂直面上整体平衡有所改变。

由于骑手无法看到自己的姿势,因此刚学习骑马时最好能请一个有经验的骑手时刻纠正和指出骑姿的错误。另外,还可以在练习时找人帮助拍摄视频,练习完后多看视频,看自己的骑姿有哪些错误,以后训练时有针对性地进行改进。在上马之前可以站在一块镜子面前,背靠墙壁,两脚分开60厘米,膝盖稍微弯曲,后脑勺、肩胛骨后部、骨盆后侧及脚后跟与墙面接触,手做出持缰绳状态,通过多练习形成正确的条件反射。

上马后,骑手的上半身保持直立,稳定地坐在马鞍的最深处。从侧面看骑手的骑姿应该保持两条直线,一个是肩膀、髋和脚后跟保持一条直线,另一个是手肘、手腕和马嘴保持一条直线。从背后看,骑手的体重均匀地分布在两侧坐骨,脊椎正对着马匹的脊椎和尾巴,肩膀和脚后跟在同一水平面。骑手骑姿应与马匹的自然平衡中心保持一致,要能够逐步建立身体核心稳定性。

（二）正确骑姿的益处

(1) 安全，骑坐更加稳定。

(2) 人与马之间能进行良好、清晰的交流。

(3) 骑手和马匹都更舒适。

(4) 骑手能更好地"读懂"马匹，并且预见所有问题。

(5) 骑乘更有效，不易劳累。

(6) 降低骑手和马匹受伤的可能性。

(7) 骑乘优雅、美观。

（三）不正确骑姿的坏处

(1) 对马匹控制力较差，会导致落马等危险发生。

(2) 导致令人讨厌、不必要的人马"冲突"。

(3) 导致骑手在马背上的骑坐不够深入，身体僵硬。

(4) 骑手无法保持在马背上的平衡，手不能保持稳定。

(5) 对于含糊不清、前后矛盾的扶助，即使马明白骑手想让它做什么，错误的骑姿也会使马很难配合。

(6) 不正确的骑姿是产生"问题马"的原因，对于马出现的任何问题，首先要检查是否可能由骑手的姿势引起的。

(7) 不美观。

（四）常见的错误骑姿及其原因

1. 前倾

前倾是指骑手在骑马的时候头看着地或者马头，肩膀、髋和脚后跟没有在一条直线上，骑手身体重心在马的前躯。也有可能是脚后跟颠起来，膝盖试图夹紧马鞍，身体的重心都在膝盖处。由于初学者骑马时总是被马匹颠起来，无法在马背上保持平衡，很多人都会下意识地用膝盖去夹紧马鞍以维持身体的平衡。还有的就是把身体蜷缩起来，弯向马匹的脖子和鬐甲上，双手紧紧地抓住前鞍桥或扶手。这都让初学者出现了前倾的姿势（图6-3-2），前倾也是初学者最常见的问题。初学者出现前倾会使得身体的重心不在脚后跟处，这时重心大都在膝盖和脚尖处，如果马匹出现急停躲闪等情况，骑手很容易跌落马下。只有当骑手的腹部肌肉力量增强时才能在马背上维持平衡和保持正确的骑姿。

在自然状态下马的后肢是动力的来源，马匹前躯负重大约为55%，后躯负重为45%。由于骑手坐在马鞍上打破了马匹的平衡，所以马匹就会通过向下和向前晃动脑袋

图 6-3-2 前倾

来调整平衡,有时马匹会主动伸长脖颈去放松背部。马匹这种伸长脖颈的动作可将骑手拉向前,使坐骨离鞍。当骑乘年轻或未经训练的马匹时,感觉会更明显。这些马匹背部的肌肉还不发达,难以支撑骑手的体重。它们低头去寻找平衡的动作将更频繁,这种年轻马不适合初学者进行马术学习。

2. 后仰

后仰是指骑手将体重转移到后鞍桥、马匹脊椎的薄弱部位及背部(图 6-3-3),身体后仰比较少见。由于骑手的身体后仰了,骑手的小腿自然就会过度向前蹬,从而无法进行必要的扶助。后仰会造成缰绳过长,缰绳过长对于马匹的控制力较弱。初学者刚开始学习骑马时适当后仰是允许的,骑手的上半身略微后仰,但腿不能往前蹬以免无法进行腿扶助。骑手的身体出现往后倒可能是因为骑手在马背上的平衡较差,还有可能是因为马鞍没有正确地摆放在马背上,让骑手总感觉平衡点在后面。如果是马鞍的问题,那就应当更换马鞍或在马鞍的背部垫上增高垫,将后鞍桥处增高来让骑手保持正直。骑马时骑手的滑缰或马匹低头将骑手手中的缰绳拉扯过去,可导致骑手手中的缰绳变得较长。缰绳过长让骑手不得不采取后仰的姿势以保持缰绳的联系。因此,使用带有标记的缰绳可以提醒骑手当手中的缰绳变长时,及时缩短手中的缰绳,将缰绳把持在合适的长度。

图 6-3-3 后仰

3. 身体倾斜

身体倾斜是骑手常见的失误，特别是在进行圈乘的时候，人的重心会倒向内方使得身体倾斜，这是最难觉察并改正的。绝大部分人的两条腿的长度不一致，可导致在骑马时身体两侧略微不平衡。还有，由于人两只脚柔韧性不一致，也会导致在骑乘时某一侧身体倾斜（图 6-3-4）。如果持续数月骑乘同一匹马，马匹两侧的肌肉就会不一致，长期会导致马匹肌肉发展较弱的那一侧无论是在转弯还是在回转方面表现都比较差。脱镫进行骑马练习可以有效地改善身体倾斜的问题，因为大脑的自然平衡机制会战胜骑手错误的肌肉记忆，让躯体慢慢找回中心点。

另一个常见原因可能是，马鞍设计不合理导致骑手无法端正地坐在马背上。这也会导致鞍枕中填充物分布不均，对骑手的横向平衡产生不良影响。少数情况下，骑手会发现之前能保持正直，但现在却向一侧倾斜，这可能预示马匹对侧的后腿出现了伤病，因为马匹避免用它受伤的腿来承载重量，努力想将骑手的重量转移到它的健全腿上。

4. 腿部过度夹紧

很多人在初学骑马时由于在马背上不平衡，便下意识地用膝盖去夹紧马鞍（图 6-3-5）。特别是在跑步的时候，很多骑手错误地认为用大腿和小腿夹住马的肋部了，就可以贴合在马鞍上，不会被马给颠起来。其实当骑手的腿夹得过紧时会使得脚尖掂起来，整个骑坐无法深入马鞍，骑姿也会变得不稳固。另外，腿部夹得过紧也会导致骑手无法进行有效的腿扶助，失去对马匹的控制。膝盖夹紧也会让骑手上身显得僵硬，让马匹感到不舒服甚至紧张。可以采用脱镫骑乘的方法来解决骑手腿部过度夹紧的问题，长时间脱镫骑乘后，骑手在马背上的平衡自然就会变好，骑手就能轻松地坐在马鞍的中心，利用身体重心变化调整平衡，这样也就没有必要用腿部夹紧马鞍的方法来维持平衡了。

图 6-3-4　身体倾斜

图 6-3-5　腿部夹过紧

5. 低头看

初学者在进行打圈练习时都习惯性地看着马头进行练习。许多骑手觉得通过观察马匹的头部和颈部，可以更好地感知马匹的表现，可以预估马匹下一步会怎么想。在一定程度上，这种想法是对的。因为马匹的耳朵是其最早的预警系统，当看到马匹的耳朵前后轻轻转动时，表示马匹正在聆听骑手的扶助，骑手以此判断一切进展顺利。然而，如前文所述,骑手头部向前探,不管动作多轻,都会对整体平衡产生不利影响。如果低头进行骑马特别是野外骑乘时,骑手将无法及时察觉前方所发生的变化及危险。建议骑手即使去看,也尽可能不要过度转动头部,可以用余光去感知马匹的动作。记住骑马和开车、骑自行车一样,都是眼睛看着前方,这样才能提前选好路线和方案,规避风险(图6-3-6)。

图 6-3-6 低头看

(五)影响骑手骑姿和平衡的其他因素

1. 性别

女性的力量较差,骨骼较细,使得女性的柔韧性比男性要好,女性的身体较为柔软,她们一坐上马鞍就比较放松。社会对女性的审美要求使得女性在日常生活中就养成了抬头挺胸的仪态,这样女性就更容易在马背上养成正确的骑姿。天赋异禀的女士可能要多锻炼上身的平衡性,增强腰背和手臂力量,加强核心稳定性,避免因马匹低头而无法控制它导致的骑姿变化。男性的骨头比女性粗,男性本身要求力量至上,使得男性的柔韧性较差,成年男性一坐上马背就显得身体十分僵硬。

2. 骑手体型

骑手的体型会对其平衡力和稳定性产生影响。高挑型的人通常会觉得盛装舞步比较容易,因为可以充分利用其腿的长度获得更大的稳定性,骑坐较轻柔,与马匹的和谐程度更高。

3. 骑手的体能

一些人认为骑马很简单,对骑手的体能要求不高,因为是马匹在完成大部分工作。当有这种认识的人真正坐在马背上进行骑马时,就明白了骑马是一项非常耗费体能的项目。研究显示,骑马30分钟等于打一场激烈的篮球赛,骑马需要充分运用全身肌肉。如果某人觉得很累,建议他不要继续骑马,因为疲劳会使人丧失协调性并缺乏判断力,从而导致动作变形。

4. 骑手的气质类型

马匹的胆子比较小,周围环境不能太热闹,因此马术俱乐部大都远离城市,处于郊区。另外,要将一匹马调教成熟往往需要六年左右的时间,因此对待马匹要有耐心。骑手在很长的时间都是在重复做同一件事,每天都是在马背上进行重复的训练。这些决定了骑手的生活较为枯燥。因此,骑手要能耐得住寂寞,能沉下心来安静地进行学习和训练。

5. 单手主导

大多数人习惯于使用右手,右腿更有力,并且下意识地更多地去用右缰,造成与马嘴部的联系不均衡,这不利于扶助。过度强健的右侧肌肉会导致受力不均衡,容易造成马匹左侧偏弱,马匹的左侧总是往内方倒。为了均匀地锻炼马匹的肌肉和柔韧性,需要骑手尽可能均衡使用双手,同时要左右里怀均匀地对马匹进行训练。

6. 马匹质量

保持正确和有效骑姿的关键是平衡。初学者骑乘一匹训练成熟、稳定的马匹能更快地找到马背上的平衡,从而能有效地培养正确的骑姿。假如初学者骑乘的马匹节奏不稳定,背部也不柔软,骑手只顾着抓住鞍上的扶手以维持平衡,那么教练所指出的骑姿要领就无法做到。

7. 马鞍的设计和款式

马术比赛的种类繁多,不同的比赛对马鞍的要求不同。成年人适用的马鞍是从前鞍桥到后鞍桥长度为 18 英寸的马鞍,这样才能确保骑坐的舒适和良好的平衡性。初学者建议使用带有扶手的游乐鞍:一是因为游乐鞍的鞍座较宽,骑手能坐得较为平稳;二是骑手可以抓住前鞍桥处的扶手来维持平衡,增加信心。

8. 场地条件

一家高水平的马术俱乐部不仅是指该俱乐部教练员水平高、马匹质量好,而且也指该俱乐部的场地条件优越。场地条件好,马匹工作的意愿也强烈些。场地条件好,马匹运步的节奏较好,马匹也能帮助骑手更好地学习。将镫带缩短 2~3 个扣眼,让骑手的重量从骑坐向下转移到腿后部作用于镫铁上,有利于骑手保持稳定性。

9. 身体条件

一个人如果经常从事各种体育运动,那么他各方面的身体素质就会较好,他学骑马时肯定会得心应手,学习吸收的速度也会较快。由于经常运动,体能、柔韧性和协调性都会不错,教练员所讲的技术要领他都能很快地掌握。而那些不经常运动的人,身体各部位的肌肉会比较僵硬,他们学习的进度肯定就比较慢。还有,小孩比成年人学习技术动作的接受能力要强,学习速度要快。主要因为小孩身体各方面较为柔软,会按照教练员的意图认真进行练习。

10. 教练员的水平及经验

教练员的水平直接决定了学员骑术所能达到的高度。有的教练员对于马术的理解不够深入,他教出来的学生骑姿也不可能标准。一个优秀的马术教练,他不仅有精湛的骑术,丰富的教学经验,而且拥有丰富的骑术理论知识。优秀的教练员可以针对每一名学员的特点去制定训练计划和方案,对于学员所出现的问题能及时进行纠正和指导。优秀的教练员调训的马匹质量更高、更稳定,高质量的马匹能帮助学员更好地进行马术学习。

二、骑手的骑坐

微小的骑坐变化都可以影响到骑手身体的其他部位,从而对马的动作产生影响。当骑坐不稳时,骑手就无法在马背上保持平衡,他所给予的一切扶助也将是紊乱、摇晃的,且动作要领掌握也是不准确的。骑手平衡、稳定的骑坐来自放松的身心和正确使用身体特定部位的肌肉力量,这些都只有通过长时间反复的练习才能达到。

骑坐有三种方式:马场马术及一般骑乘所用的骑坐;场地障碍赛和三项赛所采用的前倾的骑坐方式;速度赛马骑手所采用的蹲骑的骑坐。不论是何种方式的骑坐,正确的骑坐,不仅仅只是动作美观,而是能够最大限度地控制马匹以保持其最佳状态。骑手的扶助依靠正确的骑坐姿势、良好的平衡感和柔软度,僵硬的动作会使马匹与骑手都感到不舒适。

(一)马场马术及一般骑乘的骑坐

一般最为常见同时也是初学者一开始学习的是马场马术及一般骑乘的骑坐方式。在场地障碍、盛装舞步和三项赛等马术运动中都是以马术骑坐作为基本的骑姿。因此,在指导初学者时,应该特别对这一骑坐的正确姿势做出要求。

许多基本骑坐动作会因为骑手或者马匹的体型而有所不同,但不论是在何种条件的情形之下,正确的骑坐动作应抬头挺胸,身体保持直立。从侧面来观看骑手的骑坐,骑手的肩部、臀部及脚后跟应该呈现一条直线。

一名优秀的骑手可以骑乘各种不同气质类型的马匹,他们可以帮助年轻马匹成长。一匹好的教学马的稳定,能让各种类型的初学者体验到骑乘的乐趣。身材高大、腿修长、腰部较短、体型完美的马匹可以促使骑手的手保持安静,这样初学者能够较为容易地获得平衡。挑选好骑的马有利于初学者上手,骑手在骑着体型不是那么完美的马匹进行训练时,有利于骑手骑姿的培养和加深其骑坐的功力。因此,初学者刚开始练习骑马的时候要选一匹最适合他的马,不一定要在高大的温血马上进行练习,挑选一些个性安静、肩高较低的马进行练习是一种较好的选择。

拥有良好的骑坐动作,骑手坐在马鞍上是放松的,同时臀部能稳稳地坐在马鞍上不被马匹颠起来。骑手要放松臀部的肌肉,自然地坐在马鞍的最深处,大腿内侧的肌肉放松不紧绷。任何肌肉紧绷的动作都会使得骑手的骑坐不够深入,骑坐不深入,骑手就不能有效地保持平衡,同时骑手腿扶助也不能充分地运用。上半身需要抬头挺胸,挺直而非僵直,向前直视。双手应保持握拳姿势,用大小拇指固定缰绳,大拇指扣在食指第二关节处。手臂自然地从肩膀下垂,不要刻意去贴近胸部。如果手肘紧贴着身体,将造成双肩不自然地拱起,并使得手指和手腕关节紧张而无法保持放松。手部持缰的姿势中,口衔铁、缰绳和手肘应呈现一条直线并且保持联系,如果缰绳下垂,会使得手与马嘴之间的联系不够,骑手缰扶助的效果就会不好。

膝盖向前并保持适度的弯曲,膝盖不能超过马鞍的膝前挡前沿。大腿内侧紧贴着马鞍,小腿内侧和马体保持适当的接触。脚后跟用力向下压,脚后跟的位置大约是稍稍在肚带的后方,与臀部、肩部呈现一直线。如果大腿内侧朝外或膝盖向外翻则会导致身体僵硬、骑坐不稳。另外,脚镫长度对于骑坐的影响较大。脚镫过长会让骑手的脚后跟无法往下压,总感觉脚无法有力地踩踏在脚镫上导致腿扶助的效果减弱,另外脚镫过长也会让骑手难以保持平衡。脚镫过短会使骑手的骑坐不能深入,同时小腿将会过度弯曲而向前靠,没有办法维持小腿肚微微向后靠的姿势。双脚用力向下踩踏脚镫,脚踝关节保持放松和柔软,随着马匹的动作自由伸展,脚后跟时刻保持在大脚趾的下方。如果下半身腿部的位置正确,则脚踝关节可以保持弹性和柔软,跟随着马匹的运动而自由伸展。

综上所述,正确的马场马术骑坐有以下特征。

(1) 手肘弯曲,缰绳与口衔铁柔和地保持一条直线且不会轻易松开。

(2) 骑手坐在马鞍的最深处,体重均匀地分配在左右两侧的坐骨上。

(3) 抬头挺胸直视前方,上半身肌肉放松且保持直立。

(4) 前脚掌三分之一踩住脚镫上,脚后跟用力向下踩踏,双腿自然下垂,髋骨打开,小腿轻轻贴住马腹,使骑手的肩膀、髋关节及脚后跟正好形成一条直线。

(5) 肩膀自然打开,握缰双手的大臂轻轻贴住胸腔两侧以保持双手不随意晃动,手腕放松保持正直,使手肘、手腕和缰绳形成一条直线。

(6) 除了必须使用到的肌肉外,骑手身上每一关节都必须放松。骑手的骑坐必须是放松、具有弹性的,这需要骑手通过大量马背上的练习,掌握在马背上的平衡才能达到。

(二) 障碍骑坐

在跳跃障碍、野外骑乘或调训年轻马匹时,骑手经常采用障碍骑坐的姿势来进行骑乘。障碍骑坐主要目的是减少对马匹的压力,让马背可以自由地伸展,让骑手在不失去平衡的前提下跟随马匹运动,有效地运用扶助。

障碍鞍或脚镫调整得比较短的马鞍可以让骑手的膝盖位置更加往前摆放,这样能让骑手更利于做出跟身动作,同时可以加强腿扶助的效果。举例来说,若在上完一节高强度的骑乘课后,骑手骑在马背上进行慢步来让马匹放松,这时只需要将脚镫缩短一两格即可,而场地障碍或是三项赛时,骑手可能会将自己正常骑乘的脚镫长度缩短四到六格。短镫常用于比赛中,比如三项赛中的障碍赛和速度赛马比赛,骑手常将脚镫缩到最短,将体重承载在两侧脚镫上,减轻马匹背部压力。

1. 跳跃障碍的骑坐姿势(轻骑坐)

脚镫要比一般骑乘时缩短两格,骑手上半身略微向前倾斜以减轻坐骨对马背的压力,大腿、膝盖及脚后跟来承载骑手的重量。注意骑手的臀部并没有完全离开马鞍,小腿也不要往后伸。在平坦的地面使用前倾姿势骑马时,骑手的重心应时刻保持在骑手的脚后跟处,使得骑手本身的上半身重量保持在马体重心的上方,确保自身的安全。

采用轻骑坐时,骑手也必须保持独立的平衡,双手安静,不到处晃动,让马头与口衔铁保持稳定的接触(图 6-3-7),也就是手到口衔铁之间的缰绳不能松弛,必须呈现一条直线。

2. 超越障碍时的骑坐姿势(前倾骑坐)

选用专业的障碍马鞍进行骑乘,脚镫要比一般骑乘时缩短二到四格,脚跟和膝盖的位置要深。骑手上半身往前倾,让臀部离开马鞍,眼睛看前方,腰背挺直。坐骨不负重,骑手向前推进扶助,头部保持直立。双手放低置于马颈两侧,保持稳定和安静。当接近障碍时,前倾姿势需要将体重带离马鞍,脚不要随着身体的动作而太过于向前移,保持稳定及有效的扶助。采用前倾骑坐骑乘时要确保小腿紧密贴合住马腹以有效地使用腿扶助(图 6-3-8)。如果小腿在马腹两侧前后滑动将会妨碍前倾骑坐的骑乘。

图 6-3-7　轻骑坐

图 6-3-8　前倾骑坐

骑手的手臂应保持弹性,双手维持温和且稳定的接触。骑手的肩膀、手肘和腕关节自然放松,才不会将身体的晃动传达至手部而影响手的稳定。在障碍超越的过程中,骑手的身体要能够跟随马匹的运动。骑手的位置与马鞍的距离依靠障碍物的高度而有所不同,马匹在跃过障碍的瞬间头会往前伸,这时骑手的手要能很好地进行伴随,跟随马头往前伸,保持缰绳的联系,骑手的背部应该保持挺直且柔软并与马背保持水平。身体前倾要比马匹起跳稍微晚一点,也可以理解为马匹起跳的瞬间骑手立刻做出跟身动作。注意跟身动作一定要柔和,早于马匹做出跟身将会影响马匹的平衡。

骑手跳跃障碍的腾空期间眼睛要向前看,回头或向旁边看都将影响骑手自己或马匹的平衡。在马匹起跳的瞬间,骑手必须用脚镫支撑臀部稍微抬起,前倾的角度会随着障碍物的高度有所不同,而脚后跟也会改变下压的程度,以保持腿部的稳定。在跳跃高级别障碍时骑手在越过障碍的瞬间,膝盖看起来都跪在马鞍的前挡板处。

当马匹超越障碍落地时,轻轻地坐回马鞍,双手回到正常位置。一定不要把腿蜷起来或向前蹬来维持身体平衡,腿部位置和平地骑乘时不应发生很大变化。落地后,为取得最佳的平衡,骑手仍应保持马匹的前进动作。通常在落地后三步时骑手找到身体的平衡,准备跳跃下一道障碍。

（三）速度赛马骑坐

当马开始奔跑时，骑手仿佛是飘浮在马上方的燕子跳跃起伏，人与马浑然一体。这种姿势，被形象地称作"蹲骑"。不过可以确定的是，这种体位能将骑坐行为对马匹奔跑产生的副作用降到最小。也就是说，用这种骑乘体位时，马跑起来速度是最快的。

速度赛马的蹲骑，脚镫较短，一般分为长、中、短镫骑乘。其中短镫常用于比赛。长镫是一个手臂的长度，中镫是1/2手臂的长度，短镫是1/3手臂的长度（图6-3-9）。在蹲骑时要求骑手的腰背平直，眼睛向前看，同时脚与脚镫成90°的直角。骑手在马背上的姿势呈现一个高脚杯的形状。该骑坐不会影响马匹的节奏，能让马匹最大限度地发挥其速度。另外，这种骑坐技术也适用于推马和骑手打鞭。

图6-3-9 速度骑手采用短镫进行比赛

三、扶助

要想学好骑马，首先要知道如何去运用各种扶助，知道每一种扶助的技术要领和作用，这样才能更好地训练马匹，让马匹按照骑手的指令完成各种动作。扶助是骑手和马匹沟通的一套语言，它是指骑手通过声音、缰、脚、马鞭等让马匹按照骑手的指令做出各种动作的变换。

扶助是马术的语言，与所有语言一样，拥有基本结构，但其表达方式及细化内容通过强调和时机得以充分实现。骑手给予马匹的各项扶助一定要清晰且准确，骑手和马匹之间应当是合作伙伴关系，而不是主仆关系。让马匹尊重骑手的各项扶助，乐于去和骑手进行配合，这才是骑士精神的真谛。当骑手的各项扶助运用得恰到好处时，你只需要稍微给一点指令，马匹就会立刻做出骑手想要的动作。

扶助分为自然扶助和人工扶助。

自然扶助：骑手的声音、腿、骑坐、手和身体重量等。

人工扶助：用于控制或定位马匹的装备，有些需要骑手协助，而有些并不需要。例如，固定式或滑动式低头革、副缰、侧缰等。

（一）自然扶助

1. 声音扶助

通过声调的变化可以控制或者指挥马匹的步法。声调也用于指令，特别是在打圈或训练首次给人骑乘的年轻马时。比如"叽叽叽叽"的声音意味着向前走，而"喔——"的声音意味着减速或变换步法。升高声调是要求马匹变换到更快的步法（如从快步到跑步），降低声调是要求马匹变换到更慢步法（如从快步到慢步）。让马匹理解骑手的声音扶助必须确定声音的类型，并且马匹做得好时要及时给它奖励和鼓励。

2. 腿扶助

腿扶助的作用主要有以下三个方面。

第一，产生向前推进的作用。要求马匹向前运动或者持续向前运动是通过双脚来提示马匹，让马匹产生推进力。

第二，控制方向及马匹的位置。很多初学者认为是缰绳控制马匹的行进方向，其实不然。缰绳只是指示马匹行进的方向，让马匹转向是通过腿扶助实现的。

第三，调整步法。让马匹从慢步到快步，慢步到跑步都是通过双腿实现的。

腿扶助不是用脚后跟作用于马，而是通过小腿内侧来实施的，小腿要与马匹身体的侧面始终保持安静和轻柔的接触。但当需要给予马匹特别信号时，需要有活力且明显的触压变化，而不是持续的挤压。不能用力紧贴、持续施压或不断地拍打马腹。腿部扶助所使用的力量的大小要根据马匹的敏感程度和反应程度来定。腿部扶助要尽量轻，且只在必要时使用，因为腿、脚后跟和马刺的重复施压会导致马匹对骑手腿部的感觉逐渐迟钝。

骑手想要成功地调教一匹马，首先要做到的是，要求马匹对骑手的腿绝对地服从。要让马匹后肢踏进，让马匹保持正直，拥有良好的推进力，必须通过腿扶助的实施。骑手通过腿来控制马匹后躯，马匹夹在骑手双腿之间来行动，就像是夹在两堵墙之间在进行移动，马匹得按照墙的方向来进行移动。骑手使用腿扶助的正确时机，是马匹的同侧后腿即将离地那一瞬间。比如骑手要用右腿给予马匹指令，那最好的时机是马匹的右侧后腿离地的瞬间。

腿扶助是骑手重要的扶助，判断一名初学者是否掌握了骑术的要领，就是看其是否掌握了腿扶助。

（1）双腿扶助　双腿触压马匹胸腹部是提示马匹往前运动。马匹感到害怕或者不舒服的第一反应是逃跑，当骑手骑在马背上用双腿去挤压马匹的腹部时，马匹肯定会感到不适，马匹的反应就是向前运动，以摆脱触压。通过重复的练习让马匹去尊重骑手的双腿，若马匹做对了应及时拍拍马脖子或者给块糖吃，让马匹明白骑手双腿用力就是要它往前移动,直到骑手双腿内侧用最轻的力便可使马匹向前运动。

(2) 单腿扶助　单腿扶助要在对侧腿和对侧缰的辅助之下才能较好地运用。一旦马匹给出向前运动的反应后,骑手就可以练习用任何一条腿触压胸腹部,使马匹向前移动同侧后腿。比如在左里怀运动时,内方腿的压迫可以让马匹做出肩内和斜横步。另外,马匹为了逃避肋骨上的压力会向前迈腿,将重心下移,转动臀部来逃避刺激。比如在右里怀运动时,外方腿用力挤压马匹腹部会让马匹逃避外方腿的刺激,做出回转的动作。单腿扶助可以使马匹侧向移动,但如果不需要马匹做侧向运动,要求马匹变换方向时,外方腿要往后移至肚带的后方以保持骑坐的位置与转弯扶助。当马匹正在变换方向身体呈现圆弧形时,内方腿要保持接触来进行马体弯曲度的调节以控制马匹前进的方向和维持前进的动力。

(3) 向前推进扶助　脚掌前缘与肚带前缘一致,是使用向前推进扶助的位置,发力的位置大约在肚带后方一拳处,促使马匹的后肢向前深踏(图 6-3-10)。这一扶助要领适用于发进直行、停止和半减却等操作。必须注意的是,向前推进扶助是以双腿持续贴附马腹两侧,通过触压的变化来实施的,而不是用脚后跟或小腿的震动来踢打马腹。

(4) 步法调整扶助　在圈乘运动、前肢旋转、跑步发进和横步等运动中,将外方腿回缩至肚带后方约二拳处,保持住发力位置不变且轻微用力挤压马腹,可以防止马匹后肢向外方偏移(图 6-3-11)。

(5) 转向扶助　腿置于肚带后方 1~2 拳处,是转向扶助的位置,这将使马匹后肢循着骑手施压方向的斜前方运行(图 6-3-12)。转向扶助骑手的内、外方腿都可以操作。在前肢旋转、横步运动时以内方腿为主,在后肢旋转时则是以外方腿的侧方推进为主。这时内方腿的主要作用是让马匹保持弯曲的弧度。

图 6-3-10　向前推进扶助　　　图 6-3-11　步法调整扶助　　　图 6-3-12　转向扶助

3. 体重扶助

体重扶助又称为骑坐扶助,主要来自骑手坐骨的压力变化。只有当骑手在马背上不依靠拉扯缰绳就能保持自身平衡时,才能正确地实施体重扶助。

骑手可以利用自己的体重来影响马匹的运动,例如骑手将体重转移至右边(或左边)坐骨,就可以使马匹产生向右转(或左转)的倾向。骑手要求马匹进行直线行走时,骑手的重量必须均匀地分布在两侧坐骨。而在进行圈乘、转弯、横向运动时,骑手的重心会在内方上。

绝大多数马匹左右两侧的平衡和肌肉力量都不一致,有经验的骑手可以利用自身体重来对马匹进行修正。骑手可以将自身体重稍微往马匹强侧倾斜,这样可以让马匹两侧的水平位置一致,从而使两侧的肌肉得到均衡的锻炼,最后使得马匹的平衡性变好。由于年轻马的背部肌肉发展不成熟,在骑乘年轻马时最好采用前倾骑坐以降低对背部的压力,少用体重扶助。

基本的体重扶助有三种。

(1) 单侧体重扶助 骑手要马匹左转时将自身体重置于马匹的左侧,右转时则置于右侧。这时骑手应当将内方脚镫尽量踩向地面,这样才能达到单侧骑坐扶助的正确效果。

(2) 前倾体重扶助 骑手身体略微前倾,将体重移开坐骨,此时骑手仍应坐在马鞍上,但其体重已通过大腿转移至两侧脚镫上。前倾体重扶助可以促进马匹加速向前的欲望。

(3) 后仰体重扶助 骑手可以将自身体重的重心置于马匹的后躯,让马匹的后肢更加深踏,同时可以降低马匹前进的欲望从而让马匹减速。

(二) 人工扶助

1. 马鞭

当一个骑手的腿部扶助效果不佳时,可以用马鞭来进行辅助,让马匹尊重骑手的腿。当马匹没有按照骑手的指令进行工作时,可以在适当的时机用马鞭去提醒马匹服从骑手的指令。在要求马匹做出腰内等高级步法时都会携带马鞭进行辅助。注意,马鞭应当持在骑手的内方手上。马鞭的正确使用方法是外方手持缰,内方手持鞭绕到骑手的腿后用鞭敲击马匹的后躯来提醒马匹。

一般骑乘时骑手都是使用一支 1~1.2 米的长鞭,骑手可以选择上马时就带着,也可以上马后由他人递过来。鞭子要有一定的硬度,可以让骑手以轻微的手腕抖动就可以敲击马匹。在进行障碍赛时所使用的鞭子长度不能超过 75 厘米,并且在比赛过程中不能连续鞭打马匹超过 3 次。

2. 马刺

马刺和马鞭一样,都是为了加强腿部扶助而使用的。一些教学马由于被不同的人进行骑乘,它们对于骑手腿部扶助比较迟钝,骑乘这些不敏感的马建议使用马刺,还有那些比较懒散、动力不足的马匹也建议佩戴马刺进行骑乘。使用马刺的前提是骑手具有稳固的骑坐并能完全控制腿部扶助。初学者不建议使用马刺,因为初学者的腿部无法保持稳定,佩戴马刺将让马匹更加紧张和混乱。另外,调教年轻马也不建议佩戴马刺。

马刺通常都是金属材质,其造型和长度有很多种类。在马术训练的中、高级阶段,马刺是骑手必备的工具。很多马刺都配有可以滑动的小齿轮来强化骑手扶助的效果。马刺必须合脚而舒适，水平向后或者略微往下弯。马刺通常佩戴于骑手马靴的后部，在踝关节位置。对于腿短的骑手则可以佩戴在脚跟较低的位置。

马刺的使用是用马刺的末端去轻触马匹两侧肋腹，以给予轻微的扶助。使用时，马刺只能轻触皮肤。任何时候都不能一直加紧腿，持续戳马匹。在这种情况下，马刺会留下印迹或戳伤马匹，这是一种虐待马匹的行为，是不能接受的。

马刺是一种细化的扶助，不能当作产生推进力的单一方式。骑手要具备不用马刺触碰马匹，有效使用腿扶助的能力。

3. 缰扶助

缰绳的扶助要在马匹保持动力的基础上，与骑手腿部及其骑坐相互配合使用。用缰绳的扶助指令必须随着下一个指令的进行而变化，比如当骑手要求马匹放慢速度时需要收缰，而当马匹做出回应时骑手必须立刻让缰或开缰。

持缰的方法有很多种，包括单手持缰、双手持缰等，骑手可以选用自己使用起来最顺手的方式。最常见的持缰方法是双手掌心相对保持竖起来的"六"，缰绳从大、小拇指之间穿出。缰扶助实施的方法，直接关系到马匹对口衔铁的接受性。图 6-3-13 所示的控缰是让马匹停止或者指示方向，该扶助对口衔铁的作用力较强；图 6-3-13 所示的松缰是将缰绳完全让给马匹，骑手的双手和马嘴没有任何接触。一般在热身运动或者放松阶段用得较多；图 6-3-13 所示的压缰是马匹想向骑手的双手寻求支撑，经常在马匹进行小回转时进行使用。该扶助对口衔铁的作用力最强。最后一个开缰是在圈乘或者转弯时引导马匹的方向，该扶助对口衔铁的压力较小。图 6-3-13 所示开缰是在行进过程中给马匹指示方向，让其取内方屈挠姿势。开缰对马匹口衔铁的压力较小。

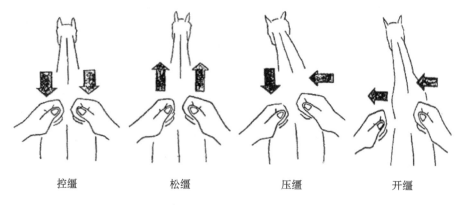

控缰　　　松缰　　　压缰　　　开缰

图 6-3-13

马匹缰扶助的掌握是一门很重要的学问，骑手的手掌、手腕和手臂所有的关节都必须是放松的，不能僵硬，只有这样才能与马嘴保持一种轻柔、有弹性的接触。另外，只有当马匹具备了柔软性，缰扶助的作用才会明显和有效。身体僵硬的马匹是无法将骑手的指令传导至马的后肢的。因此，只有柔软的马匹才会自动接受缰扶助的指令。

骑手使用缰绳的要领：第一，不是用力向后拉扯，用力拉扯将会失去与马的接触，让马匹失去平衡和造成马匹对缰扶助的抗拒;第二,持缰的手要适当弯曲,不能将手伸直来持缰,否则将会失去灵活性;第三,在要求马匹屈挠时,内方缰、内方腿促使马匹屈挠,外方缰维持马匹的平衡和马匹屈挠的程度。要控制好外方缰的使用力度,缰绳力度过强会导致马匹无法屈挠,力度过小则无法保持与马嘴的联系,使得马匹的前进力量向外方肩逃散。

(三)扶助的实际应用

1. 扶助的作用
(1)扶助的目标是鼓励马匹有节奏、正直地向前走。
(2)用内方缰引导方向和屈挠。
(3)用内方腿维持马匹的弯曲度并产生推进力。
(4)用外方缰保持平衡,控制速度并调节屈挠。
(5)用外方腿控制后躯行进方向。
(6)在转弯、圈乘和横向工作时,将重量保持在内方。
(7)马嘴不抗拒缰绳,主动与口衔铁进行联系。
(8)后肢深踏,能够用后肢负重。

2. 良好扶助的表现
(1)确保马匹绝对服从骑手的指令,具备向前行进的动力。
(2)稳定节奏。
(3)马体正直。

3. 错误扶助的表现
(1)让马匹过于紧张,强行要求马匹做出自身能力以外的动作。
(2)强行推进或限制马匹的身体或速度。
(3)通过拉扯缰绳来让马匹受衔。
(4)无法让骑手的重量与马匹的重量共同协调运动。
(5)双手无法保持安静,不能跟随马匹的运动。
(6)扶助要领不够清晰和明确,马匹无法理解。
(7)骑手让马匹不停地练习超过马匹所能承受的极限。
(8)马匹没有犯错,骑手却对马匹进行处罚。

第四节　骑乘扶助技术要领及运用

当一名新手在打圈慢步、快步和跑步中都可以掌握和维持正确的骑坐姿势时,就应该在打圈或骑手自身独立的骑乘中练习各种扶助的使用。

本节所介绍的骑手的扶助都是在骑着已经调教成熟的马匹上去完成的,而不是一匹正在进行调教的新马。

一、慢步

慢步是一种4节拍的运动,由于慢步的速度较慢并且马匹没有腾空期,即骑手不会被马颠起来,因此比较适合训练骑手的骑坐。慢步的步幅有四种:自由慢步、中度慢步、伸长慢步和收缩慢步。建议初学者练习慢步以自由慢步和中度慢步为主。

慢步时,骑手坐在马背上保持正确的骑姿,两腿轻贴在马匹腹部。准备让马匹进行慢步时需将缰绳放长,用两只小腿轻轻挤压马匹腹部,同时用腰部向前方推动马鞍。骑手用腰部柔和地推着马匹往前慢步,但不要去晃动上半身。这时马匹就会开始向前发动慢步。马匹在慢步时马腹左右摆动非常明显——骑手坐在马背上,臀部紧紧贴合马鞍,骑手的坐骨会随着步法节奏而运动。当马匹左后肢往前抬时,骑手抬起左侧坐骨。当马匹右后腿往前迈时骑手抬起其右侧坐骨。骑手慢步推进的扶助是左右两侧的小腿轮流轻触马腹,规律是马匹左前腿迈出去的时候右小腿轻触,右前腿迈出去的时候左小腿轻触,这样才不会干扰到马匹的自然节奏。骑手坐骨和腰部的这种活动的幅度要小,旁观者很难会察觉到这种动作。

慢步时骑手需维持基本的骑坐,保持肩部、臀部与脚后跟成一直线的坐姿。下背、臀部及前臂需放松,具备弹性,以配合马匹运动自然产生的节奏。马匹在每次跨步时所使用的头部与颈部的力量都较其他步法来得多,若骑手妨碍了马匹颈头力量的使用,将会破坏马匹行进的节奏,这时骑手可以将缰绳完全放给马匹,让马匹的节奏平稳流畅。

二、快步

快步是一种2节拍的运动。快步的步法有四种:工作快步、中间快步、伸长快步和收缩快步。初学者应当从最基本的工作快步开始练习。工作快步最接近马匹的自然步幅,是四种快步中最为轻松的。

当快步开始时,骑手可以用与慢步相同的标准骑乘姿势坐在马鞍上做"压浪"动作,快步压浪是指骑手利用自己的身体去吸收马匹向上的力量,骑手稳稳地坐在马鞍上。或者以节拍变换的方式,马匹每一节拍变换时骑手离开马鞍一次,做"打浪"的动作。快步打浪是指骑手跟随马匹的节奏站起、坐下。

要求马匹做出快步的扶助和慢步时骑手的扶助基本类似,只不过腿部给马匹的力量较慢步而言要大一点。与慢步不同的是,快步的前进扶助是两腿同时挤压来实现的,而在慢步中是左右腿轮流接触马腹来实现的。快步时的推进,主要来自坐骨以及马腹两侧小腿的挤压。在压浪中,只要能够维持正确的骑坐姿势,即可确保坐骨的推进。而在打浪中,则须注意每次坐回马鞍时回到正确的骑坐姿势,避免产生坐骨往后推的反作用力。

至于腿部扶助的实施,则应随着快步的节拍有节奏地施行。在压浪时,骑手应将膝盖放松,脚后跟略下压,以小腿内侧贴住马腹并微微施力即可。注意实施腿扶助时不应影响到骑坐本身的稳定与平衡,尤其不可因为膝盖夹紧而使臀部离开了马鞍,即使只是轻微的离开也是不正确的。

轻快步打浪对马匹腿部的压力较小,骑手在马背上一起一落不会影响马匹的节奏,可以充分享受马背骑乘所带来的乐趣。快步打浪的关键是将自身的体重均衡地分布在左右两侧的马鞍,同时要保持脚后跟下沉。轻快步打浪的节奏很关键,当骑手能寻找到马背上的平衡时就可以很轻松地在马背上做出骑坐动作。进行轻快步的练习,可以在骑手掌握了慢步的扶助要领时就进行练习。很多教练在进行轻快步的教学之前,都会让学习者先进行一段时间的快步压浪练习,以后再进行轻快步扶助的练习,快步压浪的练习有助于骑手练习平衡,同时也可以帮助骑手较好地找到马匹快步的节奏。练习轻快步打浪时可以在马匹三种自然步法时进行站立、前倾和脱镫三种练习,特别在站立时要将脚镫缩短3~4格,将膝盖伸直,骑手几乎可以垂直地站在脚镫上。这三种练习可以有效地练习骑手的平衡。

在轻快步打浪时的推进扶助是两小腿的小腹去挤压马匹的腹部,骑手可以选择从马鞍上起来时或者坐下去时进行腿部扶助,这要根据骑手的个人习惯来进行选择。但要注意,如果选择坐下去时用腿部扶助,就一定要有规律地使用腿部扶助,不能混乱,否则马匹就会失去节奏。在运用腿扶助时可以结合声音扶助,让马匹了解骑手各种声音的含义。当骑手对马足够熟悉和了解时,有时候可以运用声音扶助来发动快步。

快步打浪时,骑手每次回落马鞍时应当是马的外方对肢(即外方前肢和内方后肢)落地的时候,而每次从马鞍站起来时则是马的内方对肢(即内方前肢和外方后肢)落地之际。当骑手坐下去时所压的马匹的对侧脚是错误的时候,骑手只需在鞍上多坐一下即可坐回正确的对肢。为什么骑手坐下去的时机是马的内方对肢着地呢?这是因为马的身体重心在内方(尤其是转弯或曲线骑乘时),如果骑手坐下去时内方后肢着地,可以有助于马匹的身体平衡和支撑较多的重量,这时骑手坐回马鞍可以减轻马匹的负担。

快步时(尤其是压浪时)脚总是踩不住脚镫,会从脚镫处滑落,很多时候是因为骑手的膝盖或者小腿夹得太紧,无法保持骑坐的稳定和深入进而导致无法踩住脚镫。应该试着放松大腿、小腿部分肌肉,腰背挺直,双脚自然往下蹬,这样就可维持与脚镫稳定接触。当骑手通过长期的练习能够找到在马背上的平衡感时,双脚自然会保持安静,也可以踩住脚镫。

三、跑步

跑步是一种3节拍、有腾空期的运动。跑步的步法也有四种：工作跑步，中间跑步，伸长跑步和收缩跑步。当骑手在快步和轻快步时能够维持好自身的平衡同时保持住标准的骑姿时，就可以进行跑步练习了。跑步练习可以增加骑手在马背上的平衡感和训练的趣味性，同时对马匹的训练效果也更好。初学者练习跑步时都应当从工作跑步开始，原因是工作跑步相对简单，骑手可以有效地保持平衡。

跑步发进的技术要领是，骑手的外方缰绳与马匹保持联系，打开内方缰要求马匹进行内方屈挠。骑手的身体重心靠后，将外方肩膀稍稍向后打开，外方腿稍往后移至肚带后方约两拳处，内方腿置于肚带处，同时用内方腿挤压马腹部并打开手指。当骑手能清晰准确地做出以上扶助动作时，马匹就会开始发进跑步。在马匹经过数次半减却之后，马匹向前推进的能量就已经积蓄起来了，跑步发进只需要用内方腿轻轻下压提示一下，马匹就可以较好地完成跑步发进了，不需要推进很大的力量。

在跑步时，骑手需要保持肩部、臀部和脚后跟成一条直线的坐姿，手部及下半身保持弹性，跟随着马匹往前的跳跃运动。只有这样才是正确的跑步上身姿势。跑步时的腿扶助，两只腿的小腿轻轻贴住马腹，脚保持稳定，不要四处摆动，视情形用小腿去挤压马匹的腹部来实施腿部的扶助。对于那些迟钝的马匹或要加强腿部扶助的效果时，可用马刺来替代小腿的挤压。

同样，骑手在跑步时实施半减却，可以将马匹的跑步维持在有动力并且有弹性的状态。

一些初学者常犯的错误包括含胸、缩腹、膝盖夹紧、脚跟跷起、手缰乱晃、骑坐倒向内方、眼睛盯着马头、身体僵硬无法坐稳在马鞍上等，这些错误都需要在训练时由教练员指出，骑手反复练习后把它们纠正过来。

倘若马匹很难发进跑步或者在跑步发进时出了错误的领先脚，骑手很有可能有以下两个方面的错误动作：第一，内方缰用力过猛导致马匹的屈挠不正确，使得马匹的内方后肢无法充分地向前踏出；第二，骑手在发进跑步时身体在晃动，没有将重心移至马的后躯。

最后还有一点值得注意的是，很多初学者在快步压浪及跑步时（尤其是在跑步发进时），身体无法稳定地坐在马鞍上，往往会出现身体前倾的现象。这样很容易影响马匹身体的平衡，让马匹无法正确地跑步发进。这时最好的办法就是骑手的身体略微往后躺，让骑手能稳定深入地坐在马鞍上，这样才能确保体重扶助和腿扶助的效果，从而做出正确的快步、跑步发进。

四、半减却

由于马匹的前躯重量较重，马匹重心自然会非常靠前。做半减却动作时，就是我们把它的重心向后移动的过程。也就是说,要使马的后躯承受的体重变大,前躯承受的体重变小,半减却是一种极为重要的常用型扶助,其使用的时机和目的如下。

(1) 提示马匹即将进行下一个练习动作。

(2) 要求马匹减速。

(3) 帮助马匹建立新的平衡。

(4) 为向下移行或者向上移行做好准备。

(5) 要求马匹收缩。

骑手使用半减却有助于马匹的平衡和收缩,同时可以有效地让马匹的步幅缩短从而达到减速的目的。一匹受过良好训练的马匹,骑手可以通过半减却的实施让马匹从任意步法(比如跑步)直接移行至停止。半减却实施的强度要根据马匹的敏感度和骑手的骑术扶助水平来定,高水平骑手的半减却动作的实施旁观者很难观察到。

骑手做半减却的时候最容易犯的错误是用手上的动作来做半减却,这会导致马的身体依靠着进入半减却,更多体重会落在前躯,而这正好与骑手想要的相反。半减却的实施是骑手与马匹之间不易观察到的信号。使用它是为了平衡马匹,使它的后躯有力量,使马的前躯变轻松,在变换马匹的步伐前做准备。要求的程度依马的训练程度不同而有所不同,年轻马需要较长的时间反复练习才能领悟。成熟马,当骑手有想法时立即就能呈现出来。对于不能立即领悟的马,骑手要有充足的耐心。一个有效的半减却必须透过骑坐、腿、缰绳的配合运用。半减却是非常有用的扶助,可以带给马更好的平衡。障碍赛中,骑手们经常使用半减却,几乎是在没有注意到的情况下——实际上这已变成了条件反射。

让马匹具备向前的动力,保持缰绳与马嘴的联系,是半减却实施的必要条件。实施半减却时,骑手应当加强腿的推进扶助并将骑坐深入,促使马匹的后肢深踏并可以承载更多的体重;一旦马匹的后肢开始负重,骑手应当将缰绳松给马匹,每一次半减却都应当以松缰作为结束。在松缰之前,马匹会对骑手的体重、腿和缰绳的扶助做出反应。换句话说,在实施半减却时,骑手的腿扶助、体重扶助和缰扶助在同一时间对马匹做功。接下来就是缰绳的控制,用缰绳短暂地限制马匹向前的意愿,让马匹收缩步伐,降低速度。需要注意的是,在这三种扶助中,推进扶助是最重要的,因为它促使马匹的后肢深踏,使骑手能够正确地"将马骑到手中",而不是向后拉扯缰绳。若是后者,则是错误的半减却。

五、立定

停止的马,正直静立,身体的重量平均分布于四肢。前蹄如同后蹄一样在同一横线上,术语称"方形站立"。立定时,马始终保持平衡和受衔状态(可允许马温和地嚼咬口衔铁)。骑手保持精力集中,移行到立定时应当缓慢和有准备,不要突然急停。

扶助如同递减步伐时的扶助。马静立过程中,骑手要保持手和腿的安静稳定,骑手和马二者应保持相互关注。当人与马高度和谐时,一般采用声音扶助的方式来进行,少用或尽量不用缰绳。

手的扶助只是会意的,不要太用力。

六、后退

后退一般是从立定开始的。每后退一整步要跨两步,基本上是 2 节拍的。落步的次序是:①左后肢和右前肢同步;②右后肢和左前肢同步。

运步要直,积极而不忙乱,步幅良好。蹄子起落清晰,外形维持良好,保持受衔。马不抬头,背不凹下。在马匹足够柔软、关节灵活并且后肢负重以前不要轻易去尝试让马匹进行后退的练习。骑手也不能用缰绳强行让马匹后退,这样会让马匹的后背凹陷和产生进一步的抗拒。

在要求马匹后退时,要注意骑坐不能太深入,必须将一部分体重分散至大腿上,但也不能上半身向前倾斜。骑手应保持垂直的坐姿,以便随时可以回到较深的骑坐上,并通过缰、腿和骑坐的扶助来停止马匹倒退。

从平衡的立定状态开始,保持手和腿与马的联系,使马专注地站着。用腿要求马准备向前行但不是真的让马向前走,手则轻微表示"不许"。骑手的身体保持直立,背和臀保持柔软,允许马背向上弓起。扶助不要太用力。退几步即可,然后立即要求马再向前行进。

如果马匹的身体不正直,有歪曲的现象,那么马匹在后退时也会出现不正直的现象。要改善马匹不正直的问题,要让马匹沿着场地边缘来进行后退步法的练习,由于场地的阻挡使得马匹无法向外方逃避,可以达到训练其外方后肢负重、纠正歪曲的目的。

在要求马匹后退时,骑手常犯的错误如下。

(1) 开始后退时马匹的立定姿势不正确。

(2) 只是用拉缰的方式来要求马匹后退,缺少腿的推进扶助。

(3) 骑手的身体蜷缩、膝盖上提。

(4) 上半身前倾。

(5) 腿扶助的位置不正确,导致马匹的后躯朝外偏移。

(6) 骑手的骑坐过重。

七、反对跑步

骑手要求马匹在领先腿及屈挠的相反方向上跑步称为反对跑步,也就是说,当左里怀跑步时,要求马匹用右领先腿跑步,反之亦然。反对跑步是重要的柔韧性和平衡力的练习,通常只在收缩跑步中进行。对于天生马体弯曲的马匹进行反对跑步的训练可改善弯曲,如执行得当,可鼓励马匹后躯踏进,同时,训练马匹的跑步变换对改善弯曲也有较好的效果。这里要着重指出的是,对于训练得当、较为成熟的马可以采用反对跑步来进行训练,对于年轻马或者训练水平不高的马,还是让其进行正确的领先腿跑步训练。

反对跑步要求马匹保持领先腿屈挠,防止后躯摆动到曲线的外侧。同时在反对跑步的训练中保持稳定节奏和平衡。

骑手既要按照马匹的柔韧性和收缩程度做出反应,又要知道马匹的身体局限。早期课程可在直线上做环形。然后按照既定目标,过渡到圈乘和蛇形线。骑手使用与跑步相同的扶助,保持领先腿坐姿,例如,在右转时反对跑步保持左坐姿。起初可能有必要更强地保持这个坐姿,特意运用腿扶助,重心向内,即向领先腿一侧。

反对跑步扶助要领:骑手应当检查马跑步时平衡和收缩的程度。例如,当用反对跑步向右行进时(左肢领步),骑手向领步肢适当侧弯,用左腿(内方)在肚带上,用右腿在肚带后产生冲击力。用右缰(外方)控制步伐和屈曲度,左缰(内方)引导方向,骑手坐在中央。做这个动作时,内方也是指领跑肢的一侧,即使是马正在向相反的方向行进。

八、圈乘和转弯

当马在曲线上、圆周上或隅角行走时,整个马体要自然地弯曲,弧度正好是马行进路线的弧度。圈越小,马体的弧度就越大。当在曲线上行进时,马外方后肢的蹄迹要和外方前肢的蹄迹在同一条线上。马必须保持平衡,不要失去节奏和节拍,外形不要变化。马的头和颈不要向外弯曲,向内弯曲也不大于马体其余部分的状态。

骑手要自始至终落在鞍最低位置,骑手的臀与马的臀平行,骑手的肩与马的肩平行,骑手的头要转向要去的方向。

内方手通过收缰和送缰来引领方向;外方手控制步伐和马体的弧度。要控制马颈不要过度向内弯曲,因此要控制马的外方肩。

骑手的内方腿要在马的内方肚带上保持正常的接触,同时外方腿要在肚带后保持正常的接触,如果需要更多的冲击力,可用内方腿快速叩击来获得。

九、移行

在马术骑乘中,所谓的移行是指下列三种状态。

(1) 从一种步法转换成另一种步法,例如快步—慢步—快步。
(2) 在同一步法中,从一种步幅改变成另一种步幅,例如工作快步—伸长快步。
(3) 无论步法是否相同,从一个运动科目转换成另一运动科目,例如跑步—停止、后退—快步、快步肩内—快步腰内,或跑步斜横步—跑步变换。

良好的移行,是人与马之间是否和谐的一个很重要的评价指标,也是骑手骑乘技巧和马匹是否服从的表现。即使马匹在快步、跑步或者肩内等某些方面表现不错,但如果在移行变换方面表现不好,整体而言仍会给人不协调的感觉。移行是否流畅,包括移行前后的节奏是否一致,推进力是否改变,马匹的身体是否柔软,马匹是否受衔等。

必须注意的是,每一次的移行(无论是向下、向上,还是运动科目之间的移行)之前,骑手都会做一次或数次的半减却,这会提醒马匹注意,骑手将会发出扶助,要求马匹更好地完成骑手要求的下一个动作。

以下是两种马匹的基础移行练习。

(一) 从一种步法移行到另一种步法(或立定)

从一种步法移行到另一种步法包括以下几种。

立定—慢步—立定。
慢步—快步—慢步。
快步—跑步—快步。

从立定移行到慢步时,采取松缰的方式将缰绳松给马匹,同时采取腿部扶助让马匹向前行进。慢步时向前推进的扶助是左右小腿轮流对马匹腹部进行挤压来推进的;快步时则是两腿同时挤压马腹。

从快步移行到跑步时,首先做一次半减却,然后再取马的内方姿势,同时将人的体重转移至内方。外方脚置于在肚带后方约两掌处贴住马腹,内方脚置于肚带正后方施加压力。要注意跑步发进时,内方缰务必稍微打开,马匹才能顺利地发进跑步。

至于向下的移行,则是借助连续的半减却来完成的。

(二) 同一步法内的移行

同一步法内的移行包括如下几种。

中间慢步—自由慢步—中间慢步。
工作快步—中间快步—工作快步。
工作跑步—中间跑步—工作跑步。

此时的扶助与其他移行相同。

第五节 骑乘训练的基本方法

除了上述的慢步、快步、跑步三种基本步法和立定、后退、半减却、反对跑步、移行等基本组合练习外,马场马术中还有许多图形骑乘以及训练马匹柔软、服从和强化正直性、收缩能力的训练方法,这些图形骑乘只有骑手具备较好的骑乘技术才能完成。骑乘中骑手让马正直行进、向左右转变方向、回转等,这就是蹄迹运动,当然也包括斜换里怀,各种各样的曲线运动,我们把这些统称为图形骑乘。骑手通过基本马场马术训练获得良好的骑坐姿势,并能正确掌握扶助,并运用扶助。最大目的是养成马对扶助的顺从性,马体的柔软性和正直性。因此需要反复练习来进行巩固和熟练。

一、里怀变换

里怀变换是指骑手乘马连续做左右转弯和左右后转弯动作,以领会各种转弯时的扶助。里怀是指在马场内骑马运动时,骑手向着马场中心的一侧,如骑手右侧向着马场中心时,叫右里怀,反之,则称为左里怀。改变方向时,应当使马体的屈曲适合它行进的曲线,即在不改变步法、节奏或速度的情况下,马的身体应随行进曲线,由头至尾相应弯曲,但后蹄迹必须跟随同侧前蹄迹并在同一线上。这种姿势又称"内方姿势"。在训练中实施里怀变换,是为了使马体左右侧关节及肌腱等得到均匀锻炼,也使马体左右侧运动均衡,同时训练骑手控制马的能力。里怀变换按照对角线的不同可以分为全场斜换里怀和半场斜换里怀。

如图 6-5-1 所示,全场斜换里怀的扶助要领是保持正确的骑乘姿势,将重心稍移于内侧。内侧腿在马肚带处后一拳的位置保持正常接触,外侧腿在马肚带的后方保持正常接触,如需要较大的推进力,用内侧腿给一个快速的推压即可。骑手右里怀沿着横蹄迹线通过隅角后,从变换地点(要使马的肩部与变换地点保持一致)向斜方向转,然后沿着对角线直行。外方缰绳保持联系,用双腿来控制马匹行进的方向。在斜对面的隅角两个马身时取新的内方姿势,内方缰适度开缰让马匹屈挠,同时控制马的头颈不向内侧过度弯曲。这时骑手要变换骑坐,快步骑坐要压在另一侧的对角肢。当马头即将达到隅角时向左转变成左里怀,沿着横蹄迹线运动。

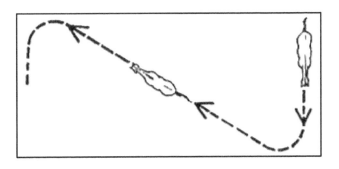

图 6-5-1　全场斜换里怀线路

二、圆形骑乘

圆形骑乘是马场马术中最基本的骑乘图形。根据马体是右侧在内还是左侧在内,圆形骑乘又可以分为右圆形骑乘（顺时针方向运动）或左圆形骑乘（逆时针方向运动）。在马场马术之中，圆形骑乘是训练马匹发展节奏和柔软性的最佳训练手段。通过左、右里怀实施圆形骑乘，不仅可以锻炼马匹左右两侧的肌肉，增加其运动时的平衡感，还可协助纠正马匹天生的歪曲，从而达到马术运动所要求的正直性。

圆形骑乘的直径为10～20米，直径小于10米的圆形骑乘，称之为圈乘。常见的圆形骑乘包括12米、15米和20米，20米的圆形骑乘是骑手必须练习的，它能让骑手学会如何去维持马匹的弯曲、节奏和平衡。一般来说，圆圈的直径越小，骑乘的难度就越大，只有当马匹的身体足够柔软时，才能进行直径较小的圆形骑乘。马匹在进行圆形骑乘时对内方腿部的压力较大，因此不应当强迫腿部有伤或年轻马进行直径较小的圆形，这样会导致马匹肢体或腿关节的扭伤。一般马的身长为3米，因此半径小于3米的圈乘不要求马匹练习。半径为3米已达到马匹脊椎自然弯曲的极限，强行去练习会对马匹造成伤害。在标准的圆形骑乘中，马匹的内方二肢应准确无误地踩踏在圆周线上，而马体的弯曲度也应该与圆周线相吻合。

对于骑手而言，圆形骑乘的练习可以有效地提高和增强骑手缰、脚、骑坐等扶助的能力，如果骑手不能有效地运用各项扶助，那么他也不可能让马匹做出圆形。圆形骑乘时的缰扶助，外方缰要保持联系，内方手可以略高，内方缰和内方腿让马匹进行屈挠，并以持缰的松紧程度来传达骑手的意图和控制马头屈挠的程度。举例来说，骑手在进行左里怀的直径为20米的圆形练习时，由于马匹在运行时重心会略微往内方（即左侧）倾斜，因此骑手要将其重心置于马匹的右侧以让马体在运行时维持平衡。内方腿（左腿）在肚带后一拳处要求马体做出与圆形同一弧度的弯曲，外方腿（右腿）在肚带后方两拳处来维持马体的弯曲度。内方缰（左缰）适度的开缰要求马头做出与马体一样弧度的屈挠，外方缰（右缰）则必须保持稳定的联系维持马匹的平衡和控制马匹头部弯曲的程度。要骑出一个标准的直径为20米的圆形，并且让马匹持续地工作直到骑手示意马匹停止才能停止工作，这是需要有较好的平衡能力才能做到的，特别是有较好的腿部扶助能力。有效地使用腿部扶助才能让马匹维持较好的动力和运行路线。

在进行圆形骑乘或者转弯时，骑手的头部要保持直立，不要习惯性地去看马头或者地面。这时应当保持身体的正直，眼睛从马的两个耳朵之间注视前方，否则会因为骑手的头部位置的改变而干扰马匹的平衡。

（一）转大圈

一般转大圈的半径为10米，转这种圈要把四边的中央切点画出。以圆心为轴的一个"十"字，切点就是"十"字与圆形相交的四个点。在转大圈时要求马匹将四个切点走好，在切点之间让马匹走出圆弧形而不是走直线，这样才能让马匹走出一个标准的圆形。马的躯干不在蹄迹线上行进，只在每个切点的一瞬间，马才行进在蹄迹线上。转大圈骑乘可增大马的屈挠度，并能形成马体的柔软性和对扶助的顺从性。

（二）变换里怀转圈

这是在转大圈中进行的变换里怀，即骑手从圈的中心点通过，描绘出正确的"S"形，然后再进入圈线上。如图 6-5-2 所示，变换里怀的位置可以是四个切点中的任意一个切点。骑手在离圆心前两个马身时取新的内方姿势，然后用新的骑坐和腿扶助进行右里怀的骑乘。

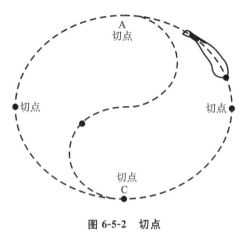

图 6-5-2 切点

（三）缩小转圈（扩大转圈）

在圆形骑乘中逐渐缩小或扩大圆圈的半径称为转小圈、大圈骑乘。这是一种很好的收缩练习，同时练习马匹的屈挠度和增加马匹的柔软性。当骑手在缩小转圈（图 6-5-3）时，他的骑坐重心必须更往内移，同时以内方缰引导马匹，并用外方腿在肚带后两拳处施压，促使马匹的前躯始终保持在后躯的前方，慢慢朝着中心点移动。随着圆圈的半径越来越小，马体弯曲的程度也越来越高，因此造成马匹的收缩。当圆圈缩小至 12 米（视马匹的调教程度来定，最小不应当小于 6 米）时就不适宜再缩小半径。

在扩大转圈（图 6-5-4）时，骑手要使用肩向内或者横步的扶助操作，把马向外方诱导，使马逐渐地把圈扩大到原来的程度。骑手不应该为了引导马匹而采用压缰的方式

图 6-5-3 缩小转圈

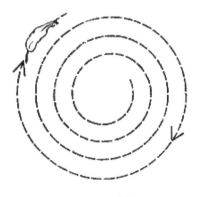

图 6-5-4 扩大转圈

来控制马匹,这样只会干扰马匹的平衡最终使马匹往外逃。

(四) 变换转圈骑乘(八字骑乘)

变换转圈骑乘(八字骑乘)是骑手骑乘马匹走出两个一样大小的圆形,该图形类似阿拉伯数字"8"(图 6-5-5)。八字骑乘有很大的训练价值,也是经常采用的一种骑乘方法。

图 6-5-5　八字骑乘

三、蛇形骑乘

蛇形骑乘是指沿着如图 6-5-6 所示的蛇形路径的骑乘。蛇形路径有三弯曲、四弯曲、五弯曲,甚至六弯曲等形式。每一个弯曲与中央线相交的长度都是一致的。以三弯曲为例,每一个弯曲与场地中央线相交的长度刚好为 20 米,也可以理解为三弯曲是由三个 20 米的半圆所组成。另外,每一个弯曲回转后都要求骑手取新的内方姿势。在场地面积既定的情况下,环形的宽度越窄及弯曲越多,训练的难度就越大。

图 6-5-6　蛇形骑乘

进行蛇形骑乘的练习对于马匹而言可以有效地发展马匹的柔软性和平衡性,对于骑手而言,有助于提升各项扶助水平,提高骑手的骑术水平。进行蛇形骑乘所要注意的是在每次变换屈挠之前,必须先使马体回到正直。骑乘要点:对着中央线要斜着进入,开始用右内方姿势向中央线行进,此时,不是正直地进入中央线,而是斜着进入。要使马正直行进约一马体,在马的肩头对着中央线时圆滑自如地变换左内方姿势,从左里怀行进,按照规定好的弧度数进行蛇形骑乘。

四、转一圈

从蹄迹线上开始向马场内走一个半圆之后再返回到原来的地点,进入蹄迹线,称为"转一圈"。圈的大小规定为直径6米,转圈时要让马随着圆圈的弧形弯曲与屈挠,骑手要一边正确地使用扶助,一边维持马的步法节奏。另外,对新人新马的训练最好采用直径为8米的圆圈(图6-5-7)。

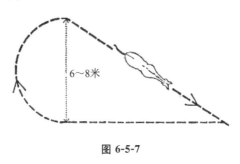

图 6-5-7

第六节 户外骑乘

马场面积较小,日复一日在马场训练十分枯燥。在骑手具备一定的骑乘技巧,并且累积了一定的经验和信心后,就可以到户外进行骑乘。户外骑乘不仅让骑手心情愉悦,同时对马匹也是非常好的一种训练方法。假如一名骑手野外骑乘的经验较少,在野外骑乘的初期应当骑乘一匹稳定并且具有丰富野外骑乘经验的马匹。另外,应当和一些经常去野外骑乘的骑手成群结队地一起进行野外骑乘。许多有经验的骑手常常会参加户外骑乘,这使他们在增加见识的同时,也能享受到骑马的乐趣。进行户外骑乘要规划好骑乘的线路,同时后勤保障要准备充分。

一、概述

户外骑乘是一项刺激、有趣的活动,不但可以增加骑马的乐趣,而且是初学者增加信心及摆脱压力、放松心情的好方法。

在进行野外骑乘之前,首先应该在马场附近几公里范围内进行,骑手对马场附近的环境十分熟悉,这是建立骑手与马匹信心以及经验的重要一环。

如果打算用一匹年轻的马进行户外骑乘,必须有十足的把握可以驾驭它;如果打算独自一人到野外骑乘,出发之前一定要把骑行线路及预计回归的时间告诉他人。骑行时一定要随身携带手机,在遇见危险时可以进行求救,同时身上也要携带一些零钱。骑手要身着能见度较高的衣服,所选择的路线一定要熟悉,千万不要独自一人到陌生的地方骑乘。

如果学习骑马的时间不长,最好不要一个人在野外进行骑乘,旁边必须要有有经验的骑手或者教练。在团体户外骑乘活动中,领头和垫后的骑手一定是在这个团队中经验最为丰富的两个,他们要及时对团队中的新手进行指导和纠正,确保整个团队的安全。

要根据周围环境来选择户外骑乘方式。住在乡村的骑手野外骑乘的经验肯定要比城市或者是城镇的骑手更为丰富,如果野外骑乘需要经过城镇或者是繁华的街道,一定要遵守交通规则,注意道路的标志,提前规划好路线。

在进行户外骑乘之前,一定要认真仔细地检查一遍装备以防止在骑行过程中突然断裂或者损坏。骑手一定要正确地佩戴合格的安全帽。

如果骑乘的是一匹不熟悉的马,建议在出发前先在马场内骑乘一段时间。这样做不仅可以熟悉这匹马的习性和特点,而且可以让马匹进行放松。千万不要逞强骑着不熟悉的马出马场。如果骑手没有足够的信心或者认为不能较好地控制这匹马,那么放弃野外骑乘是一种比较安全和明智的做法。

马匹安装了蹄铁使得马匹在硬地面容易出现打滑的现象,因此在硬地面(如水泥路、马路)上骑乘时应慢步前进。有些平滑的地面也容易让马匹滑倒,如柏油路上的斑马线部分。特别在转弯时马匹一定要放慢速度,否则也很容易让马匹滑倒受伤。

在马路上遇到机动车、自行车、行人或其他骑手时,都要慢步通过。不论在什么情况下,在路口或者是在有车辆接近时都应该慢步前进。有的人看见马匹在马路上通行会感到新奇和高兴,而有的人很可能会害怕马匹甚至产生一些不愉悦的心理。在马路上骑乘要礼让行人,过没有红绿灯的马路时要让行人和机动车先通过,对于那些减速或者让路的车辆和行人可以举手示意或是以微笑来表示感谢。

在人流量较多的马路上时,骑手应当排成一列纵队进行骑乘。在乡村小路或者在农田附近准备跑步时,应先做多次慢步和快步的移行,使马匹稍稍热身。当团体准备跑步前进时,最好是采用一匹跟着一匹的纵队前进,并且由带头的骑手控制众骑手的节奏,并且时不时地注意经验不足的骑手的情况。当有大型车辆经过时一定要放慢速度,最好是停下来等大型车辆通过后再继续前进。因为有些马匹会对这些大型车辆感到恐惧,并试图逃离。

在户外骑乘时最好每位骑手都佩戴对讲机,随时可以通过对讲机进行交流。如果没有对讲机,则要采取手打信号的方式来进行沟通和交流。比如在野外的路口时,带头的骑手一定要提前伸手指明准备转弯的方向,确保后面的骑手看到信息后再进行转弯。遇见前方有水坑时,带头的骑手应当举手示意所有骑手停止在原地不动,由团队负责人派出一人去确定水坑能安全通过后再举手示意所有的骑手依次通过水坑。万一遇到突发状况而出现受伤的情况时,应当以最快的速度告知团体负责人并处理好。

在路过水坑时,如果不知道哪一条才是最好的路线,下马牵马前行是最好的选择。如果不愿意下马,至少也应当看清楚路线后再要求马匹踏入,要选择质地较为坚硬的地面通过。

当遇到沼泽地时,骑手应当采用前倾骑坐的方式来减轻对马匹背部的负担。如果该沼泽地太软,马腿陷入泥地,骑手最好下马牵着马匹前行,这样可以减轻对马的负担,并且可给马匹多一点的缰绳以便让它的活动范围更大。

在炎热的天气进行野外骑乘时,马匹不断地刨地是马匹开始烦躁、想偷懒的先兆,这时骑手需要给予声音扶助和马鞭来提醒马匹。

在树林间骑乘时,要注意周围的树枝,需要时要趴在马背上以闪躲太矮的树枝。若想用手拨开眼前障碍物,拨开时不要反弹影响到后面的骑手。在团体行进过程中遇到需要拨开的树枝时,领头的骑手可以停下来为大家拨开树枝直到众人都通过后再放开。如果树枝较大则需要将其折断或者砍掉方便骑手通行。

在行进过程中遇到大的障碍物,比如挡在路中央的大树或石块等,骑手应当事先决定是尝试跳跃还是绕道而行。一旦做好了决定,骑手就应当保持节奏并且充满信心地朝着障碍物笔直前进去尝试跳跃障碍。切记不能勉强,毕竟野外障碍物不像竞赛场地的障碍杆那样一碰就会倒,尝试失败会导致马匹和骑手受伤。

在户外骑乘即将结束回到马术学校或者马场时,应当用一段时间的慢步前进让马匹在回到马厩前进行放松,同时让其情绪恢复稳定。进行野外骑乘不仅要求骑手具备良好的骑术水平,同时应当对周围一些突发事件有及时处理的能力。体验不同的地形和坡度,人和马在广阔大自然中呼吸清新的空气,人和马心情都十分愉悦,对于骑手骑乘水平的提升也较为显著。进行野外骑乘的范围为从绕马场附近 1 小时的简单骑乘到几个小时的长距离骑乘等。无论是短距离还是长距离的骑乘,一定要事先规划好线路,对多变和恶劣的天气提前采取必要的防范措施。

二、骑马上下山

骑马上下山需要骑手有较好的平衡感和协调性,这样才能帮助马匹较好地上坡和下坡。在山地骑乘时,骑手须获得良好的平衡感,以保持稳固的骑姿,这样的骑姿既舒适又能提供控制感,且不妨碍马匹应对坡度的能力。在户外或野外骑乘时,骑手骑姿越稳固,应对不同的地势的能力就越强。

骑马上下山通常要稍微缩短脚镫,可接近跳跃障碍时的脚镫长度。

上山时骑手最好采用轻骑坐或前倾骑坐。轻骑坐或前倾骑坐会减轻对马背的重量,让马匹自由地使用其后腿以及后背来应对坡度。骑马下山时,骑手需要更加直立,但不要将过多的重量放到骑坐上,避免马背过度负重。

骑马上下山坡时要保持直线行走:一是因为让马匹走正直可以有效地将腿部的力

量向前传导,更加节省体力;二是因为直线行走对马的四肢和关节的压力小。

三、开关门

训练场的门必须时刻保持关闭以免在训练时马匹突然罢工跑回马厩,或者在经过门时马匹突然闪出门外将骑手甩下马。马匹和骑手都需要学习如何完成某项任务并通过反复练习来提升能力。在马背上开关门是需要一些技巧的,骑手应重复练习,马匹也逐渐会接受骑手坐在马背上开关门。

当骑手快到门口时要以马头朝向门,注意马要站立在不打开的那扇门后,以防开门时撞到马匹。外方手拿缰绳和马鞭,内方手打开门栓。将门推开后要确保门的距离让马匹能顺利通过而不会撞到门上。门打开后,如果是让其他骑手先进去,开门的骑手就需要先让马匹站立不动,请其他骑手先进去。手扶门或将门开大,让马匹安静地穿过,确保门开着。当马匹进门后与门平行站立时,还是用外方手拿缰绳和马鞭,内方手插上门栓进行关门。在开关门的过程中包括让马匹前进、倒退、停止以及前肢旋转等动作,听起来十分复杂,但只要多加练习就会变得十分轻松和简单。

四、长距离的户外骑乘

骑马旅行可以慢慢地欣赏沿途风景,如果是 3 天以上的长距离骑乘,最好有马车跟随,中途可以更换马匹。进行较长距离的户外骑乘一定要有马匹更换,这一点很重要。

进行长距离的户外骑乘要做到三点:一是做好详细的路线计划及方案;二是骑手要具备良好的体能和骑乘技术;三是马匹具备长距离行走的能力。

在计划长距离骑乘旅行之前,马匹及骑手的健康状况与耐力是首先要考虑的问题。在进行长距离骑乘探险(特别是需要在外过夜的长途旅行)之前,一定要让兽医对马匹的体能状况做评估,看马匹的身体状况是否可以承受长距离的旅行。另外要检查马匹腿部及蹄铁的状况,必要时进行修整,或安装一个新的蹄铁。

长距离骑乘出发前装备的前置准备工作必须认真仔细,降低装备在野外发生故障的可能性,事前的检查是很重要的。旅行时大部分要用到的装备,通常都会在下一个夜晚来临之前先送到下一个目的地。但由于骑手白天骑乘的时间较长,最好佩戴一个马鞍挂袋,挂袋中放置水、干粮、防晒用品、医疗用品及一套更换的衣物等生活必需品,一定要简单轻便,以免增加马匹额外的负担。

长距离的户外骑乘一定要事先规划好,每天的路程都合理地安排好,一天骑在马上的时间以 6 个小时为宜。同时中途休息调整的地点一定要提前计划好,让人和马都能休息调整好,之后再进行下一段的旅行。在出发前规划好骑乘的速度和节奏,注意体力的维护。

五、户外骑乘落马的处理方式

每一位骑手或多或少都有过落马的经验,马圈也有这样一句话:"要想学会骑马,必须先学会摔马。"掌握一些摔马的基本常识才能降低落马者在摔马后对人和马匹所造成的伤害。

骑马时如果感觉到马不受控制,这时不要紧张,发出柔和的声音让马匹放松下来,同时多做几个半减却让马匹停下来。停下来可以避免马匹不受控制奔跑导致骑手落马;向旁边移动可以脱离马群或其他骑手,避免发生意外;远离马群可以避免马匹因失控而跟随别的马匹,乱了马群步调。

落马有可能仅仅是从马鞍上失去平衡而滑落到地面,也有可能是因为马匹失蹄或绊倒,还有可能是在跳跃障碍时马匹的急停或者逃避将骑手从马背上摔落下来。无论是何种原因导致骑手落马,落马时一定紧紧抓住缰绳不松手,尝试从两旁翻滚落地,减缓冲击力。摔落在地上后,自己先评定是否受伤。如果没有大碍,应起身重新上马。落马之后很快又重新上马是非常重要的,这个动作可以重新拾回信心。在骑手了解是什么原因导致落马后,很快重新上马也可以借此机会告诉马匹骑手不畏惧摔马,不要让马匹以为骑手落马就可以停止工作。

落马时抓住缰绳不仅有助于降低落马对骑手造成的伤害,同时抓住缰绳还可以控制住马匹,不让其逃跑。骑手落马时,马匹一般都会站在骑手旁边不动,但有时马匹受到了惊吓也会逃跑。由于马匹受到了惊吓,再加上马场面积较大,想抓住马匹就不是一件容易的事。如果马匹总是躲着骑手,逃避抓捕,你不能放任自由让马匹在马场内到处逃跑。这个时候,可以多找几个骑手一起把马匹赶到一个角落。当马匹了解到它自己已经无路可走时,就会自动放弃逃跑。如果落马是因为马匹跌倒或绊倒,再重新继续骑乘之前应该仔细检查马匹的脚及脚蹄是否受伤,可以牵着它快步行走,以便进行观察、检查。

思考题

1. 扶助的概念及人工扶助的要领是什么?
2. 简述常见的错误骑坐及其原因。
3. 影响骑手骑姿和平衡的因素有哪些?
4. 舞步骑坐的特征是什么?

第七章　马术高级训练

本章导语

骑手和马匹专注于某个马术项目后就需要进行高级训练以满足该项赛事的需求。通过高级训练能让马匹对最轻微的扶助做出反应，柔软度进一步提升，马匹产生很强的推进力和收缩。本章介绍高级训练的方法及扶助要领。

学习目标

高级训练的准则、高级步法、横向运动。

Cavalia 舞马——将马匹调教到极致

Cavalia 舞马已经巡演过全球 70 个城市。演出共计吸引了 400 多万观众入场观看。该演出将传统马术与表演艺术、杂技、舞蹈、技巧及音乐等相结合，展现了马这种梦幻生物的魅力，同时也呈现出人与马之间的美妙关系。

和一般的动物表演不同，创始人诺曼有一套卡瓦利亚哲学："要上演一场美丽的演出，必须保证每一位演员都能享受表演，如果马匹害怕人，这种恐惧也会在它们的表演中体现出来。"在卡瓦利亚剧团禁止使用马刺之类的伤害性工具，而是依靠长期的训练和磨合，慢慢地引导它们学会对人类通过肢体和声音发出的指示做出反应。"我们不需要每一匹马都是完美的，只要它是马就可以了。"

这种对马的尊重和爱护让它们的表演不仅精彩，也展现出不同的个性，有的温顺听话，也有的调皮捣蛋，在并列行进时喜欢招惹自己身边的同伴，甚至有时候会自顾自地脱队，让它们的人类同伴有点头痛。但这种现场的意外情况也是《梦幻舞马》的魅力之一，甚至有不少观众期待在现场看到这样的"彩蛋"。而为了配合这些在演出时常常"心血来潮"的表演者，《梦幻舞马》采取了乐队现场配乐，从技术人员到演员也都是即兴发挥的专家。

第一节 骑乘高级训练的基本准则

一、骑乘高级训练的目的

马匹通过基础训练后要能够给人骑乘,领会和尊重骑手的扶助指令。为了更好地提高马匹的运动能力,我们需要对马匹进行更高一层次的训练,即高级训练。马和骑手都必须不断地进步。马各有差别,不同等级的训练需要不同的时间。通过高级训练主要达到以下目的。

(1) 激发马匹向前的意愿。
(2) 对最轻微的扶助做出反应。
(3) 增强体能。
(4) 更柔软和灵活。
(5) 学会后肢负重。
(6) 让骑手有更多的控制。

二、高级训练的基本原则

(一) 持之以恒

要求马匹一步一换腿等"高级"动作,需较长的时间才能达到。这需要骑手多年的努力,耐心地去教导马匹做出这些高难度动作。

(二) 进度

训练不能完全按照既定的时间表执行,而应根据进度调整。马匹和骑手有不同的能力和性格,进度也会各不相同。尽管驯马师制定了循序渐进的训练计划,但在实施过程中,要灵活,以适应受训马匹的个体特点。

(三) 奖励和惩罚的使用

合理地利用奖励和惩罚让马匹能明白训练效果是否符合骑手的要求,训练马匹接受骑手的扶助并顺从于骑手。根据马匹的特点,奖励和惩罚的轻重会各有不同。通常热血马和烈性马比懒惰的马匹需要更多的奖励,懒惰的马匹可能从偶尔的训斥中获益。驯马师须分析马匹的特点并制定合适的纪律。一般情况下不要随意对马匹进行惩罚,过多的惩罚会导致马匹产生抗拒心理。受惊的马匹会太紧张而根本无法学习。目标是通过合理和灵巧的方法获得马匹心甘情愿的配合,但是同时要认清谁是主人,如果失去权威和尊敬,训练将会到此为止。

三、先决条件和设施要求

(一)场地设施

马匹高级训练要有科学的训练计划和手段,经过长期的努力训练后才能达成。因此,有一个宽敞的室内馆是马匹高级训练成功的先决条件。特别在我国南方,春季雨水多,夏天过于炎热,冬天风大、温度低,在这些恶劣的条件下是无法保证训练效果的。有了室内场,骑手才能风雨无阻地对马匹进行训练。另外,场地地面状况要好,如果场地地面坚硬不平,训练时的振动会使马背僵硬。

(二)辅助

马术要按照正确的方法对马匹进行训练,很多时候,当一个骑手在训练和调训马匹遇到瓶颈时,就需要更有经验的人来指导。也不需要每天都要人进行指导,而是定期辅助,以检查骑手的骑姿和马匹的步法及动作。

(三)马匹管理技能

注重细节,包括马匹的日常护理。
(1)针对马匹的训练状况进行科学的饲喂,保证马匹的营养后才能完成高级工作。
(2)坚持每天给马匹进行刷拭和按摩,保持马匹干净且健康。
(3)及时发现马匹身体的异常状况,比如脚肿和疼痛。如果不能及时发现并让马匹带伤训练不仅会加剧其伤情,而且会影响马匹竞技能力的提升。

四、骑手的素质

骑手的素质直接决定着马匹训练水平的高低。优秀的骑手具备以下素质。
(1)热爱马术运动。兴趣是最好的老师,喜爱这项运动是成为一名优秀骑手的先决条件。
(2)让马匹理解的能力。如果马匹不顺从,骑手须考虑马匹是否理解指令。责备马匹之前,骑手应适当考虑所用的扶助和方法是否正确。如果骑手形成了良好的基本骑姿,就能给出更清晰的扶助。

(3) 理解马匹的天性并且能够根据受训马匹的性格和个体特点,调整训练方式。

(4) 情商较高,能较好地控制自己的情绪。

(5) 有耐心且观察力强,能够及时发现马匹的异常情况。

(6) 热爱学习提高,乐意用不同的方式去达成目标。

(7) 拥有丰富的马术专业知识,确保马匹得到良好护理和合理的饲喂。

(8) 具备治疗马匹常见疾病及修剪马蹄的能力。

第二节 高级训练基本工作

一、步法

良好的骑乘,需要严格细致的训练方法。扶助必须简练、清晰和准确。必须清楚使用扶助的目的和马对扶助的反应程度。在使用扶助之前要反思一下。当马以正常的体态和步伐行进时,骑手必须有提前认识和判断的能力,这叫"马感"。

一匹训练有素的马能正确回应骑手的扶助,也容易改进骑手的骑术。如果骑手非常有经验,马也容易进步。

当马表现不好时,骑手必须弄清原因。

(1) 骑手错误的骑乘。

(2) 马尚未领会意图。

(3) 马无能力执行(身体虚弱)。

(4) 马不执行(反抗)。

要清楚马在想什么,也必须清楚它的智力缺陷和生理障碍。一旦马做得正确,要立即表扬。经常让马自己矫正,决不要发脾气。

综上所述,必须清楚每一训练科目的结束时间。

对于步法的准确定义,国际马术联盟已发布,在英国舞步协会出版的《舞步规则》中也有。这个规则每年会有一些小的变化,仔细阅读最新的版本对未来的训练是有非常有益的。

慢步、快步、跑步、袭步在前面"基本步法"中已进行了描述。下面描述更多的高级步法。在进行更高级的步法之前,马能在基本步法上稳定地工作。要有节奏和平衡;尊重骑手的缰、脚和骑坐;积极向前迈进且有信心。

花更多的时间在慢步上,充分练习不同步法变换。收缩和伸长慢步必须得到锻炼,但要谨慎行之。站在地面上的助手要检查落蹄顺序是否正确,当慢步中的推进力不足时,很容易失去节奏。

(一) 慢步

慢步是一种 4 节拍的前进步法,包括中间慢步、自由慢步、缩短慢步、伸长慢步。

1. 中间慢步

马的头颈低于缩短慢步,步态平稳,骑手要求马匹后肢向前踏进,后蹄落在前蹄迹前方(图 7-2-1)。马有目的地前进,步伐沉静平稳,不受约束。骑手必须与马嘴保持轻柔而平稳的接触。

2. 自由慢步

骑手在自由慢步中放长缰绳使马放松,允许伸展头和颈部,但仍然保持节奏前进(图 7-2-2)。马头充分向前下方伸展,鼻子尖向前。同样要求马匹的后肢踏进。

图 7-2-1 中间慢步

图 7-2-2 自由慢步

3. 缩短慢步

当马做缩短慢步时,要保持冲力,缩短步伐。用腿和手敏感地操作来控制节拍和节奏(图 7-2-3)。马的鼻子高于胸部,头颈高扬。节拍和节奏与中间慢步相同,但此种慢步更具活力。有节奏的前行,每步更高、更短一些,步幅较小,因此速度较慢。缩短慢步主要有以下三个特征。

(1) 后腿和前腿的关节要有更大的弹性和机动性。

(2) 后蹄没有越过前蹄蹄迹。

(3) 前躯变轻,头和颈上扬,头呈垂直状态。

这种步法很难骑乘正确。不要试图太快或时间太长。过多的限制会破坏正常的步法。

4. 伸长慢步

在做伸长慢步以前,骑手首先要检查马先前的步法质量。然后加强推进力,促使马达到伸长慢步。骑坐要始终与马的运动相协调,手要保持着联系并随着马头和颈的运动而运动(图 7-2-4)。缰绳保持联系,马的鼻尖低于胸部,节奏和节拍同中间慢步一样,但是马会尽可能地伸长步幅,不惊慌,也不失去步态,速度得到了加快。伸长慢步主要有以下四个特点。

(1) 后蹄迹明显超过了前蹄迹。

(2) 马的外形伸展,马头与颈前伸。

(3) 伸长慢步比中间慢步需要更多的冲击力。

(4) 马必须接受"联系"。

一般错误:马失去平衡和柔韧性,步法有时紊乱。马有意加快节拍而不是伸展步幅。

图 7-2-3 缩短慢步

图 7-2-4 伸长慢步

(二)快步

快步是一种 2 节拍步法,四肢以对角肢交替运动,在对角肢交替运动期间有一瞬间的悬空期。步法应该活泼而有节奏,背部表现为柔软有弹性。快步时,马尾应保持安静,不动为最佳。从一种快步变换到另一种快步时马必须保持同样的节奏和平衡。

1. 工作快步

大多数训练采用的是工作快步(图 7-2-5)。马必须保持自身的平衡,飞节活动有力,保持一个好的平稳的节奏。与马嘴保持轻柔、平稳的联系。

2. 中间快步

中间快步介于工作快步和伸长快步之间。由于后躯和飞节的推进,步幅伸长,步伐轻快。在节奏和平衡保持稳定的基础上,骑手可以允许马匹略伸长并放低其头和颈部(图 7-2-6)。中间快步是介于工作快步和伸长快步之间的快步。节拍和节奏相同,但与工作快步相比,抓地面积更多,步幅较大,因而速度有所增加。

在获得中间快步之前,工作快步必须适当地收缩。紧接着,骑手通过产生更多的冲力,随着马头、颈和四肢的运动使马外形得到伸展,步幅得到加长,速度自然会加快。当所要的步幅达到以后,骑手要保持步伐。双手要随着马头和颈的伸展而保持联系。

图 7-2-5 工作快步

图 7-2-6 中间快步

1) 中间快步的特点

(1) 这需要更多的冲力,马用流畅、适度伸长的步伐前行。

(2) 马外形伸展,头和颈前伸,飞节需要更大的推力。

(3) 马必须保持平衡。

2) 中间快步常见的错误

(1) 马的步伐紊乱。

(2) 马试图增加快步的节奏而不是伸长步幅,即所谓的"跑起来"。

(3) 失去平稳和前躯负重。

(4) 快步变为跑步。

3. 伸长快步

节拍和节奏相同,马伸长并放低头和颈部。但是马每步都最大限度地伸长步幅,不能表现为加速(图 7-2-7)。从缩短快步起,骑手要加强冲力来达到伸长快步,促使马体舒展,要始终保持联系。骑手通过控制步法的节奏、节拍和速度来使马保持平衡。

当所有步幅都得到伸展时,骑手必须通过加强冲力来准备加快速度。如果骑手试图让马伸长步幅而没有足够的冲力时,马会失去平衡。

伸长快步的特点:

(1) 伸长快步要比中间快步需要更多的推进力。

(2) 后躯必须发育良好,有力,确保马保持正确平衡。

(3) 四肢要保持连贯地运行,不要忽快忽慢。

(4) 马体的伸展要随着头和颈的伸展而伸展。

(5) 必须始终保持着联系。

伸长快步常见错误同中间快步。

4. 缩短快步

骑手要靠缩短步幅来获得缩短快步,同时要保持节奏和冲力。节拍和节奏同工作快步一样,但马抓地面积较小。马的步幅比工作快步要短。由于后躯和飞节的有力推进,步伐显得更加轻快和活泼,因此速度下降(图 7-2-8)。

图 7-2-7 伸长快步　　　　　　　　　图 7-2-8 缩短快步

1)缩短快步的特点

(1)关节需要机动灵活。

(2)由于后腿关节作用而使后躯下沉,同时马体前躯重量减轻。头和颈上扬,头部接近垂直。

(3)马不要"过迹",就是说,后蹄迹不要超过前蹄迹。

(4)马保持灵活和机动,背部有弹性。

(5)马必须是受衔状态。

2)一般错误

(1)马背变得紧张和僵硬,因此失去灵活性和机动性。

(2)马的运步失去规律。

(3)马试图用放慢节拍来减速,而不是靠步幅的缩短和抬高。

在这里要注意的一点是伸长快步和缩短快步对马匹能力的要求较高,只有当马匹达到较高的训练水平时才能完成这两个动作。除非马匹可以用飞节来发力和承载体重,否则做伸长快步会导致马失前蹄。

(三)跑步

跑步是 3 节拍运动。跑步必须轻盈,运步规正。后躯和飞节必须富有活力和有力的踏进,在直行时马体要保持正直。

1. 工作跑步

工作跑步是马基本的跑步。马保持自身的平衡,与骑手的手要保持轻的联系,飞节和后躯必须富有活力,步法轻快(图 7-2-9)。

2. 中间跑步

中间跑步是介于工作跑步和伸长跑步之间的步法。与工作跑步相比,马抓地面积更大,运步更圆更长,因此速度有所提升,但节拍和节奏保持不变(图 7-2-10)。

图 7-2-9　工作跑步　　　　　　　　　图 7-2-10　中间跑步

首先从工作跑步的基础上轻微地收缩,骑手用加强推进来要求马变换成中间跑步,随即让马伸展外形,伸长步幅。当马的头和颈前伸时,骑手的手也必须随着运动,保持联系但不限制马的步幅。当所要求的伸展达到时,骑手要保持住步法不变。

1) 中间跑步的特点

(1) 这需要更多的动力,后躯需要更大的推动力。

(2) 头和颈稍前伸,外形伸展。

(3) 马始终保持着联系。

(4) 马必须保持平衡,保持着节奏和节拍。

2) 中间跑步的错误

马失去平衡,前躯负重。由于缺乏推进力,节奏变快。

3. 伸长跑步

从缩短跑步开始,骑手靠加强力来要求马变为伸长跑步,同时保持让马外形和步幅得到伸展。节拍和节奏保持不变,马尽最大可能地抓地,保持着平静和轻快,速度有所提升。由于后躯的推进,马体尽可能伸展,步幅最大限度地伸长。马不能紧张或匆忙,也不能失去节奏和平衡,否则会马失前蹄(图 7-2-11)。

1) 伸长跑步的特点

(1) 来自后躯的巨大冲劲带动马体向前跨越地面。

(2) 马的外形随着头和颈的伸展而伸长。

(3) 马必须始终接受联系。

(4) 马必须保持平衡,同时保持步伐的节拍和节奏。

2）伸长跑步的一般错误

伸长跑步的一般错误同中间跑步。

4. 缩短跑步

工作跑步起，骑手要求缩短步幅来达到缩短跑步，同时保持节拍和冲力。节奏和节拍同工作跑步一样，但马抓地面积较小，步幅较短，因此速度下降。保持节奏不变，马的肩部柔韧而灵活（图7-2-12）。

图 7-2-11　伸长跑步

图 7-2-12　缩短跑步

1）缩短跑步的特点

（1）马的后躯发育良好，有力，前躯轻松，肩部灵活，头和颈上扬，头部接近垂直。

（2）马表现得更柔软。

（3）马始终保持受衔状态。

2）缩短跑步的常见错误

（1）马的背和后腿变得紧张和僵硬，因此失去柔韧性和动力。

（2）马失去节拍和节奏。

（3）马失去正确的落蹄次序。

（4）后躯摆动，因此变得扭曲。

5. 反对跑步

反对跑步，即用外方前肢领步而不是用内方前肢，这是一种服从性练习。例如，当马向右转时，用左前肢领步。马匹在右跑步经过隅角时领先脚应该是右前脚，而图7-2-13所示的这匹马的领先脚为左前脚。这时马匹就是在进行反对跑步。

当马能够掌控自己并开始进行缩短跑步的阶段时，常用反对跑步来锻炼马的平衡、正直、柔韧和服从。进行反对跑步训练时，马跑步时达到

图 7-2-13　反对跑步

平衡，能按指定的前肢跑步，在步法不改变时能轻松地缩短或伸长步幅。对于肢蹄笨拙的马，建议用长时间骑乘、转大圈和递进的方式进行训练。然后再进一步训练直到马能用反对跑步完成整个圆圈。马保持向领步肢屈挠。

反对跑步的一般错误如下。

（1）马失去平衡和节奏。

（2）步伐紊乱，即后蹄不能沿着前蹄行进。

（3）动作变得僵硬或不自然。

（4）马体不向领步肢屈挠。

（5）失去正常跑步的次序。

6．跑步变换

跑步变换是指马匹在跑步过程中有节奏地变换跑步的领先脚。当马匹能够按照扶助平衡地完成单次跑步变换时，就可以准备开始一系列的跑步变换了，在完成骑手内心设置的步数后，要求换腿。当掌握了简单的换腿后，变换之间的步幅数量可从五步减少为两步（两步一换）并最终进步到每步变换（一步一换）。

在刚开始练习时，进入到跑步之前的慢步可以用快步来替代；随着骑手的半减却能力和马匹后肢能力的增强，跑步就可以直接移行到慢步，最后可以做到在三步慢步之内顺利地变成另一个里怀的跑步发进。

训练的程度也是从易到难，先让马匹完成一些较为简单的动作，马匹充分热身开后再开始进行难度较大的练习。比如说先让马匹做出五步一换腿，慢慢过渡到两步一换腿甚至一步一换腿。

在大自然中进行奔跑时，马匹都会自己去变换领先腿以维持自身的平衡。但如果是骑手坐在马背上要求马匹做出跑步变换是强制要求的，必须确认马匹具备以下能力时才可以进行跑步变换练习。

（1）马匹可以按照骑手的指令做出骑手所要求的特定里怀的跑步发进。

（2）无论哪一种里怀，马匹的跑步和反对跑步的节奏较为稳定且平衡性较好。

（3）跑步的品质即柔软、推进力、正直等较好，并且具备收缩跑步的能力。

二、圈乘

可以用收缩快步或者收缩跑步进行圈乘练习，圈乘的半径逐渐变小，圈乘的半径可以变成与马匹身长接近的 3 米左右。圈乘的目标如下。

（1）运行轨迹为一个标准的圆形而不是椭圆形。

（2）马颈部和身体做内方屈挠，与圆形的轨迹一致。

（3）马匹和骑手保持良好的平衡。

（4）进入和离开圈乘时保持好节奏。

（5）左、右里怀的圈乘一样良好。

三、蛇形

马匹在收缩或工作快步时做蛇形练习主要是发展马体的柔韧性，环形练习也可以用跑步和反对跑步来进行。当马匹更加收缩时，缩小环形宽度，练习难度逐步增加，例如，在20米×60米的场地上，刚开始时做三弯曲蛇形训练，训练一段时间后逐步增加到六弯曲蛇形。当马匹到了场地边缘即将回转时要求其做出跑步变换。跑步变换也可以有效地发展马匹的柔韧性。蛇形练习的目标如下。

（1）马匹能做到收缩快步或者跑步。
（2）环形的长度和形状相似。
（3）简单变换或跑步变换腿能够流畅且精确地完成。
（4）保持正确的屈挠。

四、横向运动

横向运动又称为侧方运动，是马场马术中除了直线运动与曲线运动之外，另一种重要的运动方式。横向运动时马匹至少有一个后蹄不会跟随前蹄蹄迹线运动。横向运动可以增加马匹的柔软性，让马匹后躯的动力能有效地经过腰背传导至前躯和缰绳上，从而使得后躯更加踏进，让马匹学会收缩。横向运动的训练可以让马匹的平衡和节奏变得更好，提高马匹对骑手的服从性。

常见的横向运动包括前肢旋转、肩内/外、腰内/外、斜横步等。其中，由于前肢旋转对于马匹的要求较低，仅要求马匹的头颈屈挠，因此这项运动在一些中低级别的考试中经常会出现，也适合于年轻马的训练。

在进入任何的横向运动的练习之前，骑手必须已经能够在直线或曲线的慢步和收缩快步中维持良好的柔软性和较高的训练水平，否则会对马匹造成不好的影响。在各种横向运动中，骑手会要求马匹的身体向左或者向右进行屈挠，然后要求马匹的外方肢在内方肢下交叉跨越。

大部分横向运动可用慢步、快步或跑步来做，但前提是马匹学会了收缩，可以轻松地做出收缩慢步、快步和跑步。在马能做收缩步伐之前，常用前肢旋转和侧行来锻炼马。但在做肩向内、斜横步、半旋转之前必须要有一定的收缩。

在做横向运动时，马必须始终受衔。马运步时外形要端正，保持平衡，向前行进时不反抗，保持着步伐的节拍和节奏。首先要让马放松，紧张的马不能产生柔韧性，而柔韧性正是横向运动所要提高的。

(一)前肢旋转

通常前肢旋转是骑手学习的第一个横向运动。前肢旋转通常以内方前肢为轴,马颈向内放屈挠,马匹的后躯向外来进行360°的旋转。总而言之,就是马匹的后躯逆着屈挠的方向围绕着前躯进行旋转。这里需要注意的是,内方的前肢需要有踏步的动作。前肢旋转只能在慢步中练习,它可以较好地发展马匹的柔软性,让马匹服从腿部的扶助来移动身体。由于其操作较为简单,比较适合初学者进行练习。

从立定开始做前肢旋转,离开蹄迹线或围栏至少1.5米,这是马匹旋转所需的空间。

理论上讲,马匹立定站好,朝蹄迹线方向转动,它的内方(蹄迹线一侧)前肢踏步转动,它的后肢绕前肢做半圆动作,一后腿交叉跨过另一后腿。马应该是向所转的方向屈挠,保持慢步的节奏,但不要向后迈出。

向右侧做前肢旋转,骑手从左缰开始。远离蹄迹线1.5米处,注意力集中,四肢平稳立定站好,用内方(右侧)缰要求马匹有轻微的屈挠(当向右转时,马的右侧就变成新的内方)。外方缰控制不让马匹向前,但允许有轻微的屈挠。内方腿在肚带后要求后躯移动。外方腿再向后,必要时控制马的后肢甩出。当转弯完成时,应立即使用让马向前的辅助。骑手应感觉到,骑手控制着马的肩并保持直到用腿控制马的后躯完成换方向为止(图7-2-14至图7-2-17)。

图 7-2-14 前肢旋转 1

图 7-2-15 前肢旋转 2

图 7-2-16 前肢旋转 3

图 7-2-17 前肢旋转 4

注意在做前肢旋转时一定要让马匹保持在原地,绝不能后退或者前进。如果马匹准备前进,骑手应当立即发出柔和的声音同时辅以双缰及时让马匹停止。如果马匹准备后退,骑手则立即同腿和腰部向前推进让马匹保持原位。在整个旋转中,骑手通过骑坐、腿和双手的协调配合能确保马匹处于骑手的腿和手控制之间,柔软地旋转,不向前或向后躲避。

（二）肩内、肩外

马头向内方屈挠称为肩内,朝外方屈挠称为肩外。肩内、肩外是所有收缩和高级横向运动的基础,马的内方前肢在外方前肢间通过和交错。其目的是增加马匹的收缩能力,并强化马匹的柔软和平衡,同时对改善马匹的正直性也有很大的帮助。以下介绍肩内的技术要领。

肩内最长见于快步中,马匹围绕骑手的内方腿进行屈挠,马匹以三蹄迹或四蹄迹向前或者向侧方行进。常见马匹的三蹄印运蹄顺序:外方后肢—内方后肢跟随外方前肢的蹄印—内方前肢。即内方后肢在外方后肢之前交叉,内方前肢在外方前肢之前交叉穿过（图7-2-18）。

图 7-2-18　肩内

马头向内方屈挠（肩内）时,骑手用内方缰引导屈挠和前进的方向,马体屈挠的角度大约为30°,以内方腿（骑手用"腿"）要求马体屈挠和内方后肢（马匹用"肢"）进一步踏进,并将马的外方肩膀从蹄迹线移开而带到内方后肢的正前方。在行进中,马的内方前、后肢分别交叉跨越其外方前、后肢。刚开始时采用慢步练习肩内,等到马匹能理解骑手的意思后再改成快步做肩内。骑手可以利用通过隅角时自然的马体屈挠,从隅角出来后立即在长边展开肩内的动作。刚开始时只要求做几步的肩内,然后在场地长边恢复马匹的直立行走。等到马匹的柔软性和肌肉力量改善后再增加步伐数量。在此运动中,马体屈挠的方向和其行进的方向是不同的。马体的弯曲以及收缩程度的增加,均使马的内方后肢必须承担最多的体重。肩内结束时,骑手应当将马的前肢带回蹄迹线上对齐后肢,此时马匹的运动也重新回到直线或曲线上。

马头向内方屈挠（肩内）时，骑手的内方腿主要是让马匹的身体弯曲，同时起向前推进的作用。外方腿可防止马匹外方后肢朝外偏移，并控制马体弯曲程度。外方缰用来控制马体屈挠的程度，同时控制马匹运步的节奏，内方缰可取出内方姿势和引导马匹行进的方向。马头向内方屈挠最常发生的错误是内方缰的使用太强而使马的外方肩头曲折过大。这会使得来自马后躯的力量从外方肩膀处发散，使动力无法完全传导至前躯。纠正的办法是略微放松内方缰，同时加强外方缰的控制，并将双手放低，靠近鬐甲。肩内正确的动作应该是及时松开内方缰，这时马匹仍可以保持平衡，维护推进力或者节奏。

（三）腰内、腰外

腰内和腰外的区别是看马头与蹄迹线的距离。腰内、腰外主要是沿着场地的边缘进行的练习，当马头与蹄迹线一致时称为腰内（图7-2-19）。如果马头远离蹄迹线则为腰外（图7-2-20）。腰内主要是增强马匹的顺从性，增加骑手对马匹后躯的控制，为斜横步和后肢旋转做准备。此外，腰内也可以让马匹更加尊重骑手的腿扶助和缰扶助。在做腰内时，马匹整个身体的重量和骑手的重量都集中在内方后肢，内方后肢往前深踏时要用较大的力量，因此，腰内这个运动可以有效地锻炼和发展马匹的内方后肢的力量。

图 7-2-19　腰内

图 7-2-20　腰外

腰内运动刚开始是在慢步中进行，当训练水平提升时可以在快步或者跑步时进行。和其他横向运动一样，在收缩快步中做腰内，可以达到最佳的柔软效果，而在收缩跑步中做腰内，则可强化收缩的效果。腰内运动中马匹的运动方向与马头的屈挠方向一致，其外方前后肢分别交叉跨越其内方前、后肢。

准备让马匹进行腰内时骑手要先将重心放在内侧坐骨上，用外方缰控制马匹屈挠的程度和推进力，以内方缰和内方腿（在正常位置）要求马体做内方屈挠，其弯曲的角度为35°，比肩内角度略大。并且以外方腿（在肚带后方两拳处）要求马后躯向内挪移。这时马的前肢沿着蹄迹线前进，但其后躯已被移到蹄迹线的内侧。此时可以看到马匹的后躯绕着骑手的内方腿向场地里稍稍弯曲，与蹄迹线成30°角。

正确的腰内,必须将马的后躯从蹄迹线移出(移向场地内侧),让马的后躯保留在蹄迹线内侧。而在腰内结束时,则应先将马的前躯移向场内,对齐马的后躯,当马体恢复正直(只维持头项的屈挠)时,以内方腿将马匹推回长边的蹄迹线。

当骑手沿着短边进入长边时,首先应让马匹正直,然后在通过隅角后立即以外方腿将马的后躯移向场内。此时外方腿的扶助时机是马匹的外方后肢离开地面时,用腿扶助的节奏与马匹快步的节奏保持一致。内方腿、内外方缰的作用和效果与肩内运动时缰腿作用一致。骑手应保持腰内的动作,快到下一个隅角时,以侧方推进的方式把马匹骑回正直,让马的四蹄全部回到蹄迹线上。

在做腰内时,最常见的错误是马体的弯曲过大以及马后躯移入过多,导致马体与墙面形成的角度过大,这将使马的外方前、后肢以更大的角度交叉跨越其内方前、后肢;这不但会影响马匹的节奏,还会破坏腰内最初的训练目的,马的内方后肢将会踏在身体重心之外,而不是深踏至马体下方以承担更多的体重。解决这个问题的方法是做一个10米的圈乘并且更多地利用内方腿来控制马匹,少用外方腿对马进行推进以免马体弯曲的角度过大,使马匹更加自如地向前移动。此外,从腰内改做几步肩内,然后再回到腰内也可以有效地解决这个问题。

腰内另一种常见的错误是骑手的重心偏移到了外方。腰内时骑手的重心应当是在马匹的内方,但由于骑手外方腿的频繁使用,骑手的重心偏移到了马匹的外方,这干扰了在马背上的平衡,也影响了马匹后肢向前踏进。为了将重心移回内方,很多骑手采用将骑坐倒向内方,从而导致上身的歪曲,这反而使得骑手无法跟随马匹节奏运动,更加容易失去平衡。正确的解决方法是让臀部回归正直的骑坐,并将内方腿稍稍下压,以便在正确的内方重心之下实施外方腿的推进扶助。

进行肩内—圈乘—腰内—圈乘—肩内等的移行变换,可增强马匹侧方屈挠能力以及对扶助的服从性。

(四)斜横步

斜横步是腰内的一种变换方式,也就是在跨越场地的对角线上(而非沿着墙边)做腰内(图 7-2-21)。斜横步通常是在收缩快步或收缩跑步中实施的,运行的轨迹是左里怀进入向右去,右里怀进入向左去,马体保持正直,但马的内方眼睛偏向内方,沿对角线行进,内方脚与外方脚交替向前和横向运动(内方后肢)。斜横步时马匹围绕着骑手的内方腿做屈挠,前躯略微在后躯之前。

斜横步的作用是让马学会后肢深踏,提高其柔顺性,让向前冲劲较足的马降速。骑手在斜横步中所给的扶助,基本上和腰内一样。斜横步的难易程度根据马匹前进的路线和角度而有所区别。一般而言,斜线的角度越大,难度越高;而在同样的角度要求下,距离越长,难度越大。另外也有左右里怀斜横步相结合的,叫作山形骑乘(图 7-2-22)。在山形骑乘中,骑手每次转换马体的左、右屈挠之前,都必须先将马体稳定地回正。另

图 7-2-21 斜横步

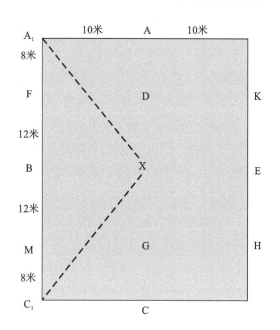

图 7-2-22 山形骑乘的路线

外,在进行跑步的山形骑乘中,也必须同时实施正确的跑步变换,让马匹在左右里怀时是正确的领先脚。

在做斜横步时,马体应该尽可能与场地长边保持平行。在快步和慢步时,马匹的外方肢与内方肢交叉前行,外方肢在内方肢的前面。跑步的斜横步中四肢不会交叉。骑手在做斜横步之前先做一个半圆形的骑乘,然后用肩内的动作沿着场地短边前行。通过隅角后再用斜横步沿着对角线到长边。斜横步的扶助要领和肩内一样。在山形骑乘中,骑手从中央线出发,先做一个里怀的斜横步到长蹄迹,再沿对角线做另一个里怀的斜横步到对面的长蹄迹,或者在60米的标准场地中从M到E和从E到F(图7-2-22)。

做斜横步时,当马匹出现了过度屈挠导致内方肩不灵活,动力不足导致失去节奏,缺少收缩导致后肢不够踏进,四支交叉不充分等问题时,骑手应当立即停止斜横步的练习,立即移行到中间快步(跑步)或伸长快步(跑步),也可以多做一些小圈乘、八字骑乘、肩内、腰内和腰外,这些运动都有助于解决上面提到的问题。

和腰内一样,在斜横步中骑手很难保持平衡,往往失去了正确的骑坐。特别是在跑步的山形骑乘快要变换领先脚之前,骑手往往过于急切地想要转进新的方向而失去了骑坐的稳定性,导致马匹的前躯没有及时回转进入新的方向——马匹利用骑手错误的骑坐逃避掉了后肢的收缩。要纠正这一问题,骑手必须降低对马的要求:选择一条较为缓和的对角线,或在转换方向时多走一步。尤其是在必须多次转换方向的山形骑乘中,骑手务必保持安静的骑坐,并且在进入新方向时少用外方腿。

(五)后肢旋转

后肢旋转与前肢旋转相反,后肢旋转以内方后肢为轴,前躯围绕内方后肢进行旋转,圈乘的半径与马匹身长相等。与前肢旋转一样,马匹的内方后肢需要有踏步的动作(图 7-2-23,图 7-2-24,图 7-2-25)。

图 7-2-23　后肢旋转 1　　　　图 7-2-24　后肢旋转 2　　　　图 7-2-25　后肢旋转 3

慢步后肢半旋转是前躯围绕后肢进行180°的旋转。自始至终,清楚的3节拍节奏必须维持着。回旋的圆圈越小,马的内方后肢就更加需要深踏才能承担自身的体重。此时,原先由其他三支脚(尤其是外方后肢)所承担的重量,绝大部分都转移到内方后肢。因此,马的内方后肢能否有力地弯曲、承载重量,并且还能向上跃起以维持跑步的动能,决定了跑步后肢旋转动作是否能完成。屈挠的后躯使马匹在做此动作时得以保持平衡,如果马匹不是用后肢发力而是用前躯来负重,那么它是不可能完成跑步后肢旋转动作的。一般来说,一个360°的跑步后肢旋转,需要6～8步,而一个180°的半旋转则需要3～4步。

在进入跑步后肢旋转的动作之前,骑手应先将马骑到高度收缩和有活力的状态,并在最后几步中以有力的内方腿防止马后躯倒向内侧。如果准备活动不充分,后肢旋转的扶助对于马匹而言往往会来得太过于突然,这时马匹会在转圈回转中因无法控制马体而失去节奏。很多马匹在左回转中特别容易出现这个问题,出现这个问题最主要的原因是准备活动不充分,马匹的外方后肢没有深踏至马体底下,因而无法适当屈挠以支撑起整个体重。倘若时常发生这种现象,骑手就应当加强训练马匹的正直性来改善这一问题。

骑手用内方腿来要求马体的弯曲并对马实施向前推进的扶助;用外方腿(在肚带后方二拳处)限制马匹的后躯朝外甩,同时给予侧方(横向)推进扶助;用内方缰让马匹做内方屈挠,并引导马匹的行进方向;用外方缰来控制马匹头颈屈挠及马体弯曲的程度,并引导马后躯回转出一个尽可能最小的圆圈。外方缰同时也决定了跑步的节奏。特别要注意的是,无论是外方缰还是内方缰,都不能去妨碍马匹动作的流畅性。骑手的手扶助要十分轻柔。

后肢旋转练习的时间不要太长,以免对马匹造成伤害。旋转的角度也要随时变换,从180°到270°再到360°。跑步后肢旋转扶助的强度按照马匹对扶助的敏感度和调教程度的高低有所区别。基本上,马匹的收缩性和正直性越高,跑步后肢旋转的品质就越好。跑步后肢旋转结束后,骑手应以外方缰引导马匹返回直线,并以有力的内方腿推进马匹,借以重新建立跑步的推进力和活力。

（六）原地踏步（芘阿菲）

原地踏步是几乎在原地进行的高度收缩、上升且有韵律的快步（图 7-2-26，图 7-2-27），英文音译称之为芘阿菲。芘阿菲的技术要领如下。

图 7-2-26　原地踏步 1

图 7-2-27　原地踏步 2

（1）马匹保持受衔，项部柔软，节奏稳定。

（2）举起的前蹄要与踩在地面的另一前蹄的管骨中部高度相同。举起的后蹄抬起的高度要高过踩在地面的另一后蹄球节上方。

（3）马匹后躯压低，四肢关节明显屈挠，肩膀和前肢能轻松抬起。

（4）对角肢停留在原地，交替抬起落下，为 2 节拍运动，没有腾空期。

（5）原地踏步要产生巨大的推进力，因此马匹应随时准备好并愿意向前运动。

（6）马匹不应后退，交叉前腿，摆动前躯或后躯，或步伐不规整。

在进行原地踏步练习时，骑手轻轻地坐在马背上，但要直立，让马匹背部拱圆，通过背部活动，坐骨向前，产生向前的推进力。骑手用双腿和骑坐要求马匹向前跨出，但同时施予半减却，每次只让马匹向前移动 1 厘米。腿和马刺交替使用来保持马匹向前的欲望。

只有骑坐完全平衡的骑手才能完美地让马匹展现出原地踏步，骑手能坐住马鞍，给予安静和稳定的扶助。紧张、僵硬、给予扶助的时机不对、上半身移动是不可能让马匹做出原地踏步的。

在进行原地踏步训练时，骑手通过缰绳和腿部扶助让马匹在原地踏步。对于不同级别的马踏步的要求不尽相同。如果是高级别的马或者是参加高级别比赛时，马匹做原地踏步必须保持在原地不动，同时可以做出 10～12 步的原地踏步。但中低级别马做踏步时允许马匹稍微向前运动。

（七）横步

横步的扶助要领和腰内一样，沿对角线行进。左里怀进入向左去，右里怀进入向右去。左里怀进入场地取左里怀的屈挠,右里怀进入场地取右里怀的屈挠。横步是两蹄迹运动,马内方肢在外方肢之前交叉运步。横步的练习可以提高马匹的柔顺性,增加马匹后腿深踏(图 7-2-28)。

图 7-2-28 横步

横步练习时先在隅角取内方屈挠,骑手的肩部和臀部与马匹的肩部和臀部分别保持平行。打开内方缰让马匹进行屈挠,用外方缰控制马匹外侧肩,骑手利用身体的重量促使马匹向内方移动。

思考题

1. 高级训练的目的及作用是什么?
2. 快步的四种类型是什么?
3. 什么叫山形骑乘?其作用是什么?
4. 简述腰内的扶助要领及作用。

第八章　骑手体能训练

 **本章导语**

很多骑手在骑马时都很努力,但是他们的努力并不是总能达到预期的效果。骑手在训练过程中会发现他们达到一个训练的顶点后很难再往上提高。本章节主要介绍体能的相关概念和体能训练的方法以帮助骑手提高柔韧性、力量和耐力。

 **学习目标**

体能训练的概念及其作用、柔韧训练的方法、力量训练的方法。

案例导入

体能训练科学化带来大变化

"以前掐秒表,现在掐脉搏!"某旅军体教员宋哲介绍,过去组织体能训练,他们都是一味掐秒表、看速度,现在他们将科学理念引入体能训练,根据每名官兵的实际建立训练档案,有效促进了训练质效的提高。

在某连训练场上,官兵们享受着科学组训带来的"红利"。

一阵短跑训练过后,战士们气喘吁吁地坐在地上。副连长赵瑞祥马上召唤大家进行恢复训练,双人拉肩、结对背腰、提拉抖腰……一套放松活动下来,大家顿感轻松不少。

"大运动量后,不及时做放松活动,体内就会形成乳酸沉积,几天缓不过劲来,影响下一步训练。"赵瑞祥对于科学组织体能训练的方法已熟练于心。

优势劣势一目了然,波峰波谷尽收眼底。通过一份份由官兵体能数字档案生成的训练成绩走势图可以看到,大家"弱啥补啥,不吃'大锅饭',人人训练有兴趣,个个锻炼有收获。

体能训练效益的提高,不仅鼓舞着官兵训练的积极性,也带来了军事训练水平的全面提升。科学组织体能训练的行为之变,正固化为全面落实的制度保证。

第一节 骑手体能训练的重要性

马术是一项极具魅力的体育项目,骑手要想在马术项目上获得优异的运动成绩需要有良好的体能、柔韧的肌肉、强大的心血管功能和积极向上的精神意识。一名骑手具备了这些良好的生理条件和精神意识,付出艰辛的努力后才能获得成功。

增强体能,必须按照科学的训练方法进行训练,同时有一份科学的饮食计划。随着力量和柔韧性的增强,骑手在马背上的平衡性和骑姿也将变得更好。进行慢跑、游泳、骑自行车、散步等有氧运动能快速提升肌肉和心血管的耐力。

一名优秀的骑手除了每天进行骑乘训练外,还应当进行有规律的体能训练,科学的体能训练能让骑手的韧带和筋腱的伸展性更好,反应更快,注意力更加集中,记忆力更强,信心更足,持续工作的时间更长。所有这些都是一名优秀骑手所应当具备的因素。另外,有规律的体育锻炼可以消除骑手多余的脂肪,让体型更加健美。同时可以提高免疫能力,提高心肺能力,让骑手在高强度的训练和比赛中保持较好的竞技水平。

一个人的体能状况不好,他不可能在各项运动中有较好的表现。以下五个问题值得骑手思考。

(1) 在清理马粪或训练时是否会满头大汗?
(2) 上楼时是否呼吸急促、四肢无力?
(3) 连续骑第三匹马时是否已经浑身湿透,无法在马背上保持标准的骑姿?
(4) 骑马后第二天是否浑身酸痛并且这种酸痛感需要三四天才能消除?
(5) 是否希望在骑马方面花更少的精力?

一、体能训练的概念及主要内容

体能是指运动员机体的基本活动能力,是运动员竞技能力的重要组成部分。体能训练是指根据各个项目竞赛的需要,提高运动员的运动素质,改善运动员的机能状况,使运动员的身体形态适合特定运动项目的要求,确保运动员的体能状况能够适应比赛中战术活动的进行与技术水准的发挥所进行的训练。

体能由以下三部分组成。

身体形态——机体内、外部的形状,包括人的体型和身体的重量等。

身体机能——机体各器官系统的功能,包括心血管运输氧的能力和机体恢复的能力等。

运动素质——机体在活动时所表现出来的各种基本运动能力,包括力量、耐力、速度、柔韧性和灵敏性五个方面。

二、体能训练对骑手的作用

(一)体能训练的基本要求

(1)合理安排一般体能训练和专项体能训练,注意两者的结合。
(2)体能训练应当安排在骑手的身体状态较好时,不要在骑手较为疲劳时进行体能训练。
(3)体能训练在整个训练中所占的比重,以及一般体能训练与专项体能训练比例的确定,要因人而异。
(4)体能训练的主要内容以发展和提高骑手的身体素质为主。
(5)加强对骑手的思想品德教育,培养其吃苦耐劳的精神。

(二)骑手体能训练的意义

(1)体能训练是进行高强度马术训练和提高竞技水平的基础。
(2)体能训练是骑手承受大负荷训练和高强度比赛的基础。
(3)体能训练是骑手在训练和比赛中保持稳定、良好的心理状态的基础。
(4)体能训练有助于预防伤病,延长运动寿命。

第二节 骑手容易出现的问题

一、臀部歪斜、弯曲

在图 8-2-1 中可以看到,这名骑手的右腰背部肌肉绷得很紧,右臀部被抬起,结果另外一些问题就产生了:左肩下垂,身体重心在左侧,右脚无法踏在脚镫上,导致骑手在马背上身体不平衡。骑手为了维持平衡用膝盖去夹紧马鞍导致腿扶助无法正常使用。

二、软弱的腹肌

腹肌不仅可以保护内脏器官,同时还可以保证骑手上半身的稳定性。腹部肌肉对

图 8-2-1　臀部歪斜、弯曲

于腰椎的活动和稳定性有相当重要的作用,还可以控制骨盆与脊柱的活动。虚弱无力(图 8-2-2)的腹肌可能导致骨盆前倾和腰椎生理弯曲变形。

通过专项训练将会提升骑手腹肌的力量(图 8-2-3),从而让骑手在各种情况下都能保持正确的骑姿。骑手要采用科学的训练方法来增强腰腹的力量。

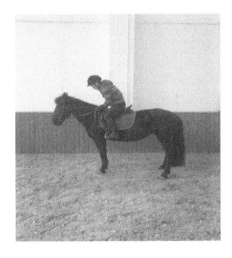

图 8-2-2　虚弱无力

图 8-2-3　强有力

第三节　柔韧性锻炼方法

柔韧性训练的效果往往在几年之后才会体现。当骑手坚持每天在骑马之前进行舒展训练,久而久之,他会发现自己在马背上越来越放松,骑坐越来越稳,手缰的感觉也会越来越好。

一、颈部锻炼

(1) 坐着或站立,头向下转,尽量与肩膀平行。
(2) 将两肩与臀部保持在同一直线上,收缩腹部,保持上身直立。
(3) 回转头部,面向前方,再按上面方法将头转至另一侧,头转向另一侧时要停留10秒左右。
(4) 右手握紧拳头置于身后,并用左手握紧右手腕,头部向左肩处弯曲,坚持6~20秒后头部回到中间位置,头部向右肩处弯曲再维持弯曲状态(图8-3-1至图8-3-3)。重复四到五遍。

图 8-3-1 颈部锻炼 1

图 8-3-2 颈部锻炼 2

图 8-3-3 颈部锻炼 3

二、颈后部锻炼

(1) 两脚站立,与肩膀同宽,腹部收紧。
(2) 两只手前臂弯曲贴向下巴,直视前方,两手指尖推动下巴上下移动。

三、肩部锻炼

(1) 坐着或是站着,左臂以身体对角线方向横过胸前,保持手臂在肩膀的最高点。
(2) 右手向胸前折叠紧抱左臂。把左臂夹在右侧腋下,使得练习的强度加大。变换另一侧手臂轮流进行练习,每侧保持大约15秒(图8-3-4至图8-3-6)。

四、上臂背侧锻炼

(1) 两腿并拢站立后将左臂折叠后置于头顶,左手手肘朝上,左手自然下垂于右肩

图 8-3-4　肩部锻炼 1　　　　　图 8-3-5　肩部锻炼 2　　　　　图 8-3-6　肩部锻炼 3

之上。

（2）右臂抬起绕过头部来抓住左手手肘，向内和向外缓缓移动，保持右臂紧挨着头部。注意抬头挺胸。用右臂重复此动作。每一侧坚持 15 秒（图 8-3-7）。

五、胸部和肩前部锻炼

胸部和肩前部锻炼有助于骑手抬头挺胸，改善骑姿，加强平衡和增强呼吸功能。

（1）两脚站立，与肩同宽，两手相握，置于背后，张开前胸和两肩，两手向后推。眼睛看前方，同时往前方伸下颚，保持 15 秒。

（2）努力将双手往上推来增加训练的强度。

（3）在改变宽度和高度时，还可以用绷带将双手绑住以增加训练强度（图 8-3-8）。

图 8-3-7　上臂背侧锻炼　　　　　　　图 8-3-8　胸部和肩前部锻炼

六、上背部和肩部锻炼

上背部和肩部锻炼有助于骑手保持良好的骑坐和平衡力。如果双手抱住一个圆柱，就可以有效地锻炼背扩肌。

（1）站立，双脚与肩同宽。

(2) 左手抓住右手的手腕后向前伸展手臂,将肩胛骨打开。

(3) 收腹,下颚努力贴近胸部,保持 15 秒(图 8-3-9)。

七、前臂锻炼

前臂锻炼可以增加骑手手扶助的效果,提升骑手对于口衔铁的敏感度。如果手腕有伤,则避免进行这种锻炼。

(1) 背靠墙站立后,两手手掌心相对,两只手前臂与手掌成 90°角。

(2) 两手手掌跟部轻轻向对侧压,保持 15 秒。

(3) 右手向前伸保持与肩膀同高。

(4) 右手横放在左手上,左手掌朝向身体,保持 15 秒。换左手做(图 8-3-10,图 8-3-11)。

图 8-3-9　上背部和肩部锻炼

图 8-3-10　前臂锻炼 1

图 8-3-11　前臂锻炼 2

八、腓肠肌锻炼

(1) 第一阶段,右脚往前跨出,呈弓步压腿状,双手往前撑住墙面。

(2) 右脚整个脚掌踩在地面,整个身体重心置于右脚脚后跟,身体右侧肩膀、髋和脚后跟成一条直线。

(3) 第二阶段,抬起左脚跟,向右脚移动。利用墙壁保持平衡并保持左膝盖弯曲,直至伸展到感觉疼痛。保持每一个动作 20 秒。换右腿重做。在每一个阶段中,内外转动脚趾并保持脚尖朝上,强化相关肌肉的内外部分锻炼(图 8-3-12)。

九、股四头肌锻炼

股四头肌锻炼有助于提升骑手的腿部柔韧性和力量。如果骑手腿部的股四头肌较短,左右手无法够到脚尖,那么可以在脚踝关节缠绕一块毛巾,用双手去抓住毛巾来进行这种练习。这样也有助于股四头肌的伸长。

(1) 头部略微抬起。

(2) 左右手一起握住左脚尖,同时屈左膝保持左脚压左半边臀部。进一步扩大伸展,向下压迫臀部。坚持15秒。换右腿重做。也可以靠墙站立来进行练习(图8-3-13)。

图 8-3-12　腓肠肌锻炼

图 8-3-13　股四头肌锻炼

十、大腿内侧锻炼

大腿内侧锻炼对于盛装舞步骑手效果较明显。伸展耻骨时骨盆应向前倾斜,脊背保持正直。注意膝盖要保持伸直,不能弯曲。

(1) 双手自然摊开,放在臀后地面上。

(2) 正直地坐好,两腿向前伸直,脚尖朝上。

(3) 双腿向外打开成120°角,双手掌心向下支撑上半身。臀部稍向前倾,背部挺直。坚持6～20秒。上半身缓慢下压,柔韧性越好,上半身下压的幅度就越大(图8-3-14,图8-3-15)。

图 8-3-14　大腿内侧锻炼 1

图 8-3-15　大腿内侧锻炼 2

十一、大腿背侧与臀部锻炼

大腿背侧与臀部锻炼可增强稳定性和耐力。

（1）平躺在瑜伽垫上，双脚平放在地面上。

（2）双手抱住一侧大腿并上抬，努力向胸部靠拢。另外一条腿膝盖保持弯曲状态。坚持6～20秒。以这一姿势为起点，渐渐伸直被抬起的那条腿。只是用股四头肌（大腿前侧）伸直它。坚持6～20秒。换另一条腿重做（图8-3-16，图8-3-17）。

图8-3-16　大腿背侧与臀部锻炼1

图8-3-17　大腿背侧与臀部锻炼2

十二、半边臀部和梨状肌锻炼

（1）平躺在瑜伽垫上，上半身和头部保持贴住地面不动。

（2）双手抱紧左大腿，右脚踝交叉放在左膝上，缓慢地往胸前移动。腹肌收紧以保持背部直立。坚持6～20秒。换另一条腿重做（图8-3-18）。

十三、脊背、腰与臀部锻炼

（1）仰卧，头部朝右侧倾斜，左臂外展与肩膀平行，屈左膝。

（2）右手放在左膝上，左膝在右腿上方缓慢移动直到不能移动为止。要保证双肩不离地，左膝要尽可能地做最大幅度的伸展，坚持15秒，伸展时关节发出响声属于正常现象。换另一侧重做。如果这一侧柔韧性相对较差，则可以坚持更长的时间以有效地改善柔韧性（图8-3-19）。

十四、腰脊和脊伸肌锻炼

（1）如图8-3-20所示，平躺在瑜伽垫上，双膝折叠靠近胸部。双手抱住大腿，努力让

图 8-3-18　半边臀部和梨状肌锻炼

图 8-3-19　脊背、腰与臀部锻炼

膝盖去靠近胸部,臀部向上翘保证尾骨离开地面,上半身及头部不能离开瑜伽垫。

(2) 如图 8-3-21 所示,翻身,用两手掌来支撑身体。腰背往上翘,尽量使臀部向下压。坚持 6~20 秒。注意手臂要保持一定的弯曲度,不能伸直,否则会造成腰脊组织和关节损伤。这种练习还有助于发展腰背力量。

图 8-3-20　腰脊和脊伸肌锻炼 1

图 8-3-21　腰脊和脊伸肌锻炼 2

十五、臀部屈肌锻炼

(1) 如图 8-3-22 所示,上身保持直立,左脚往前迈出,保持弓步状态。

(2) 如图 8-3-23 所示,右脚脚后跟略微抬起,离开地面,两只手可以叉腰也可以掌心相对向上平举,骑手的腰部保持稳定和直立,收紧腹部。

图 8-3-22　臀部屈肌锻炼 1

图 8-3-23　臀部屈肌锻炼 2

（3）若骑手的膝盖没有受过伤，则左腿膝关节屈曲尽量保持90°，右腿膝关节屈曲跪立在瑜伽垫上，上半身往下弯曲用手掌去撑地。保持60秒后再换右脚在前进行伸展训练。

第四节 力量训练

对于骑手和他的马而言，肌肉的力量和耐力是最重要、最基础的。策骑马匹是一项对体能要求较高的运动，特别是在训练马匹跳跃障碍的时候。当骑手训练到障碍高度达到一米二以上，或骑手在马背上从一米二以上的高度往下跳落时，若骑手腿部的力量不佳将无法保持在马背上的平衡从而摔倒。因此，提高并维持一个强有力、平衡的身体对于一个高水平的骑手更为重要。

想要成为一名优秀的骑手，每周都要安排2~3次的专项力量训练，每次训练的负荷强度视骑手的身体状态和体能状态而定，一般而言，强度不要太大以免骑手过于疲劳。进行力量训练一定要采用科学的训练方法和手段，持之以恒地进行力量训练将给骑手带来以下益处。

（1）改善骑姿和增强在马背上的平衡。

（2）降低身体的体脂率。

（3）提高耐力和关节的伸展幅度。

很多女性骑手担心力量训练将使她们的手臂和腿变粗，其实不然，科学的力量训练会使身形看起来更加健美和苗条。

一、力量素质的概念及其分类

（一）概念

力量素质是指人体神经肌肉系统克服或对抗阻力的能力。阻力包括内部阻力和外部阻力。其中内部阻力包括肌肉的黏滞性，各肌肉间的对抗力等。外部阻力包括重力、摩擦力和空气阻力等。

（二）分类

（1）依力量素质与运动专项的关系，力量分为一般力量与专项力量。

（2）依力量素质与运动员体重的关系，力量分为绝对力量和相对力量。

(3) 依完成不同体育活动，力量分为最大力量、快速力量、耐力力量。

二、力量训练的作用

(1) 避免受伤，延长运动寿命。运动员的力量较好，他在对抗或者倒地时各个肌肉和关节自我保护的能力较强，可以降低受伤的风险。

(2) 燃烧更多脂肪。很多人在健身房训练都有过浑身湿透的经历。力量训练可燃烧更多的脂肪。

(3) 改善情绪，更好地应对压力。

力量训练可以减少紧张和焦虑，是一种效果较好的减压剂。

三、力量训练的注意事项

(1) 力量训练之前先做热身运动，避免受伤。
(2) 训练物的重量要渐渐增加。
(3) 每组力量训练之间要有合理的间歇时间。
(4) 尽可能多地进行重复练习。
(5) 选择科学的训练方法和手段，不同的训练方法和手段发展的力量类型不一样。
(6) 力量训练结束后要进行拉伸和放松。

四、力量训练的方法

1. 上背部和肩部
(1) 坐在板凳上，双脚并拢，平放在地面上。
(2) 身体前倾，两臂握拳平举，双臂肘关节微弯曲，头部朝下，眼睛看地面。
(3) 上身保持不动，双臂下落至脚背后再将手臂平举回到初始位置。重复练习20次为一组（图8-4-1）。

刚开始练习时徒手进行，等到能轻松完成这种训练动作后开始手持哑铃。哑铃的重量不要太重。该练习有助于培养骑手正确的骑姿和寻找马背上的平衡。

2. 肱二头肌
(1) 坐在板凳上，小腹收紧，腰背挺直。
(2) 双手持哑铃放在双腿上。
(3) 身体保持不动，手臂向胸前回缩，直至手臂不能再弯曲为止。肘部要保持对准地面。哑铃重量合适，每组重复15次，休息3分钟后再进行下一组练习（图8-4-2）。

图 8-4-1 上背部和肩部锻炼

图 8-4-2 肱二头肌锻炼

3. 肩部

(1) 坐下或者站立,收腹保持后背挺直。

(2) 手臂自然下垂,置于两侧大腿的外侧。

(3) 缓慢抬起手臂与肩同高,手臂保持伸直,停留约 10 秒后,手臂放回原处(图 8-4-3)。

可以采用手持哑铃或者拉弹力绷带的方式来加大练习的强度。该训练主要针对那些上身姿态和力量较差的骑手。

4. 手腕与手指

(1) 将前臂支撑于桌子或垂于空中,手心向上。握拳或握一小的重物并反复进行曲肘练习,每组重复练习 15 次(图 8-4-4)。

图 8-4-3 肩部锻炼

图 8-4-4 手腕与手指锻炼

(2) 翻转前臂,手心向下。空拳或拿小重物向肘关节方向抬举。反复 8~12 次。

(3) 手掌握住一个网球或者弹力球,握紧再松开,反复 8~12 次。

该训练方法可以不用手持较重的物件,只需要利用 2 公斤左右的物体即可,可使手指和手腕的关节得到有效的锻炼,并能减小受伤的危险,提高手指与手腕的灵活性。

5. 背扩肌

(1) 平躺在地上或瑜伽垫上,膝盖弯曲,手持哑铃,大臂贴着耳朵与胸廓成一条直线。

(2) 向上缓慢举起哑铃,大臂与胸廓垂直。重复练习15次(图8-4-5)。

注意哑铃的重量逐步增加,刚开始时3公斤,逐步增加到5公斤。在力量逐步增加以后,可以通过横躺在木凳或小凳上来减少接触面积,提高练习的难度和强度。腰腹缩紧,上半身保持不动。

6. 背的中上部,胸部与手臂背侧

(1) 站立,与墙面保持50厘米的距离,两手曲臂,手掌打开置于墙面。向前倾斜身体,额头轻触墙壁。

(2) 手臂发力推墙壁让身体回到直立状态。一组重复20次,每次训练五组(图8-4-6)。

图 8-4-5 背扩肌锻炼

图 8-4-6 手臂背侧锻炼

练习者通过改变与墙面的距离,改变双手在墙面的高度及双臂间的距离,可以改变训练的强度。

7. 俯卧撑

小腿向背部折叠,手掌撑地,身体的重心应该放在手掌处。尽可能多地利用手臂力量来做俯卧撑,俯卧撑的数量依据每个人的力量而有所区别,原则是练习者做到完全做不动为止。也可以做原地支撑,支撑停留的时间越长越好。要求上半身尽可能地贴近地面,这样才能保证练习的效果。改变手臂间宽度将改变训练强度(图8-4-7)。

图 8-4-7 俯卧撑

8. 腹肌

（1）如图 8-4-8 所示，将手臂往前伸直，腰腹发力使上半身离开地面，用双手手掌去摸膝盖。坐起时呼气，身体往回躺时吸气。重复进行 20 次。

（2）如图 8-4-9 所示，双臂交叉在胸前，上身起来离开地面后去触碰膝盖。当能反复做 20 次仍有余力时，进行下一步训练。

（3）如图 8-4-10 所示，大拇指和食指捏着耳朵，肘关节向外。双肩离地后用右手去摸左膝的外侧，下一次起身后用左手去摸右膝的外侧，两只手轮流进行，每组进行 30 次练习。

图 8-4-8　腹肌锻炼 1　　　　图 8-4-9　腹肌锻炼 2　　　　图 8-4-10　腹肌锻炼 3

以上三种训练都需要平躺在瑜伽垫上以保护脊背。双脚屈膝成 90°的直角，练习时脚掌不离开瑜伽垫。如果训练时颈部和腰部肌肉感到酸痛，则应当休息几分钟，等到酸痛缓解后再继续进行练习。

9. 小腿

（1）坐在板凳上，脚踩在木板上。

（2）用两只脚的脚尖发力，慢慢起身再坐回板凳。起身后踮起脚尖站立维持 5 秒，切记坐回板凳时用脚尖来支撑体重。每组 15 次。

（3）加大训练的难度，每次用单腿的脚尖发力进行站立，单脚支撑身体。每条腿反复以上动作 12 次（图 8-4-11）。

注意在起身时要保持背部挺直，特别是单腿站立起身时可以手持一个哑铃放在即将站立的大腿上来增加训练的强度。

10. 大腿后部及臀部

（1）右腿屈膝跪立于瑜伽垫上。

（2）用双手的前臂支撑身体后将左腿伸直。

（3）将左腿向上抬，抬至与臀部同高再放下。每组练习 15 次后再换右腿进行练习（图 8-4-12）。

注意脚下落时脚尖要触及地面。如果膝盖有伤则避免进行该项练习。

11. 背的中下部

（1）如图 8-4-13 所示，双臂放在身体两侧，掌心向上，俯卧，脸朝下。向上抬头，注意下半身保持不动。每组重复 20 次。

图 8-4-11　小腿锻炼

图 8-4-12　大腿后部及臀部锻炼

（2）如图 8-4-14 所示，两手交叉抱头，其他练习动作和方法与上面相同。每组重复练习 20 次。

（3）如图 8-4-15 所示，双手紧握住向头顶部伸直，练习的方法和次数与上述一致。

图 8-4-13　背的中下部锻炼 1

图 8-4-14　背的中下部锻炼 2

图 8-4-15　背的中下部锻炼 3

12. 大腿背侧

（1）如图 8-4-16 所示，平躺在训练的垫子上，掌心向下放于臀下。双脚放在椅子上，大小腿成 90°角，大腿与躯干垂直。

（2）脚跟下压，将臀部缓慢上抬后再落下。一组重复练习 12 次。

（3）如图 8-4-17 所示，将右腿搭在左腿上，仅仅依靠左腘绳肌腱来完成以上动作，也

图 8-4-16　大腿背侧锻炼 1

图 8-4-17　大腿背侧锻炼 2

可以将左腿搭在右腿上。反复做 8~12 次。

13. 大腿前侧

（1）平躺在瑜伽垫上，左脚脚尖向上钩起。抬起左腿距地面 15 厘米，然后放下左腿着地。反复 8~12 次。再以右腿重复以上动作。

（2）用肘部支撑身体斜躺着，按上面的方法训练，可以增加练习的难度和强度（图 8-4-18）。

图 8-4-18　大腿前侧锻炼

（3）几乎坐着，手掌放于臀后做支撑，按以上方法反复训练。

脚向上提时可以用脚来画出部分的英文字母，比如"X"和"W"，这样可以有效地提高脚部的灵活性，提高骑手腿部扶助的能力。记住：脚不需要离开地面较高，只需要离开地面 15 厘米就可以了。这项训练较难完成，需要有坚定的意志。

14. 大腿后侧

（1）双手交叉置于胸前，背靠在墙边。

（2）背部和臀部与墙面紧贴，上半身慢慢往下蹲至大小腿成 90°角。往下移动时脚后跟不能离开地面。

（3）向上站立，直至双腿几乎伸直。每组重复练习 12 次（图 8-4-19）。

这项训练对锻炼大腿及膝关节的力量效果较为明显，可以手拿哑铃放于大腿处增加训练的难度和强度。

15. 大腿和臀部

（1）左脚向前迈出，成弓步。

（2）上半身保持直立，抬头挺胸，抬起右脚跟，屈膝。

（3）左小腿稍微弯曲。

（4）用左脚支撑地面站直后再回到初始状态。每条腿反复 8~12 次（图 8-4-20）。

弯曲的膝盖不能超过脚尖，以免让膝盖的韧带受到损伤。若要增加训练强度，可以手拿重物，从 2 公斤起逐渐增加。

图 8-4-19　大腿后侧锻炼　　　　　　　图 8-4-20　大腿和臀部锻炼

16. 大腿和臀外侧

（1）练习者身体左侧躺在瑜伽垫上，用左手撑住头部（图 8-4-21）；右侧卧姿时，用右手撑住头部。这里以右侧为例来说明训练方法。

（2）右腿弯曲成 90°角，左手按在地板上。

（3）左腿伸直，保持左腿、左臀和左肩在一条直线上。

（4）左脚往上抬起约 50 厘米后落地，注意落地时脚尖要触及地面。每组练习 20 次，练习完左腿后换右腿进行练习（图 8-4-22）。

图 8-4-21　大腿和臀外侧锻炼 1　　　　　图 8-4-22　大腿和臀外侧锻炼 2

17. 上臂背侧

（1）平躺在瑜伽垫上，大小腿弯曲成 90°角。

（2）右手拿一个 1 公斤左右的重物向上举在胸前。

（3）左手放于右手的肘关节处以维持右手的稳定性。

（4）右手向左边耳朵处弯曲，再返回到开始的姿势。右手练习 15 次后，换左臂进行练习（图 8-4-23，图 8-4-24）。

图 8-4-23　上臂背侧锻炼 1

图 8-4-24　上臂背侧锻炼 2

思考题

1. 体能训练的概念及内容是什么？
2. 骑手体能训练的必要性及作用是什么？
3. 简述力量素质的定义及分类。
4. 说出常用的柔韧性的训练方法。